송영의 삼위일체론

송영의 삼위일체론

경배와 찬미의 신학

이동영 지음

새물결플러스

작년 3월에 세상을 떠나신 아버지를 추억하면서
본 저서를 필자의 사랑하는 어머니
우미진자(禹美津子)님에게 헌정합니다.
필자를 향한 어머니의 사랑과 기도와 헌신이 없었다면
이 책은 결코 완성되지 못했을 것입니다.
어머니의 노년이 삼위 하나님의 은총 가운데
항상 행복하기를 기도합니다.

목 차

삼위일체론은 우리의 신앙의 대상이신 하나님, 즉 우리 구원의 하나님에 관한 교리이다. 그러기에 이 교리는 그리스도론과 더불어 우리 그리스도교의 정체성을 결정짓는 근본 교리(*doctrina fundamenta*)라고 할 수 있다. 그러므로 이 교리는 단지 교리가 아니라 교리 중의 교리이며 그리스도교의 원리이며 초석이 되는 교리이다. 이 책의 저술 목적은 삼위일체론의 내용과 의미 그리고 이 교리가 가지는 예배적, 실천적 함의를 우리의 신앙과 삶과의 관계 속에서 바르게 이해하고 해명하는 데 있다.

삼위일체론은 초기 교부들의 신학적 사변의 산물이 아니다. 이 교리는 성부 하나님께서 성령 하나님의 능력을 통하여 성자 하나님(예수 그리스도) 안에서 베풀어주신 구원의 은총을 경험한 초기 교회가 삼위 하나님께 돌렸던 경배와 찬양 속에서 현시되었던 교리이다. 그래서 필자는 본 저서의 제목을 『송영의 삼위일체론』이라고 명명하였다.

본 저서는 2017년 1월 12일부터 3월 9일까지 8주 동안 매주

목요일 저녁 시간에 「삼위일체 하나님을 아는 지식」이라는 제목으로 "새물결아카데미"에서 목회자들과 신학생들과 평신도들을 대상으로 행한 일련의 강의에 기초하고 있다. 아카데미에서 진행한 강의가 한 권의 저서로 결실을 맺은 것은 필자에게 있어서 매우 뜻깊은 일이 아닐 수 없다. 바라기는 본 저서의 출판이 어려운 현실과 여건 가운데서 한국 교회와 한국 사회의 갱신을 염원하며 묵묵히 사역을 수행하고 있는 아카데미 대표 김요한 목사님과 담당 스태프에게도 기쁨과 보람과 응원이 되었으면 하는 마음 간절하다.

본 저서와 관련하여 감사해야 할 은사님들이 몇 분 계시다. 신학대학원 재학시절 필자에게 조직신학을 가르쳐준 두 분의 스승에게 감사드리지 않을 수 없다. 필자에게 삼위일체론의 중요성과 이 교리에 대한 동방과 서방 교부들의 이해방식의 차이를 명확하게 이해할 수 있도록 가르침을 주신 스승 차영배 교수님께 감사를 드린다. 그리고 헤르만 바빙크(Herman Bavinck)의 온화하면서도 공정하며 공교회적인 개혁신학을 필자에게 전수해 주신 스승 최홍석 교수님에게도 감사드린다. 지금은 일선에서 은퇴하신 두 분 스승의 가르침은 필자에게 삼위일체신학에 관한 광막한 탐구의 여정 속에서 굳건한 나침반의 역할을 해 주었다. 또한 이 시간 필자의 네 분 유럽인 은사님들에게도 감사의 마음을 전해야만 한다. 필자에게 삼위일체신학의 형성과정과 발전과정을 교부신학, 교리사, 종교개혁신학 및 근현대 신학사의 역사적 맥락 속에서 파악할 수 있도록 지도해준 오스트리아 빈의 스승 막스 수다 교수님(Prof. Dr. Max Suda)과 네덜란드 암스테르담의 스승 아드리아누스 판 에크

문트 교수님(Prof. Dr. Aadrianus van Egmond)께 감사를 드린다. 지금은 은퇴한 이 두 분의 스승은 필자로 하여금 삼위일체신학의 형성과정과 발전과정을 교회사와 신학사의 역사적 노정 속에서 매우 구체적이고 입체적으로 파악할 수 있는 안목을 제공해 주었다. 그리고 오늘날의 삼위일체신학의 르네상스기에 현대의 동방과 서방의 신학자들 사이에 촉발한 복잡한 신학적 쟁점들과 제2차 세계대전 이후 현대 유대 랍비 철학자들과 그리스도교 신학자들 사이에 발생했던 신론을 둘러싼 여러 신학적 쟁점들을 비판적 안목에서 파악할 수 있도록 지도해주신 필자의 암스테르담의 스승 코르넬리스 판 더 코이 교수님(Prof. Dr. Cornelis van der Kooi)께도 감사하지 않을 수 없다. 판 더 코이 교수님의 가르침은 필자로 하여금 삼위일체신학을 둘러싼 현대 신학의 수많은 쟁점들을 명확하게 파악하고 그것을 개혁신학적인 관점에서 비평할 수 있는 안목을 제공해 주었다. 또한 삼위일체신학이 함의하고 있는 윤리적이고 실천적이며 송영적인 국면들을 해명하고 통찰할 수 있도록 지도해주신 교의학자이며 사회윤리학자인 필자의 독일 보쿰의 스승 트라우고트 예니헨 교수님(Prof. Dr. Traugott Jähnichen)께도 감사의 마음을 전한다. 예니헨 교수님의 가르침은 필자로 하여금 삼위일체신학을 사변의 신학이 아니라 예배와 삶을 위한 송영과 실천의 신학으로 이해하고 파악할 수 있는 안목을 제공해 주었다. 본서에서 이 네 분의 이름이 직접 거명되고 있지는 않지만, 네 분 벽안의 스승들의 신학적 지혜와 안목과 통찰은 필자의 사유를 통하여 본 저서의 도처에 아로새겨져 있음을 고백하지 않을 수 없다.

오스트리아 빈 정동교회의 사랑하는 아우 김효태 담임목사(당시 부목사)와 교우들에게도 이 지면을 빌어 고마운 마음을 전한다. 12년 동안 이곳에서의 필자의 담임 목회는 삼위일체 하나님을 향한 예배와 삶을 교우들과 함께 배우고 실천하는 아름다운 삶의 여정이었음을 고백한다.

새물결플러스 출판사의 대표 김요한 목사님께도 이 지면을 빌려서 감사의 마음을 전한다. 올 초 "새물결아카데미"에서 행한 일련의 강의를 필자가 이번 여름방학을 맞이해서 정리하고 심화시켜 한 권의 책으로 확장시킬 수 있었던 것은 김요한 목사님의 수차례의 독려와 배려가 있었기 때문이다. 또한 필자와 소통하며 이 책을 편집하는 일에 성실히 최선을 다해준 편집자 김태윤 선생과 출판사의 여러 스태프에게도 고마운 마음을 전한다.

바라기는 본 저서를 읽는 모든 독자들에게 성령께서 당신의 말씀과 더불어(cum verbo) 조명의 빛(lumen illuminationis)을 비추시어 삼위일체 하나님을 향한 올바른 이해에 도달할 수 있게 되기를 바란다. 그리하여 우리의 구원의 하나님이신 삼위일체 하나님의 존전에 우리가 감사함으로 나아가서 삼위께 마땅한 경배와 찬송을 올려 드리며, 우리의 삶 속에서 삼위일체 하나님이 기뻐하는 삶을 살아 낼 수 있기를 두 손 모아 기도한다.

2017년 9월 7일
저자 이동영

제 1 장

하나님에 관한 지식의 중요성

신학은 곧 신론이다

지금부터 신학에서 "하나님에 관한 지식"(*scientia Dei*), 즉 "신론"(神論, Gotteslehre)의 중요성에 대해서 간략하게 살펴보고자 한다. 우리나라 말로 신학이라고 번역되는 그리스어 "테올로기아"(θεολογία)는 "하나님"이라는 뜻의 "테오스"(θεός)와 "말" 또는 "말씀"이라는 뜻의 "로고스"(λόγος)의 합성어로서 "신들에 관하여 말하는 것"을 의미한다.[1] 이 신학이라는 용어는 원래 고대 그리스 세계에서 신들에 관한 신화적·문학적·철학적인 해석의 모음을 의미하는 말로 사용되었다.[2] 초기 교회 교부들은 이 신학이라는 용어를 그리스 세계로부터 차용하여 "하나님을 향하여 말하는 것" 또는 "하나님을 향하여 찬양하는 것"이라는 의미로 사용하였다. 그래서 그들은 하나님을 향하여 "말"하고 "노래"하는 것, 즉 하나님을 향하여 기도하며 찬양하는 행위를 "신학"이라고 불렀다. 신학은 하나님을 향하여 말하고 찬양하는 것이기 때문에, 신학에서 크고 중심 되는 주제는 "하나님"이다. 하나님 외의 그 어떤 주제도 신학에서는 부차적인 것일 수밖에 없다. 그러므로 신학은 하나님에 관한 말, 즉 하나님에 관한 이야기라고 할 수 있다. 신학은 하나님에 관한 이야기와 함께 시작하고, 하나님에 관한 이야기와 함께 진행되며, 하나

---

1 Holst Georg Pöhlmann, *Abriß der Dogmatik* (Gütersloh: Gütersloher Verlaghaus Gerd Mohn, 1973), 19

2 H. G. Pöhlmann, *Abriß der Dogmatik*, 19.

님에 관한 이야기와 함께 종결되는 것이라고 할 수 있다. 이에 관하여 네덜란드의 개혁신학자 헤르만 바빙크(Herman Bavinck)는 다음과 같이 정당하게 통찰하였다.

> 교의학이 하나님으로부터 시작하는 까닭은, 모든 만물이 그로부터 나오기 때문이다.…피조물을 취급하는 다른 논제들에서도 교의학은 오로지 하나님에 대한 피조물의 관계에서 피조물을 관찰하는데, 이는 만물이 하나님에게서 나오고, 하나님으로 말미암고, 하나님께로 돌아가기 때문이다(롬 11:36).[3]

바빙크는 "하나님에 관한 지식은 교의학(신학) 전체의 유일한 교리이자 독점적인 내용"이라고 주장한다.[4] 신학은 곧 신론이다. 바빙크는 교의학에서 취급하는 그 신론이 다른 모든 교리들의 중심이고 전제이며, 신론 외의 다른 교리들, 즉 인간, 구원, 교회, 종말에 관한 교리들은 단 하나의 중심 교리인 신론, 즉 "신(神) 지식"(cognitio Dei)에 대한 해설 외에 다른 것이 아니라고 묘파한다.[5] 그러므로 바빙크는 신론, 즉 하나님에 관한 지식이야말로 신학의 유일하고 독점적인 주제라는 사실을 다음과 같이 천명한다.

---

3 헤르만 바빙크, 『개혁교의학』, 제2권 (서울: 부흥과개혁사, 2011), 27.
4 헤르만 바빙크, 『개혁교의학』, 제2권, 27.
5 헤르만 바빙크, 『개혁교의학』, 제2권, 27.

모든 것이 하나님의 빛 안에서 고려된다. 모든 것이 하나님의 손아래 부속된다. 모든 것이 하나님에게로 돌아간다. 교의학이 숙고하고 기술해야 할 것은 항상 하나님이며, 오로지 하나님뿐인데, 하나님의 영광은 창조와 재창조, 자연과 은혜, 세상과 교회에 나타나 있다. 교의학이 반드시 드러내 보여주어야 할 것은 오로지 하나님에 관한 지식뿐이다.…교의학이 자신의 유일한 내용인 하나님에 관한 지식을 숙고하면 숙고할수록, 더욱더 감탄하며 하나님을 경배하게 될 것이다.[6]

하나님은 신학의 유일한 과제이며 독점적 주제다. 그래서 하나님의 말씀인 성경 또한 하나님으로부터 시작하여 "태초에 하나님이 천지를 창조하시니라"(창 1:1)라고 선언한다. 아우구스티누스(Augustinus)는 하나님과 자기 자신을 아는 것 외에 다른 것을 알기를 원치 않는다고 말한다. "나는 하나님과 영혼을 알고 싶다. 그 외에는 아무것도 알고 싶지 않다."[7] 장 칼뱅(J. Calvin) 또한 자신이 저술한 『제네바 교리문답』(Genfer Katechismus, 1542)에서 "인간 삶의 최고의 목적은 무엇입니까?"라는 질문에 대하여 "그것은 인간이 자신의 창조주이신 하나님을 아는 것입니다"라고 답변한다.[8]

---

6   헤르만 바빙크, 『개혁교의학』, 제2권, 28.
7   Augustinus, *Solioquia*, 1, 7.
8   헤르만 바빙크, 『개혁교의학』, 제2권, 28.

신론은 곧 삼위일체론이다

그런데 우리가 믿는 하나님은 하늘에 고독하게 독존하는 전제 군주적인 일신(一神)이 아니라 삼위일체 하나님, 즉 창세 전부터 성부 (Pater), 성자(Filius), 성령(Spiritus sanctus), 곧 삼위(tres personae)로 존재하시며 상호 간에 사랑의 "관계" 속에 "교제"와 "소통"과 "어우러짐"(Harmonie)으로 온전히 "하나"(Eins, unitas)이신 분이다. 태초에 고독한 일위의 신이 아니라 사귐과 교제 가운데 하나 됨을 이루고 있는 삼위의 신이 계셨다. 태초에 삼위의 소통적 행위가 있었다.[9] 그래서 "삼위"(tres)가 "하나"(unitas)이신 하나님이 우리 신학의 유일한 주제이며 독점적 내용이다. 그러므로 초기 교회에서 신학은 신론 곧 삼위일체론을 의미하는 것이었다. 그래서 공교회의 신앙고백인 "사도신경"(Symbolum Apostolorum)과 "니케아-콘스탄티노플 신경"(Nicaea-Constantinopolitanum)은 삼위일체 하나님을 우리의 신앙과 예배의 대상으로 명백하게 진술하여 고백하고 있다. 삼위일체 하나님에 대한 고백과 예배와 찬양에 그리스도교 신앙과 신학의 생사가 걸려 있다고 해도 결코 과언이 아니다.

---

9   케빈 밴후저, 『제일신학』(서울: IVP, 2007), 139.

삼위일체론은 곧 송영이다

바빙크가 지적했듯이 신학은 메마르고 삭막한 학문이 아니다. 왜 나하면 우리가 신학의 유일한 내용이며 독점적 주제인 삼위일체 하나님에 관한 지식을 숙고하면 숙고할수록 더욱더 하나님을 경탄하고 찬양하며 경배하지 않을 수 없기 때문이다.[10]

신학은 우리 구원의 하나님이신 삼위 하나님께 감사함으로 나아가 삼위 하나님께 찬양과 존귀와 영광을 돌리는 것을 그 "목표"로 삼는다. 그런 의미에서 신학은 신론이며, 이러한 신론은 곧 삼위일체론이다. 이 삼위일체론은 삼위일체에 대한 찬양인 "영광송"(Gloria), 즉 "송영"(Doxologia)을 지향한다. 왜 신학은 송영인가? 그 이유는 성부이신 하나님이 성령의 능력 안에서 자신의 독생자를 이 세상에 보내주시지 아니하셨다면 그리스도교 신학은 애초부터 존재할 수 없었을 것이기 때문이다. 바로 여기서 그리스도교 신학에 있어서 신론, 즉 삼위일체론의 중요성과 그것의 송영적 성격이 명백하게 드러난다. 그러기에 신약성경 안에서 삼위의 성호가 축도 내지는 송영의 형식으로 등장하는 것은 결코 우연이 아니다 (고후 13:13). 초기 교회에서 신학, 즉 신론은 삼위일체 하나님에 대한 찬양(송영) 속에서 표현되었다.

신학은 처음부터 찬양을 위한 지식이었지 가치중립적인 지식

---

10   참조. 헤르만 바빙크, 『개혁교의학』, 제2권, 28.

이 아니었다.[11] 그러므로 신학 곧 삼위일체론은 삼위일체에 대한 공허한 사변적 지식이 아니라, "삼위 하나님의 존전에서"(*Coram Deo Trino*) 마음과 목숨과 힘과 뜻을 다하여(눅 10:27) 삼위 하나님을 알아가는 지식이며 그것으로 말미암아 삼위일체를 높이며 찬양하는 지식이다.

---

11 H. G. Pöhlmann, *Abriß der Dogmatik*, 20.

제 2 장

신학, 경륜 그리고
세상과 관계하시는 하나님

하나님을 향하여 2인칭으로 말할 수 있는 사람이 신학자다

누가 신학자인가? 이것은 우리가 신학을 하는 데 있어 지극히 근원적이고 본질적인 질문이다. 4세기의 교부 폰투스의 에바그리오스 (Evagrius Ponticus)는 이 질문에 대하여 다음과 같이 답변한다.

> 그대가 신학자인가? 그렇다면 그대는 진정으로 기도할 것이다.
> 그리고 진정으로 기도하는가? 그렇다면 그대는 신학자다.[1]

에바그리오스는 하나님 앞에서 하나님을 향하여 진정으로 기도하는 사람이 신학자라고 말한다. 그러므로 하나님 앞에서 하나님을 향하여 2인칭으로 찬양하고 기도하는 사람이 신학자다. 하나님에 대하여 3인칭으로 말하며 가치중립적으로 말하는 자는 종교학자이지 신학자가 아니다. 신학자는 "하나님에 대하여"(über Gott) 말하는 사람이 아니라 "하나님을 향하여"(zu Gott) 말하는 사람이다. 하나님을 향하여 2인칭으로 말한다는 것은 하나님을 향하여 기도하는 것이며 찬양하는 것이다. 예배 가운데서 하나님께 기도하고 찬양하는 사람이 신학자다. 그러므로 신자가 곧 신학자다.

---

1   참조. 폰투스의 에바그리오스, 『폰투스의 에바그리오스 실천학』, 남성현 역, 그리스도교문헌총서 003 (서울: 새물결플러스, 2015), 74.

신학과 경륜

그리스도교 예배의 대상은 삼위일체 하나님이다. 이 때문에 그리스도교의 "신론"은 곧 "삼위일체론"(Trinitätslehre)이다.[2] 그러므로 그리스도교의 신론은 한 분 유일하신 하나님의 일방적인 지배 체제를 강조하는 유대교나 이슬람교의 "전제군주적 일신론"(Monarchischer Monotheismus)의 관점에서 해설되어서는 안 되고, 성부와 성자와 성령의 사랑의 사귐과 온전한 일치를 강조하는 삼위일체론의 관점에서 해설되어야만 한다. 그러므로 그리스도교의 신론은 유대교적 내지는 무슬림적인 유일하신 한 분 하나님에 대한 교리, 즉 "전제군주론적인 일신론"이 아니라 삼위일체이신 하나님에 대한 교리가 되어야 하는 것이다. 그래서 고대 동방의 교부들은 삼위일체 하나님을 직접적으로 사유하는 교리인 삼위일체론을 "신학"(θεολογία)으로 규정했고, 그 외 다른 교리들을 삼위 하나님의 구원 사역(opera salutis)을 다루는 "경륜"(οἰκονομία)[3]에 관한

---

2 참조. Dong-Young Lee, *Der dreieinige Gott und seine Gesellschaft*, Schriften der Hans-Ehrenberg-Gesellschaft, Bd. 20 (Kamen: Hartmut Spenner, 2013), 1-2.

3 그리스어 "오이코노미아"(οἰκονομία)는 우리말 "집" 내지는 "가정"을 의미하는 "오이코스"(οἶκος)라는 말과 "법" 내지는 "율법"을 의미하는 "노모스"(νόμος)라는 말의 합성어로서 고대 그리스 세계에서 "가정살림"(Haushaltung) 내지는 "살림살이"를 의미하는 말이었는데, 이 단어는 리옹의 이레나이우스(Irenaeus von Lyon), 로마의 히폴리투스(Hippolytus von Rom), 그리고 카르타고의 테르툴리아누스(Tertullianus von Karthago)와 같은 교부들에 의해서 구원의 역사 속에서의 하나님의 사역, 특히 예수 그리스도 안에서 나타난 성자의 성육신을 표현하는 전문 용어로 차용되었다 (Alfred Adam, *Lehrbuch der Dogmengeschichte*, I, 161). 원래 하나님의 "경륜"이라는 개념은 영지주의에 대항하여 구약과 신약의 통일성 및 창조와 구원의 통일성

교리로 구분했다.

> 신학(θεολογία): 삼위일체론
>
> 경륜(οἰκονομία): 그리스도론, 구원론, 인간론, 교회론, 종말론, 윤리학 등

고대 동방의 신학적 전통에 따르면, 신학은 삼위 하나님을 직접적으로 사유하고 사색하는 삼위일체론을 의미한다. 오직 삼위일체론만이 신학이다. 그리고 삼위일체론 외의 다른 분야들은 삼위 하나님의 구원의 경륜을 논구하는 학문이다.

신학과 경륜을 너무 날카롭게 구분할 필요가 있을까?

인간이 학문적으로 사유하고 사색할 수 있는 영역은 하나님이 인간 및 세상과 관계하시는 경륜의 영역이다. 그래서 하나님의 말씀인 성경 또한 하나님이 세상을 창조하셨다는, 하나님에 관한 이야기로부터 시작한다. 그런 의미에서 성경은 이 세계가 만들어지기 전 하나님의 내적 존재의 신비를 규명하려는 무의미한 사변을

을 강조하기 위하여 교부 리옹의 이레나이우스에 의하여 처음으로 사용되었다. 특히 이레나이우스는 구약의 하나님과 신약의 하나님, 율법과 복음, 창조와 구원을 분리하는 영지주의(Gnostizismus) 및 마르키온주의(Marcionismus)에 대항하여 하나님의 "경륜"이라는 개념을 사용함으로써 양자의 분리를 극복하고 통일성을 고수할 수 있었다(참조. Adolf von Harnack, *Dogmengeschichte*, 125).

전개하지 않는다. 창세 전 하나님의 존재의 신비는 유한한 우리 인간의 지력이 감당해 낼 수 있는 대상도 영역도 아니다. 인간이 "학"(學, *scientia*)으로 논구할 수 있는 영역은 하나님이 세상과 관계하시는 경륜의 영역이다. 오직 하나님은 인간 및 세상과 관계하시어 그가 행하시는 "구원 역사"(*historia salutis*)에 의해서만 파악될 수 있는 분이시기에, 우리는 경륜도 신학이라고 규정할 수 있다. 그래서 우리는 신학과 경륜을 구분하는 동방의 입장을 받아들이되, 비판적으로 수정하여 받아들일 필요가 있다.

우리는 동방의 견해에 너무 지나치게 경도되어 삼위일체론만이 신학이며, 나머지 교리들은 경륜에 속한 것이라고 협소하게 규정할 필요는 없다. 물론 삼위일체론만이 신학이고 그 외 나머지 분야는 경륜에 속한 학문이라고 규정하는 동방의 견해는 굉장히 함축적이고 포괄적인 진리를 담고 있는 예리한 통찰임에는 틀림이 없다. 그러나 필자의 생각으로는 광의의 의미에서 경륜 또한 신학의 영역에 포함된다고 볼 수 있기에 신학과 경륜을 너무 날카롭게 구분할 필요는 없는 것 같다. 신학과 경륜을 너무 날카롭게 구분하는 동방의 전통을 무비판적이고 교조적으로 받아들일 필요는 없는 것이며, 유연한 자세로 수용하면 유익할 것이다. 그러므로 협의의 의미에서는 하나님을 직접으로 사유하고 사색하는 삼위일체론만이 신학이라고 할지라도, 광의의 의미에서 보았을 때 그리스도론, 인간론, 구원론, 교회론, 종말론도 신학이라고 부를 수 있는 것이고 또한 그렇게 불려야 한다.

성경은 인간과 세상과의 관계 속에서 하나님에 관하여 말한다 (1)

성경은 인간과 세상과의 관계 속에서 하나님에 관하여 이야기한다. 그래서 칼뱅은 자신의 저서 『기독교 강요』(*Institutio Christianae Religionis*, 1559)를 "하나님에 관한 지식"과 "인간에 관한 지식"의 밀접한 상관성으로부터 시작했다.

> 하나님에 관한 지식과 우리(인간)에 관한 지식은 너무나 밀접하게 연관되어 있어서 어느 것이 먼저라고 말할 수 없다.[4]

칼뱅은 인간과의 관계 속에서 하나님에 대한 올바른 지식을 획득할 수 있고, 역으로 하나님과의 관계 속에서 인간에 대한 올바른 지식을 획득할 수 있음을 강조하였다. 칼뱅은 하나님에 관한 지식을 인간에 관한 지식과의 상관관계 속에서 파악해야 함을 통찰했다. 그것은 그가 철학적 사변을 따라서가 아니라 성경을 따라서 하나님에 관한 지식을 추구했기 때문이다. 거듭 강조하거니와, 성경은 하나님에 관하여 결코 "철학적·관념적·형이상학적으로"(philosopisch-idealistisch-metaphysisch) 사변하지 않는다. 그렇다고 해서 "초(무)시간적·초역사적·정태적으로"(überzeitlich-übergeschichtlich-statisch) 묘사하지도 않는다.[5] 이러한 하나님은 그

---

4   J. Calvin, *Inst.*, I, 1, 1.
5   Walter Kasper, *Der Gott Jesu Christi* (Mainz: Matthias-Grünewald-Verlag), 295.

리스 철학자들의 하나님이지, 예언자들과 사도들의 하나님이 아니다. 구약성경의 하나님은 역사의 하나님이며, 역사 속에서 인간과 함께 행동하시는 하나님이다.[6] 하나님은 자신의 지혜를 통하여 이 세상을 창조하셨고, 역사 속에서 아브라함과 이삭과 야곱과 같은 성조(聖祖, 족장)들과 동행하셨으며, 자신의 사자를 통하여 떨기나무 가운데 현존하셨고, 광야에서 이스라엘 백성들과 동행하셨으며, 자신의 이름을 통하여 성전 안에 거하셨던 분이시다. 그리고 하나님은 종국적으로 성령의 능력을 통하여 말씀이신 아들을 이 세상에 보내시어 "성육신"(incarnatio)하게 하심으로 "우리를 위하여"(pro nobis) 아들을 역사 속에 들어오게 하셔서, 우리와 관계를 맺으시고 우리에게 당신의 생명을 "분여"(imparatio)하신 분이다.

성경은 하나님의 본질을 결코 형이상학적으로 사색하거나 사변하지 않는다. 오직 이 세상을 향한 하나님의 말씀과 약속과 명령과 행동을 통하여 하나님이 어떤 분이신지를 묘사하고 있을 뿐이다. 인간에게 하나님은 오직 그의 계시적 행동을 통하여만 알려질 뿐이다.[7] 그러므로 우리는 하나님의 계시를 "성경을 따라" 하나님의 구원하시는 행동이라는 관점에서 "동적"(dynamisch)으로 파악해야지, "그리스 철학을 따라" 형이상학적·사변적인 관점에서 "정적"(statisch)으로 파악해서는 안 되는 것이다.

---

6   W. Kasper, *Der Gott Jesu Christi*, 295.
7   유해무, 『개혁교의학』(서울: 크리스천다이제스트, 1997), 28, 각주 20.

송영의 삼위일체론

성경은 인간과 세상과의 관계 속에서 하나님에 관하여 말한다 (2)

성경이 추구하는 "신 지식"(cognitio Dei), 즉 "하나님에 관한 지식"은 인간 및 세계와 관계된 하나님에 관한 지식이지, 세계와 격리된 하나님의 존재의 신비를 형이상학적으로 사변하는 지식이 아니다. 성경은 인간 및 세계와 관계없이 하나님을 "순수 형이상학"으로 사변하는 것에 대하여 아무런 관심이 없다. 우리가 창세기의 창조 기사에서 확인할 수 있는 것처럼, 성경은 "창조"(creatio)와 더불어 하나님에 관하여 말하기를 시작한다. 성경은 창세 전의 하나님의 존재와 삶에 대하여 사변적인 논의를 하는 것에 대해 전혀 관심을 가지고 있지 않다. 이러한 사변적 논의는 성경을 떠난 무익하고 허무맹랑한 논리를 양산할 뿐이다. 마르틴 루터(Martin Luther)는 세계를 창조하기 전에 하나님이 무엇을 하셨는가에 대한 무의미한 질문을 하는 사람들에 대하여 다음과 같이 풍자했다.

> 천지창조 전에 하나님이 무엇을 하고 계셨는지 그토록 쓸데없는 질문을 하는 사람을 매질하기 위하여 하나님은 회초리를 깎고 계신다.[8]

성경은 창조 사건과 함께 하나님에 관한 이야기를 시작하며, 하나님을 배신한 인간의 구원과 관련하여 "구원 역사"의 진행 과정

---

8   Dietrich Bonhoeffer, *Creation and Fall* (London: Macmillan, 1965), 16을 따라 재인용.

중에서 하나님에 관한 이야기를 심화하여 확장시킨다.

그리스 철학으로 대변되는 철학의 전통이 지나치게 추상적 개념에 골몰한다면, 성경은 구체적인 사건과 이야기를 통해서 진실을 표현하고자 한다. 성경이 구체적 상황 속에서 증언하는, 살아서 역사하는 하나님에 관한 이야기를 단지 하나님에 대한 추상적인 개념으로 환원시키고자 하는 것은 마치 살아 있는 사람을 하나의 기하학적인 도형 속에 욱여넣으려는 시도가 아니고 무엇이겠는가?[9] 그러므로 우리는 "말씀"(성경)을 통하여 그때 그곳에서 하나님이 인간 및 세상과 관계하여 어떻게 행동하시고, 어떻게 말씀하셨으며, 그러기에 그때 그곳에서 하나님과 인간 및 세상 사이에 무슨 사건이 발생했는지를 통찰해내기 위하여 해석학적 노력을 경주해야 한다. 이러한 해석학적 태도야말로 성경이 우리에게 전달하고자 하는 하나님에 대한 살아 있는 지식을 얻는 첩경이다. 우리가 성경에 의존해서 하나님에 대한 참된 지식을 얻으려면, 성경 본문이 보도하고 있는 그때 그곳에서 도대체 무슨 일이 발생했기에, 하나님이 인간에게 그렇게 말씀하시고, 인간은 하나님에 관하여 그렇게 인식하게 되었는지를 진지하게 질문해야만 한다. 이러한 질문을 무시한 채 하나님에 관한 지식을 추구하게 되면, 우리는 하나님에 대한 비성경적인 추상화의 나락으로 추락하게 될 것이다.

우리가 하나님에 관한 지식을 추구함에 있어 "하나님"과 "인간" 그리고 "하나님"과 "세계" 사이의 관계 속에서 그 지식이 발생한

9　참조. 아브라함 요수아 헤셸,『사람을 찾는 하느님』(서울: 한국기독교연구소, 2013), 49.

"구체적인 상황"을 무시한 채 하나님에 관하여 단지 고답적이고 관념적으로 사변할 경우, 하나님에 관한 지식은 하나님에 대한 허무맹랑한 추상적인 지식으로 전락하기 십상이다. 따라서 우리가 성경을 따라 하나님에 관한 지식을 추구할 때, 하나님께서 인간 및 세상과의 관계 속에서 행하신 구체적인 사건들과 행동들이 하나님에 대한 추상적 개념보다 선행한다는 사실을 한시도 잊어서는 안 될 것이다. 이렇게 성경이 우리에게 증언하는 하나님과 인간 및 세계 사이의 구체적인 관계성과 그 관계성의 내용인 역사성이 무시된 채 하나님에 관한 지식을 추구할 경우, 우리는 하나님에 관한 지식의 "추상성"과 "사변성"을 모면할 수 없게 된다.[10] 그러므로 우리는 하나님의 존재를 성경의 증언에 따라 인간 및 세계와의 관계 속에서 하나님의 활동 및 행위와 관련하여 성찰하고 파악해야만 할 것이다.[11] 우리가 "특별계시(성경)에 의존하는 신앙적 사색"을 통하여 하나님에 관한 지식을 추구할 때, 비로소 우리는 그리스 철학이 추구하는 정태적인 "부동(不動)의 원동자"(Unmoved Mover)에 대한 지식, 즉 자신은 변하거나 움직이지 않으면서 다른 존재를 움직이고 변하게 하는 그러한 존재에 대한 지식이 아니라 성경이 증언하는 하나님, 즉 인간과 세계 및 역사와의 관계 속에서 말씀하시고 약속(언약)하시며 행동하시고 명령하시며 권면하시고 위로하시는 하나님에 관한 살아 있는 지식을 통찰하고 배울 수 있게 될 것

---

10 참조. 아브라함 요수아 헤셸, 『사람을 찾는 하느님』, 32.
11 참조. 김균진, 『기독교조직신학』, 제1권 (서울: 연세대학교출판부, 1984), 18.

이다.[12]

위에서 이미 언급했지만, 칼뱅은 하나님을 알지 못하면 자기 자신을 알 수 없고 자기 자신을 알 수 없으면 하나님을 알 수 없다고 주장한다. 이러한 칼뱅의 견해는 우리가 성경에 의존하여 추구하는 올바른 신 지식은 하나님과 인간 사이의 상관성 또는 관계성으로부터 도출되는 신 지식이라는 사실을 통찰한 만고의 명언이다. 또한 칼뱅은 다음과 같이 말한다.

우리의 관심은 하나님의 본성이 어떠한가에 있는 것이 아니라, 그가 우리와 관계하여 어떠한 분이 되시고자 하는가에 있다.[13]

참으로 멋진 말이다! 우리가 추구하는 하나님에 관한 지식은 관념적이고 형이상학적이며 사변적인 지식이 아니라 인간과 세상과의 관계 속에서 그분이 누구시며 또 어떠한 분이 되시고자 하는가에 대한 지식인 것이다. 거듭 강조하거니와, 하나님에 관한 지식이 인간과 역사 및 세계와의 관계성 속에서 획득되는 소통적 지식이며 무시간적·초역사적·정태적인 지식이 아니라는 입장을 칼뱅이 천명할 수 있었던 이유는, 그가 하나님에 관하여 그리스 철학을 따라 사유한 것이 아니라 성경에 의존하여 사유했기 때문이다.

---

12 참조. 케빈 밴후저, 『제일신학』, 77.
13 J. Calvin, *Inst.*, III, 2, 6.

제 3 장

구약의 신론과 신약 신론의
강조점의 차이

구약과 신약의 신론의 강조점의 차이

지금부터 구약성경의 신론과 신약성경의 신론의 강조점의 차이에 대해서 살펴보도록 하자. 성경이 인간 및 세상과의 관계 속에서만 하나님에 관하여 이야기한다 할지라도, 구약성경의 하나님 개념과 신약성경의 하나님 개념 사이에는 서로 다른 강조점의 차이들이 존재한다. 그것을 일별하면 다음과 같다.[14]

구약성경에 나타난 하나님께서는 자신을 어떤 "출현 형태"(Erscheinungsweise)에 고정시키지 않는 반면에, 신약성경에서는 나사렛 예수라는 출현 형태를 통해 독특하고 유일하게 단 한 번 자신을 고정시키며 계시하신다. 구약성경에서는 하나님께서 어디에도 매이지 않는 자유로운 분으로 나타나는 반면에, 신약성경에서는 예수 그리스도 즉 자신의 독생자에게 매이시며 아들 안에서 그 아들의 삶과 고난과 죽음과 부활에 참여하심으로 당신의 자유를 보여주신 분이시다. 구약성경은—특별히 이사야서와 에스겔서에서 관찰되는 부분인데—하나님을 본질적으로 "거룩하신 분"으로 묘사하는 반면에, 신약성경은 하나님을 "사랑의 하나님"으로 이해한다(요일 4:8, 16). 구약성경에서 하나님은 "인간이 아닌 분"(신 23:19)이었으나, 신약성경에서 하나님은 예수 그리스도 안에서 인간이 되신 분으로 고백된다. 구약성경에서 하나님은 우선적으로

---

14 본 항목 "구약과 신약의 신론의 강조점의 차이"는 Holst Georg Pöhlmann, *Abriß der Dogmatik*, 114-115를 주로 참고하였음을 밝힌다.

거룩하신 "아도나이"(אֲדֹנָי)이셨으나, 신약성경에서 하나님은 우선적으로 자비로운 "아빠"(אַבָּא, Αββα)이다. 구약성경에서는 하나님의 "초월성"이 강조되었으나, 신약성경에서는 하나님의 "내재성"이 강조된다. 그러나 여기서 주의해야 할 점이 있다. 구약성경이 하나님의 "초월성"(Transzendenz)을 강조한다고 할지라도 그분의 "내재성"(Immanenz)을 함께 말하고 있으며, 신약성경이 하나님의 "내재성"을 강조한다고 할지라도 그분의 "초월성"을 함께 말하고 있다는 사실이다. 거룩하신 그 하나님이 사랑의 하나님이 되셨다는 것, 인간이 아닌 바로 그 하나님이 그리스도 안에서 인간이 되셨다는 것, 주님(아도나이)이신 바로 그 하나님이 자신의 아들 안에서 우리의 자비로운 "아빠"가 되셨다는 것, 바로 이것이 구약과 신약의 상관성 속에서 파악되고 인식되는 하나님이다. 그러므로 구약이 강조하는 하나님의 "초월성"과 신약이 강조하는 하나님의 "내재성"은 상호 대립적인 개념이 아니라 상호 보완적 개념으로 이해되어야 한다. 구약과 신약에 나타나는 신론의 강조점의 차이를 정리하면 다음과 같다.

차이점

구약의 신론	신약의 신론
출현 형태에 고정되지 않음	예수 그리스도로 단 한 번 고정되어 계시됨
어디에도 매이지 않음	아들에 매이고, 아들 안에서 고난과 부활에 참여하심
거룩하신 하나님	사랑이신 하나님

인간이 아닌 분	예수 그리스도 안에서 인간이 되신 분
하나님의 초월성이 강조됨 (내재성을 함께 말함)	하나님의 내재성이 강조됨 (초월성을 함께 말함)
주의할 점: 구약과 신약의 신론은 상호대립적이 아니라 상호보완적으로 이해되어야 한다.	

영지주의와 율법폐기론

초기 교회의 이단이었던 "영지주의"(Gnostizismus)는 구약의 하나님과 신약의 하나님이 서로 다르다고 주장한다. 즉 구약의 하나님은 심판의 하나님인데, 신약의 하나님은 사랑의 하나님이라는 것이다. 고대의 유명한 이단 마르키온(Marcion, 85-160)은 이러한 오류에 가득찬 신론을 열렬히 주장하여, 반영지주의 교부들이었던 이레나이우스와 테르툴리아누스에 의해 이단으로 정죄되었다. 마르키온에 따르면, 구약에 나타나는 "창조의 신"은 잔인한 심판과 정죄의 신이며, 그렇기에 예수 그리스도 안에서 자신을 계시하신 (신약의) "사랑의 하나님"과는 전적으로 다르다고 주장한다. 마르키온은 구약성경의 창조의 신을 "데미우르고스"(Demiurgos)라고 불렀고, 이 창조의 신 데미우르고스는 신약성경이 증언하는 사랑의 하나님과 전적으로 다르다고 설파했다. 이러한 마르키온의 견해는 당시 지중해 세계에서 상당한 추종자들을 얻었던 것으로 알려져 있다. 마르키온은 잔인무도한 창조의 신 데미우르고스를 가르치는 구약성경은 폐기되어야 마땅하다고 주장했다. 그래서 마르키온은 구약성경의 정경성을 전적으로 부인하고, 신약성경도 자신의 독단적인 신학적 기준에 의거하여 몇 권의 책만 정경으로 채택하고―이것을 "마르키온 정경"(Marcionite Canon)이라고 부른다[15]―자신이 정경으로 인정하는 그 몇 권의 책을 따라 예수 그리스도 안에서 자신을 계시하신 사랑의 하나님만을 선포해야 한다고 주장하였다.

한편, 오늘날에도 마르키온과 유사하게 구약의 율법은 폐기되었다고 생각하는 "율법폐기론자"가 여전히 존재한다. 율법폐기론자들에 따르면, 그리스도께서는 우리의 구원을 위하여 모든 것을 다 이루셨으므로 우리가 뉘우치고 회개하며 선한 일을 행하는 모든 것이 불필요하며, 인간은 단지 그리스도를 믿기만 하면 된다고 가르친다.[16] 구약의 율법은 구약의 백성들에게만 유효한 것이고, 신약의 백성들에게는 무의미하다는 것이다.[17] 그러나 개혁신학은

---

15 2세기 중엽에 활동했던 영지주의 계열에 속한 이단인 마르키온은 극단적인 바울의 추종자였다. 그는 예수의 제자들을 유대교에 심각하게 물든 자들로 보았고, 그래서 사도로 인정하지 않았다. 마르키온에 따르면, 오직 바울만이 예수님의 가르침을 바르게 이해한 진정한 사도다. 그리고 그는 구약과 신약을 극단적으로 분리시켜서 구약성경은 유대인의 역사서요 율법일 뿐이므로 그리스도인의 정경이 될 수 없다고 주장하였다. 그에 따르면, 구약성경이 증언하는 "창조의 신"은 "사랑의 신"이 아니라 무지와 분노와 복수의 마음을 가진 열등한 하급 신에 불과하며, 신약의 하나님, 즉 예수 그리스도 안에서 그 자신을 드러내신 그 하나님만이 사랑의 하나님이며, 이 사랑의 하나님이 이 인간과 세상 만물을 구원하기 위하여 구원자인 예수 그리스도를 보내신 분이다. 마르키온은 정경으로 구약성경을 전적으로 배제하였고, 그가 "정경"(正經, canon)으로 인정한 것은 바울의 10개 서신과 자신이 편집한 누가복음의 편집본뿐이었다. 그리고 우리는 이것을 "마르키온 정경"이라고 부른다.

16 신현우, "개혁주의 율법론", 『신학지남』, 83/2(2016), 34-35.

17 헤르만 바빙크, 『개혁교의학』, 제4권 (서울: 부흥과개혁사, 2011), 303. 신현우, "개혁주의 율법론", 35를 따라 재인용.

송영의 삼위일체론

구약과 신약의 "연속성"(Kontinuität)을 강조하며, 구약의 율법이 결코 폐기되었다고 보지 않는다. 칼뱅은 자신의 시대에 "율법폐기론"을 가르쳤던 리버틴파(the Libertines)를 비판하면서 그들의 기원이 마르키온과 마니교에 있다고 보았다.[18]

> 바울은 우리가 마땅히 율법을 준수해야만 한다고 여전히 가르치고 있다.…바울의 편지 중에서 그가 율법에 대하여 성도들이 여전히 따라야 할 올바른 삶에 대한 기준이라고 쓰지 않았던 적이 없다.[19]

칼뱅은 "율법폐기론자"를 율법이나 규율 없이 사는 뻔뻔한 "개"라고 강경하게 비판했다.[20] 칼뱅과 개혁신학의 전통에 따르면 "제사법"(의식법, *lex ceremonialis*)은 폐기되었지만,[21] "도덕법"(*lex moralis*)은 그리스도 안에서 여전히 우리에게 권위를 가지며, 우리의 신앙과 삶을 위해서 여전히 순종해야 하는 하나님의 거룩한 계

---

18 J. Calvin, 『칼빈의 자유주의 반박』(*Treatise Against the Anabaptist and Against Libertines*), 김동현 역, (서울: 솔로몬, 1994), 54-56. 신현우, "개혁주의 율법론", 32를 따라 재인용.
19 J. Calvin, 『칼빈의 자유주의 반박』, 139. 신현우, "개혁주의 율법론", 34를 따라 재인용.
20 참조. J. Calvin, 『칼빈의 자유주의 반박』, 139. 신현우, "개혁주의 율법론", 34를 따라 재인용.
21 칼뱅은 제사법(의식법)이 폐지되었음을 주장한다. 그러나 이 제사법이 단지 사용에 있어서 폐지된 것이지, 효과에 있어서 여전히 유효하다고 주장하는 바(J. Calvin, *Inst.*, II, 7, 16.) 제사법이 더 이상 문자적으로 신자들의 삶에 적용될 수는 없지만 그리스도를 가리키는 모형과 예표로서 여전히 유효하다고 한다(신현우, "개혁주의 율법론", 38).

명으로 간주된다.[22]

22 J. Calvin, *Inst.*, II, 7, 17.

제 4 장

말씀의 신학이냐,
경험의 신학이냐?

말씀의 신학이냐, 경험의 신학이냐?

성경 계시가 형성되던 당시에 하나님께서는 이 세상 및 인간들과의 관계 속에서 자신이 누구시며 어떤 존재가 되기를 원하시는지를 "신현"(*Theophania*) 및 "행위"(*opera*)와 "말씀"(*verbum*)을 통해서 드러내셨다. 그때에 인간은 그것을 보고 듣고 느끼고 경험함으로써 그 계시를 하나님의 계시로 인식했다. 그러므로 성경 계시가 형성되던 당시, 하나님의 "계시" 및 선지자들이나 사도들의 "계시 경험"은 구분할 수 있어도 분리할 수는 없다. 구약의 선지자들과 신약의 사도들에게 하나님의 계시가 임했을 때의 그 계시는 그들과의 관계 속에서 임한 계시이기 때문에, 우리는 계시 자체가 "관계적 개념"이라는 사실을 결코 간과해서는 안 된다. 하나님께서 신현과 행위(이적)와 말씀을 통해서 당신 자신을 계시하실 때 그것을 받아들이는 선지자나 사도들의 인간적 경험을 배제시킬 수 없기 때문에 "계시"와 "경험", 이 양자를 구분은 해야 되겠지만, 그것들을 예리하게 분리시켜 양자택일의 막다른 골목으로 몰고 가서는 안 된다. 그래서 유대 랍비인 유다 벤 일라이(Judah ben Ilai)는 극단의 길을 선택하는 것은 불과 얼음 중 하나를 택하는 것과 같다고 묘파했다.

> 만약 그대가 한 길로만 간다면 불에 의해서 불탈 것이고, 다른 한 길로만 간다면 얼음에 의해서 얼어붙을 것이다.[23]

---

23 *Abot de-Rabbi Natan*, chap. 28.

그러니 "계시신학"(Offenbarungstheologie)이 맞느냐, "경험신학"(Erfahrungstheologie)이 맞느냐의 문제에서 어느 것이 옳은지를 양자택일하라는 것은 진리의 한 면만을 고집하는 극단적인 논리이고, 그런 양자택일을 강요당할 때 우리는 진리의 전체를 보지 못하는 우를 범하게 된다. 신학에 있어 하나님의 말씀(계시)이 필요하지만 또한 여기에 반응하는 인간의 경험도 필요하기 때문이다.

우리는 하나님의 계시의 말씀이 신학의 출발점이라는 사실을 명백하게 인식해야만 한다. 그럼에도 불구하고 하나님의 "특별계시에 의존하는 신앙적 사색"과 그것에 의해서 형성되는 "하나님 인식"(cognitio Dei) 및 "하나님 지식"(scientia Dei)의 내용들은 경험적 국면들을 함의하고 있다. 왜냐하면 우리의 인식 자체가 우리의 경험과 불가분의 관계 속에 있으며, 일정 부분은 경험에 의해서 우리의 인식이 형성되기 때문이다. 그래서 스위스 취리히 대학교에서 신학을 가르쳤던 20세기 신학의 거장 중 한 명인 게르하르트 에벨링(Gerhard Ebeling)이 지적한 것처럼, 신학의 원리에서 "계시"(말씀)냐, "경험"이냐를 지나치게 나누어 대립시키는 것은 진리의 총체적 인식에 도달할 수 없게 하는 양극단의 논리다.

우리가 신학함에 있어 신학의 "객관적 원리"(principium objectivum)로서 "하나님의 말씀"(verbum Dei)을 전제하고 그 하나님의 계시의 말씀에 의존하여 사색할 때, 우리의 지성과 정서와 의지에 역사하시어 그것들을 "조명"(illuminatio)하시는 성령의 사역, 다시 말하면 신학의 주관적 원리로서의 "성령의 내적 조명"(illuminatio Spiritus sancti interna)은 필수적이다. 그러므로 우리는 "객관"(Objektiv)과 "주관"(Subjektiv), 그리고 "계시"(Offenbarung)와 "경험"(Erfharung)이 만나고 통합되는 곳에서 참다운 하나님 인식과 참다운 신학의 원리를 도출해낼 수 있다. 그래서 지난 세기 암스테르담 자유 대학교에서 가르쳤던 네덜란드의 개혁신학자 헤릿 코르넬리스 베르카워(Geritt Cornelis Berkouwer, 1903-1996)는 인간 및 세계와의 상관관계를 통해서 하나님을 파악할 것을 강조했다.

하나님에 대한 인식은 하나님에 대한 인간의 인식이기 때문에, 그것이 아무리 성경 계시에 의존하는 인식이라 할지라도, 인간의 경험과 관계없이 일방적으로 인식될 수 없음은 자명한 사실이다. 그러므로 "하나님 인식" 그 자체가 하나님의 계시와 그것에 대한 인간의 경험적 인식의 상관관계로부터 형성되는 셈이다. 우리는 우리 각자의 경험 속에서 성경을 읽고 사색한다. 우리가 성경 계시에 의존하여 사색한다 할지라도 그러한 사색 속에 우리의 경험이 개입되는 것을 피할 수 없다. 그래서 우리가 신학을 할 때 "말씀"과 "경험"을 너무 날카롭게 나누어서 극단적으로 말씀이냐 경험이냐의 양자택일의 논리로 몰고 가면 안 된다. 말씀과 경험이 만나 화학 작용을 일으킬 때에야 비로소 생동감 있는 신학이 전개될 수 있다. 그러니 말씀과 경험을 두부 자르듯이 극단적으로 나누어 이것이냐 저것이냐(Entweder-Oder)를 선택하라는 식의 주장은 신학의 빈곤을 초래할 수 있는 극단적인 주장이다. 다시 강조해서 말하자면, 우리가 제아무리 특별계시에 의존하는 신앙적 사색을 통해서 신학을 한다고 할지라도, 우리의 그러한 사색 속에는 우리의 경험이 들어와 있다는 사실을 결코 간과해서는 안 될 것이다.

우리는 말씀의 신학만을 강조하고 인간의 신앙 체험을 철저히 배제시키는 칼 바르트(Karl Barth)에게서 그러한 신학적 오류를 접하게 되며, 또한 인간의 신앙 체험만을 강조하고 말씀을 배제하는 프리드리히 슐라이어마허(F. D. E. Schleiermacher)에게서 칼 바르트와는 정반대의 신학적 오류를 접하게 된다.

우리의 경험은 말씀에 의해서 검증되어야만 한다

말씀이 먼저냐, 경험이 먼저냐? 물론 우리는 논리적 순서로는 말씀이 먼저고 경험이 그 뒤에 따라온다는 사실을 분명히 해야 한다. 하지만 현실적으로 말씀과 경험은 동시다발적으로 함께 역사한다는 사실 또한 잊지 말아야 할 것이다. 그래서 우리는 우리의 경험 속에서 하나님의 말씀을 이해해야 되겠지만, 하나님의 말씀에 비추어 우리의 신앙 경험(체험)을 반성적으로 성찰하고 비판적으로 검증해야만 할 것이다. 왜냐하면 우리의 경험과 생각은 우리가 의도하든 의도하지 않든 종종 자기 기만적인 모습을 띠기 때문이다. 오스트리아 빈 태생으로서 20세기 언어철학과 분석철학의 비조(鼻祖)로 군림했던 위대한 철학자 비트겐슈타인(Ludwig J. J. Wittgenstein, 1889-1951)은 자신의 저서 『논리철학 논고』(*Tractatus Logico-Philosophicus*)에서 "자신을 속이지 않는 것보다 더 어려운 일은 없다"고 갈파했다.

그러므로 경험 속에서 말씀을 이해하는 것만을 주장하게 되면, 우리는 신학의 객관적인 원리로서의 하나님의 말씀이 우리의 주관적인 경험으로 축소되는 오류를 범할 수 있다. 역으로 경험을 배제한 채 말씀의 객관성만을 강조하게 되면, 우리의 신앙과 신학은 차디찬 스콜라적 지성주의의 나락으로 떨어지게 될 것이다.

우리는 경험과 삶의 정황 속에서 하나님의 계시의 말씀을 읽고 들으며 묵상하지만, 또한 하나님의 계시의 말씀 속에서 삶의 경험을 반성적으로 성찰하고 비판적으로 검증해야만 한다. 그러므로 하나님의 말씀인 성경과 우리의 삶의 정황 사이에는 해석학적 순환 구조가 존재한다는 사실을 결코 잊어서는 안 된다. 이렇게 말씀과 경험이 "해석학적 순환"(hermeneutische Zirklstruktur) 관계 속에서 지속적으로 만나고 상보적으로 영향을 주고받아야 우리가 건강한 신앙과 바른 신학을 세울 수 있다.

성령의 내적 조명을 기도로써 간구해야만 한다

하나님의 말씀과 우리의 경험이 만나 화학 작용을 일으킴으로써 살아 있는 신학이 형성되는 것이기에, 우리는 언제나 기도로써 성령님의 도우심을 간구해야만 한다. 그리고 성령께서 오셔서 신학을 하는 우리의 지성과 정서와 의지를 조명해주실 것을 간구하면서 겸손히 신학 작업을 수행해 가야 한다. 그러므로 말씀과 경험을 너무 날카롭게 나누어 이것이냐 저것이냐의 양자택일의 막다른 골목으로 몰고 가는 것은 신학을 빈곤하게 만드는 우를 범하는 것이다.

성경을 살아 있는 하나님의 말씀으로 인식하게 하시고 우리의 신앙과 삶 가운데 역사하시는 분은 성령 하나님이시다. 우리는 이 사실을 한시도 잊어서는 안 될 것이다. 왜냐하면 성경에 신적인 권위를 부여하는 신적 저자는 성령이시기 때문이다.[24] 그래서 칼뱅은 다음과 같이 말했다.

> 성령으로 말미암아 내적으로 가르침을 받은 사람은 진심으로 성경을 신뢰한다는 것을 성경은 자증한다.…그리고 성경이 마땅히 지녀야 할 확실성은 성령의 증거에 의해 얻게 된다. 왜냐하면…하나님의 말씀이 성령의 내적 증거에 의해서 확증되기 전에는 사람의 마음에 받아들여질 수 없기 때문이다.…성령이 사람들의 마음을 조명하기 전에는 사람들은 영구히 수많은 회의 속에서 흔들릴 것이다.[25]

그러므로 우리는 성경 말씀과 우리의 삶을 가교하고자 하는 모든 해석학적 노력을 게을리 하지 말아야 되겠지만, 그럼에도 불구하고 겸손하게 "성령의 내적 조명"(illuminatio Spiritus sancti interna)과 "성령의 내적 증거"(testimonium Spiritus snacti internum)를 기도로써 간구해야만 하는 것이다. 성령의 영감을 받

---

24 케빈 밴후저, 『교리의 드라마』 (서울: 부흥과개혁사, 2017), 309.
25 J. Calvin, *Inst.*, I, 7, 4.

송영의 삼위일체론

은 이 책(성경)을 바르게 이해하고 그 말씀에 온전히 사로잡히는 길은 성령의 인도하심을 받는 것뿐이다. 성령께서 우리에게 주시는 "조명"(illuminatio)과 그 조명이 수반하는 "사랑"(amor)만이 사랑이신 하나님의 말씀을 올바로 깨닫게 하고, 성실한 실천으로 우리를 인도해간다. 따라서 우리가 성경을 연구하기 이전에 기도로써 성령의 내적 조명을 간구해야만 하고, 성령께서 우리 내면에 비추시는 그 조명의 빛을 공손히 받아들여 그 조명의 빛에 의존해야만 한다. 신학은 오직 신앙의 행위로서만 가능하며 기도가 없이는 불가능한 작업이라는 사실을 잊지 않도록 하자!

창조주 성령이여, 오시옵소서!(Veni Spiritus Sancti Creator!) 당신의 말씀과 더불어 역사하시어 우리를 진리 가운데로 인도하소서. 아멘!

제 5 장

하나님을 안다는 것의 의미

구약과 신약에서 "알다"의 의미

구약성경에서 "알다"에 해당하는 히브리어 동사는 "야다"(יָדַע)이다. 구약성경에서 "하나님을 안다"라고 했을 때 "야다"라는 동사를 쓴다. 여기서 하나님을 안다, 즉 "야다"는 하나님을 순수 형이상학적으로, 추상적으로, 사변적으로, 관념적으로, 주지적으로 안다는 뜻이 아니다. 여기서 신학이 추구하는, 하나님을 아는 것에 관련한 그 독특한 성격이 드러난다. 그것은 신학이 하나님에 관한 지식을 추구한다고 해서 하나님에 관한 추상적이고 사변적인 지식을 추구하는 것이 아니라는 말이다. 신학이 추구하는 하나님에 관한 지식으로서의 "야다"는 하나님과의 인격적인 관계 안에서 획득되는 하나님에 관한 지식을 의미한다. 거듭 부연하지만, 여기서 하나님을 안다는 말은 주지주의적 혹은 이성주의적인 관점에서 안다는 뜻이 아니다. 이러한 하나님에 관한 지식, 즉 "야다"의 용례는 창세기 4:1에 등장한다.

아담이 하와를 알았더니(동침하였더니["야다" יָדַע]) 가인이 출생하였다.

이 구절에서 "알았더니"에 해당하는 말이 히브리어 동사 "야다"이다. 여기서 "알았다"라는 말은 부부관계를 통해서 안다는 뜻이다. 이러한 앎에 대한 동일한 용례는 신약성경 마태복음 1:25에도 나타난다.

"(요셉은) 아들을 낳기까지 (마리아와) 동침하지 아니하더니(알지 아니하더니[οὐκ ἐγίνωσκεν])…"

우리말 마태복음에는 "동침하지 아니하더니"라고 번역되어 있는데, 그리스어 원문에는 "알지 아니하더니"라고 되어 있다. 여기서 "안다"는 것은 단지 이성적·주지적인 앎이 아니라 "내밀한 관계"를 통해 상대방의 생명과 실존에 참여함으로써 그(녀)를 안다는 것을 의미한다(참조. 호 4:6; 요 6:69; 8:19, 54-55; 요일 3:2. 신약성경에서 특히 바울은 신앙을 종종 "인식"[agnitio]으로 표현한다[엡 1:17; 골 1:9; 3:10; 딤전 2:4; 딛 1:1; 몬 1:6; 참조. 벧후 2:21]).[1]

하나님께 참여하지 않는 자는 하나님을 알 수 없다. 우리가 하나님께 참여함으로 하나님에 관한 지식을 획득할 수 있는 까닭은 하나님께서 성령의 능력 안에서 당신의 독생자를 이 세상에 보내어 사람이 되게 해주셨기 때문이다. 제2위격의 하나님이신 아들이 성령의 능력 안에서 육체가 되시어 우리 인간의 육체에 참여하심으로써, 역으로 우리 인간의 육체가 성령의 능력 안에서 하나님에게 참여할 수 있는 길이 열린 것이다. 그래서 네덜란드의 개혁신학자 헤르만 바빙크(Herman Bavinck)는 이 성육신 사건을 "하나님의 자기전달"(Selbstmitteilung Gottes)이라고 불렀다.[2] 바빙크에 따르면, 하나님의 자기전달로서의 성육신 사건이 있었기 때문에 하나

---

1 J. Calvin, *Inst.*, III, 2, 14.
2 헤르만 바빙크, 『개혁교의학』, 제3권, 374.

님과 우리 사이의 "교제" 즉 "사귐"이 가능하게 되었다. 성자 하나님께서 강생하사 우리와 똑같은 육체가 되심으로써 하나님의 영원한 "신성"(θεότης)이 우리의 육체에 참여하게 되었고, 역으로 우리의 육체가 하나님의 영원한 신성에 참여할 수 있게 되었다. 그렇게 함으로써 하나님과 우리 사이에 친밀한 교제가 가능하게 되었다. 바빙크의 말을 들어보자.

> 종교는 하나님과의 교제다.…이 하나님과의 교제는 신비적인 연합(*unio mystica*)이다. 이 교제는 우리의 이해를 훨씬 초월한다. 이것은 성령을 통한 하나님과의 가장 긴밀한 연합, 인격들의 연합(*unio personarum*), 파기될 수 없고 영원한 하나님과 인간의 언약으로서, "윤리적"이라는 명칭으로 묘사하기에는 너무도 연약하기에 "신비적"이라는 명칭으로 일컬어졌다.…만일 하나님과 인간의 교제가 참으로 하나의 환상이 아니라 참된 실재로서 이해된다면, 성육신에 대한…유비가 눈에 들어오게 될 것이다. 누구든지…하나님의 **자기전달** 가능성을 진실로 고백하는 자는 원리적으로 성육신도 인정했다.[3]

바빙크는 "성육신"으로 말미암은 하나님과 인간 사이의 사귐이 성령을 통한 양자 사이의 "신비적 연합"이자 성령을 통한 하나님과 인간 사이의 가장 긴밀한 인격들의 연합이라고 보았으며, 이러한

---

3   헤르만 바빙크, 『개혁교의학』, 제3권, 374. 볼드체는 필자의 강조.

연합을 하나님의 자기전달이라고 정의했다.[4] 그러므로 하나님에 관한 지식은 단순한 관념적·사변적 지식이 아니다. 그것은 그리스도를 통하여 계시되고 성령에 의해서 조명된 지식이며, 특별히 성령께서는 당신의 "말씀과 더불어"(cum verbo) 우리를 그리스도에게 "연합"시키시어 하나님 자신을 우리에게 전달하심으로써 하나님에 관한 참된 지식(vera scientia)을 우리에게 부여하신다.

성육신을 하나님의 자기전달로 파악하는 이러한 사상은 로마 가톨릭의 신학자인 칼 라너(Karl Rahner)의 "계시론"과 "그리스도론"의 핵심 개념이기도 하다. 라너에 따르면, 예수 그리스도 안에서 발생한 하나님의 성육신 사건은 하나님이 인간에게 자기 자신을 전달한 사건이며, 그러한 성육신으로 말미암아 하나님과 인간 사이의 친교가 가능하게 되었다고 한다. 라너의 진술을 직접 들어보도록 하자.

> 인간은 진실하신 하나님의 자기전달에 의해서…하나님을 하나님답게 하는 친교로 초대받고 있다.[5]

성육신을 하나님의 자기전달로 파악하여, 하나님의 자기전달로 말미암아 하나님과 인간 사이의 교제가 가능하게 되었다는 사상은 라너가 위와 같이 말하기 약 50여 년 전에 이미 바빙크가 개진했던 사상이다. 바빙크는 라너보다 무려 반세기를 앞서 자신의 『개혁교

---

4 헤르만 바빙크, 『개혁교의학』, 제3권, 374.
5 Karl Rahner, *Grundkurs des Glaubens* (Wien: Herder, 2008[12]), 125.

송영의 삼위일체론

의학』(Gereformeerde Dogmatiek)에서 종교를 하나님과의 교제, 곧 친교(사귐)라고 정의하여 "성육신"을 하나님의 자기전달로 파악했다. 그리고 이러한 하나님의 자기전달의 사건이 있었기 때문에 하나님과 인간 사이의 교제, 즉 사귐이 가능하게 되었다고 묘파했다.

바빙크와 라너, 두 신학자 모두 예수 그리스도의 성육신을 하나님의 자기전달의 사건으로 파악하기는 하지만, 두 신학자의 문헌을 살펴보면 양자 간 신학적 뉘앙스의 차이가 관찰된다. 바빙크는 성령의 능력으로 하나님이 자신의 아들을 사람이 되게 하신 사건 속에서 인간을 향한 하나님의 자기전달을 발견한다. 또한 그는 인간이 성령의 능력을 통해 성육신하신 그리스도와 신비적인 연합 안으로 들어감으로써 인간에게 자기 자신을 전달하시는 분으로서의 하나님을 묘사한다. 이에 반하여 라너는 하나님의 자기전달을 단순히 아들의 성육신 사건에 대한 해석으로부터 도출하는 것 같다. 물론 라너는 하나님이 영이시기 때문에 자기전달이 가능하다고 말하지만, 영이신 하나님의 자기전달이라는 라너의 진술은 성부께서 성령을 통해 자기 자신을 성육신하신 아들에게 전달한다는 의미가 아니라, 역사를 영(Geist, 정신)으로서의 신의 "자기전개"(自己展開, Selbstentfaltung) 내지는 "자기전이"(自己轉移, Selbstübergänge)의 과정으로 파악하며, 그러므로 역사를 구성하는 물질 속에서도 정신의 활동이 내주하고 있다는 영(정신)에 대한 헤겔적인 이해에 의존하고 있는 것으로 보인다.[6] 그래서 하

---

6 K. Rahner, *Schriften zur Theologie*, V (Zürich: 1962), 186, 199.

나님의 자기전달에 대한 바빙크의 이해는 삼위일체론적인 구조(Trinitätsstruktur)를 가지고 있으며 균형 잡혀 있는 반면에, 하나님의 자기전달에 대한 라너의 이해는 성부와 성자 사이의 이위일체적인 구조(Binitätsstruktur)를 넘어서지 못하고 있으며 성령론적 차원이 결여된 불균형성을 드러낸다.

신앙은 삼위 하나님을 아는 지식이다

우리는 하나님에 관한 "야다"의 지식, 즉 성령을 통하여 그리스도와 연합하므로 획득되는 하나님에 관한 지식을 "신앙"(fides)이라고 부른다. 그래서 칼뱅은 신앙을 지식으로 정의할 수 있었다.

> 신앙(믿음)은 **그리스도 안**에서 값없이 주어진 약속에 기초한 진리에 근거하여 **하나님**이 우리를 향하여 베푸신 자비에 관해 확고하고 확실하게 아는 지식인데, **성령을 통하여** 우리 생각(지성)에 계시되고 우리 마음속에 새겨졌다.[7]

우리가 위의 인용에서도 확인하는 것처럼, 신앙은 하나님이 그리스도 안에서 성령을 통하여 우리에게 계시하시고 우리 마음속에 새겨주신 지식이다. 그러므로 칼뱅에게 있어 하나님에 관한 지식

---

7   J. Calvin, *Inst.*, III, 2, 7. 볼드체는 필자의 강조.

송영의 삼위일체론

은 삼위 하나님에 관한 지식이다. 칼뱅은 삼위 하나님을 아는 지식을 "신앙"으로 규정했다.

그러나 신앙이 곧 지식이라는 칼뱅의 말을 오해해서는 안 된다

칼뱅이 신앙을 지식으로 규정한다는 사실로 인하여 칼뱅의 신앙에 대한 정의가 이성 중심적 내지는 주지주의적(主知主義的)이라고 생각하는 것은 칼뱅을 오해하는 것이다. 필자도 한때 칼뱅이 신앙을 지식으로 파악하는 것은 너무 주지주의적이지 않은가 오해한 적이 있다. 하지만 칼뱅이 말하는 신앙으로서의 지식은 단순히 주지주의적인 지식을 두고 하는 말이 아니다. 왜냐하면 칼뱅이 말하는 하나님을 아는 지식은 하나님과 관계하고 하나님께 참여하여 하나님과 교제함으로써 획득되는 지식이기 때문이다. 그러므로 이 지식은 단지 하나님을 아는 지식이 아니라 그의 뜻까지도 통찰하는 지식이다.

> 신앙의 근거는 무지가 아니라 지식이다. 그러나 이 지식은 단지 하나님을 아는 지식이 아니라 그의 뜻까지도 아는 지식이다.[8]

그러므로 칼뱅이 말하는 신앙으로서의 지식은 주지주의적인

---

8   J. Calvin, *Inst.*, III, 2, 2.

지식과는 아무런 관계가 없다. 오히려 칼뱅은 "참여"와 "경험"을 통하여 하나님을 아는 지식을 신앙이라고 정의했다. 칼뱅에 따르면 신앙은 무지가 아니라 지식이다. 그러나 이 지식은 단지 하나님을 아는 지식이 아니라 그 뜻까지도 통찰하는 지식이다. 하나님께 참여하고 하나님과 교제함으로 말미암아 획득되는 지식이야말로 참된 지식이라 할 수 있다.

삼위 하나님을 아는 지식은 되어감 속에 있는 지식이다

삼위 하나님에 관한 바른 지식은 참된 신앙으로 우리를 이끌어간다. 이 지식은 성령으로 말미암아 그리스도와 연합하고 그 연합을 통하여 그리스도를 앎으로 획득되는 하나님에 관한 지식이다. 이 지식은 정적이고 고정되며 경직된 지식이 아니라 동적이고 관계적이며 참여적인 지식이다. 이 지식은 일평생 성령의 도우심으로 말미암아 그리스도와 교제함으로써 획득되어가는 경건한 지식이다. 왜냐하면 성령으로 말미암아 "성화"(sanctificatio)되지 않고는 그 누구도 그리스도를 알 수 없기 때문이다. 다시 한번 칼뱅의 말에 귀를 기울여보도록 하자.

> 성령으로 말미암아 **성화**까지 이해하지 않으면 아무도 그리스도를 충분히 알 수 없다는 것은 자명하다. (⋯) 믿음은 그리스도를 아는 **지식**을 기초로 삼는다고 말할 수 있다. 그리고 그리스도의 영으로 말미암아 성

화되지 않고는 그 누구도 그리스도를 알 수 없다.[9]

여기서 신앙은 그리스도를 아는 지식을 그 기초로 삼기는 하나, 그리스도의 영으로 말미암아 성화되지 않고는 어느 누구도 그리스도를 알 수 없다고 한다. 그러므로 칼뱅에게 삼위 하나님에 관한 지식은 한 순간의 고정적인 실체로서의 지식이 아니라 부단한 성화의 과정 속에 삼위 하나님과의 관계 안에서 획득되는 지식이다. 그래서 이 지식은 "되어감 속에 있는 역동적 지식"이고 "도상의 지식"이며 "나그네의 지식"(*scientia viatorum*)이지, "본향의 지식"이 아니기에 "고정적·정체적·교조적 지식"일 수 없다. 그러므로 삼위 하나님에 관한 지식은 무시간적 맥락에서 형이상학적으로 파악해서는 안 된다. 이것은 미국의 개혁신학자 케빈 밴후저(Kevin Vanhoozer)가 정당하게 지적한 것처럼 역사와 세계 및 인간과 관계하시는 살아 있는 하나님을 관념적으로 박제해버리는 오류를 범하는 짓이다.[10]

---

9   J. Calvin, *Inst.*, III, 2, 8. 볼드체는 필자의 강조.
10   참조. 케빈 밴후저, 『제일신학』, 101.

그리스도교의 신론으로서의
삼위일체론

이성 중심적 신학이야말로
계몽주의 이래로 서방 신학의 가장 심대한 오류다

우리는 하나님에 관한 지식을 이성 중심적으로 이해해서는 안 된다. 이것은 계몽주의 이래로 서방 신학이 빠졌던 가장 심대한 오류다. 거듭 말하거니와, 신학이 "하나님에 관한 지식"이라면 여기서 일차적인 강조점은 "하나님"에 있지 "지식"(학문, *scientia*)에 있지 않다. 하나님은 신학 전체의 유일한 주제이고 독점적인 내용이다.[1] 성령께서 당신의 말씀을 "조명"(*illuminatio*)하시어 우리 마음속에 믿음을 조성하시고 우리가 성령의 선물인 그 믿음으로 그리스도를 굳게 붙들어 "그리스도와 연합"(*unio cum Christo*)이 일어났을 때, 우리는 비로소 하나님을 알 수 있게 된다. 그리고 이 연합은 "예배" 속에서 말씀의 선포와 성례의 집행을 통하여 구현되는 성령 하나님의 주도적인 사역이다. 이로 말미암아 삼위 하나님과 우리 사이의 "교제"(*communio*)가 실현된다. 그러므로 삼위 하나님을 아는 지식은 전인적인 "예배"(λειτουργία)를 통해 우리의 삶 속에서 삼위 하나님과 더불어 교제함으로써 획득되고 구현되는 지식이다.

---

1   참조. 헤르만 바빙크, 『개혁교의학』, 제2권, 27.

그리스도교 신론은 삼위일체론 외에 다른 것이 아니며, 삼위일체 하나님만이 인간과 세상을 구원하실 수 있다

그리스도교가 믿고 고백하는 하나님은 삼위일체이신 하나님 외의 다른 하나님일 수 없다. 그리스도교는 삼위일체이신 하나님이 이 세상과 "관계"(relatio)하고 "소통"(communio)하시는 하나님이시며, 그러기에 인간과 세상을 구원하시는 하나님이라는 사실을 천명한다. 하나님이 인간과 세상을 구원하는 하나님이 되시려면, 하나님이 이 세상에 내주(Immanenz)하시면서 동시에 이 세상을 초월(Transzendenz)하실 수 있어야만 한다. 하나님이 단지 이 세상에 내주하기만 하신다면, 하나님이 이 세상과 관계를 맺을 수는 있어도 이 세상을 구원할 수 없다. 왜냐하면 이 세상에 내주하기만 하는 신은 이 세상보다 작은 신이기 때문이다. 이 세상보다 작은 신은 이 세상을 구원할 수 없다. 그래서 하나님이 인간과 이 세상을 구원하는 구원의 신이 되려면 이 세상보다 크셔야만 하는데—하나님이 세상보다 크다는 것을 표현하는 신학적 술어가 "초월"이라는 말이다—그럼에도 하나님이 단지 이 세상보다 크시기만 하다면, 즉 이 세상을 초월해서만 계신다면 그런 하나님은 이 세상과 아무런 관계가 없는 신이기에 이 세상을 구원할 수 없다. 그래서 하나님이 구원의 신이 되려면 이 세상 속에 내주하시는 동시에 이 세상을 초월해야만 한다. 즉 신의 초월성과 내재성이 동시에 구현되어야만 인간과 세상의 구원 문제가 해결될 수 있다. 그러므로 저 하늘에 홀로 고독하게 좌정하고 있는 전제군주적인 유일신은 이 세상을 초월하고만 있기 때문에 이 세상과 인간을 구원하는 신이 될수 없다. 그래서 하나님의 초월성과 내재성이 동시에 확립되는 것이야말로 구원의 문제와 관련하여 신론을 논구할 때 신론이 함의해야만 하는 필수 불가결한 조건인 것이다. 그러므로 오직 삼위일체 하나님만이 세상에 내주하시는 동시에 세상을 초월하시기에 구원의 신이 될 수 있다. 무슨 말인가? 성부이신 하나님은 성자이신 그리스도를 "통하여" 성령 "안에서" 이 세상과 이 세상의 "안을 향하여"(ad intra) 관계하시어 이 세상 속에 "내주"하시며, 동시에 성령 하나님 "안에서" 그리스도를 "통하여" 이 세상과 이 세상의 "밖을 향하여"(ad extra) 관계하시어 이 세상을 "초월"해 계신다. 게다가 만일 삼위일체 교리가 부인되면, 예수 그리스도의 십자가의 죽음은 우리와 온 세상을 위한 하나님의 독생자의 대속의 사건이 아니라 기껏해야 한 위대한 예언자의 의로운 죽음 이상의 의미가 없는 사건으로 격하되게 된다. 이것이 바로 아타나시오스와 카파도키아의 교부들이 아리우스주의에 대항하여 성부와 성자 사이의 동일본질 교리를 한사코 방어해야만 했던 이유다. 왜냐하면 육신이 되신 말씀이 성부와 동일본질(ὁμοούσιος)이 아니라면, 즉 육신이 되신 말씀이 참 하나님이 아니라면 인간의 성화와 구원은 불가능한 것이기 때문이다.[2] 그러기에 삼위일체이신 하나님만이 인간과 세상을 구원하는 하나님일 수 있는 것이다.

---

2   참조. 블라디미르 로스키, 『동방교회의 신비신학에 대하여』 (서울: 한국장로교출판사, 2003), 20.

또한 그리스도교는 성부이신 하나님께서 성령의 능력을 통하여 성자이신 예수 그리스도 안에서 하나님 자신을 계시하셨다는 사실을 믿는다. 그러므로 그리스도교는 하나님을 삼위일체의 신으로 고백하지, "전제군주적 (유)일신"(monarchischer einziger Gott)으로 고백하지 않는다. 이렇듯 그리스도교 신론은 삼위일체론 이외의 다른 것이 될 수 없고, 철두철미하게 그리스도교 신론은 삼위일체론으로서 서술되고 해명되며 해설되어야만 한다.

삼위일체 교리의 서방적 이해에 대한 반성적 성찰

우리가 서방 교회 신학의 역사를 반성적으로 성찰해 볼 때, 서방 안에서 하나님에 관한 교리는 철저히 삼위일체적이지 못했던 측면이 있다. 왜냐하면 그것은 그리스 신 개념의 영향 때문이었다. 헬레니즘 전통 속에서 하나님은 초역사적이고 무시간적이며 정태적인 "유일자"(τὸ ἕν)로 파악되었고, 이러한 그리스적 신 개념이 삼위일체 교리에 크나큰 암영을 드리웠기 때문이다. 그러다 보니 "삼위"(τρεῖς ὑποστάσεις)에 앞서 한 분 유일하신 하나님의 "본질"(οὐσία)이 강조되었고, 그 한 분 유일하신 하나님이 어떻게 삼위로 존재하는가를 해명하는 방식으로 삼위일체 교리가 전개되었다. 삼위일체 교리의 이러한 이해 방식이 특별히 서방 교회 안에서 삼위일체 교리에 대한 주류의 이해 방식으로 뿌리를 내리게 되다보니, 그 결과 삼위일체 교리는 "전제군주적 일신론"(monarchischer

Monotheismus) 내지는 일위일체신론에 대한 그리스도교적 해석으로 오해되게 된 측면이 있다.

서방 안에서 이러한 입장을 대변했던 인물이 다름 아닌 토마스 아퀴나스(Thomas von Aquin, 1225/6-1274)였다. 아퀴나스는 자신의 저서 『신학대전』(Summa theologiae)에서 "한 분 하나님에 관하여"(De Deo uno)라는 제하에 하나님의 본질(본질론)을 먼저 논구하고 난 다음, 하나님의 속성들(속성론)을 연이어 취급한 후, "삼위일체 하나님에 관하여"(De Deo trino)라는 제하에 삼위일체론을 논구함으로써 삼위일체 교리 위에 전제군주적 일신론의 암영이 짙게 드리우는 결과를 초래했다. 아퀴나스 식의 신론 구성 방식은 그 이후 서방의 표준적인 신론 구성 체계로 확립되고 전수되었다. 독일 튀빙엔의 신학자 오스발트 바이어(Oswald Bayer)는 서방 신학의 전통이 삼위일체론을 "신론"(Gotteslehre)의 여러 항목 중 하나의 항목으로 취급하다 보니 삼위일체론이 교의학 안에서 자신의 독자적인 자리를 차지하지 못하고 신론의 부록으로 격하된 측면이 있다고 지적했다.[3]

20세기 신학 안에서는 칼 바르트가 위와 같은 입장을 대변했던 대표적인 신학자였다. 바르트는 삼위일체 교리를 "그리스도교적 일신론"(Christlicher Monotheismus)이라고까지 명명했으며,[4] 한 분 하나님의 주권에 대한 그리스도교적 해석을 삼위일체

---

3 Oswald Bayer, *Zugesagte Gegenwart* (Tübingen: Mohr Siebeck, 2007), 171.
4 Karl Barth, *Kirchliche Dogmatik*, I, 1, 374.

론이라고 주장했다.[5] 그러나 "한 분 하나님"(Unus Deus), 곧 유일하신 한 분 하나님을 전제한 후 그 유일하신 한 분 하나님의 "삼위성"(τριάς), 즉 그 유일하신 한 분 하나님이 "세 개의 존재 방식"(drei Seinsweise)으로 존재한다는 바르트의 설명은 삼위일체론을 양태론(Modalismus)의 위험으로 몰고 갈 수 있다. 바르트는 "하나님은 세 개의 존재 방식(drei Seinsweise) 속에 있는 한 분(Einer)"이라고 주장한다.[6] 즉 "하나님은 한 분 하나님의 세 번의 반복"(dreimaliger Wiederholung)[7]을 통해 세 개의 방식으로 존재한다는 것이다. 그에 따르면, 하나님은 성부의 방식, 성자의 방식, 성령의 방식 안에서 한 분의 인격적 하나님이시다.[8] 삼위일체에 대한 이런 방식의 설명은 양태론의 위험성을 피하기가 힘들 뿐만 아니라, 삼위일체론 위에 "철학적 유신론"(philosopischer Theismus) 내지는 철학적 일신론의 무거운 그림자를 드리우는 사태를 불러일으킨다. 러시아 정교회의 신학자 블라디미르 로스키(Vladimir Lossky)에 따르면, 이러한 방식의 삼위일체에 대한 이해는 그리스의 철학적 유신론 내지는 철학적 일신론을 삼위일체의 형식으로 표현한 것에 불과할 뿐, 성경 계시가 우리에게 증언하는 삼위일체론이라 할 수 없다.[9]

----

5   K. Barth, *Kirchliche Dogmatik*, 151, 170, 323. 참조. Manfred Marquardt, *Das Trinitätsdogma als christlicher Monotheismus*, in: S. Stiegler und U. Swarat, Hrsg., Der Monotheismus als theologisches und politisches Problem (Leipzig: Evangelische Verlaganstalt, 2006), 94.

6   K. Barth, *Kirchliche Dogmatik*, I, 369.

7   K. Barth, *Kirchliche Dogmatik*, I, 369.

8   K. Barth, *Kirchliche Dogmatik*, I, 379.

칼 바르트와 함께 20세기 서방 신학을 양분했던 로마 가톨릭교회의 신학자 칼 라너는 삼위일체 교리를 논구하는 자신의 논문에서 대단히 풍자적으로 말하기를, 2,000년 교회의 역사에서 삼위일체 교리에 대한 문헌이 모두 거짓으로 밝혀진다고 할지라도 서방교회의 신자들은 별다른 타격을 입지 않을 것이라고 했다. 왜냐하면 그들은 입으로는 삼위일체 교리를 정통으로 고백하지만 실제로는 일신론자들(Monotheisten)이기 때문이라는 것이다.[10] 라너의 이러한 풍자는 서방 교회 안에서 삼위일체 교리에 대한 (유)일신론적 이해가 얼마나 강력한 세력권을 형성하고 있었는가를 잘 묘사한다.

고대 그리스 주류의 세계관에 대항한 초기 교회 교부들의 반전: "태초에 삼위가 있었다!"

자신은 움직이지 않으면서 모든 만물을 생성시키고 움직이게 하는, 모든 만물의 근원이며 생명과 운동의 근원인 부동의 "일자"(一者, τὸ ἕν)로서의 "정태적 신"(statischer Gott)을 강조하는 이러한 철학적인 "신(神) 개념"이 그리스에서 형성되었음에도 불구하고, 고

---

9 참조. 블라디미르 로스키, 『동방교회의 신비신학에 대하여』, 86-87.
10 Karl Rahner, "Der dreifaltige Gott als transzendenter Urgrund der Heils-geschichte", in: *Mysterium salutis*, II, 319.

73
제6장 그리스도교의 신론으로서의 삼위일체론

대 동방 교회의 교부들은 이러한 부동의 일자 사상에 대항하여 태초에 "삼위"(τρεῖς ὑποστάσεις), 즉 성부 하나님, 성자 하나님, 성령 하나님이 있었다고 천명함으로써 부동의 일자로부터 만물이 유출되어 나왔다는 당시 그리스의 주류적 세계관을 뒤엎었다. 태초에 (유)일자가 있었다는 사상에 대항하여 태초에 삼위가 계셨다는 사상, 그리고 만물이 (유)일자로부터 "유출"(emmanatio)되었다는 사상에 대항하여 만물이 삼위 하나님에 의해 "무로부터 창조"(creatio ex nihilo)되었다는 사상은, 여기서 자세히 논할 수는 없지만 세계와 사회와 인간에 대하여 신학적·윤리학적·사회학적·정치학적으로 전혀 다른 세계관(Weltanschauung)을 제공해 준다는 사실만큼은 지적해두고 넘어가고자 한다.

블라디미르 로스키가 지적한 것처럼, 이러한 고대 동방 교부들의 삼위일체론은 당시 그리스 세계의 주류 세계관에 대한 도전이며, 또한 그것의 전복을 의미하는 것이었다. 고대 동방 교부들이 당시 그리스의 주류적 "신 개념"과 그것에 의존한 그리스의 세계관에 대항하여 이러한 "혁명적인 신론"을 견지할 수 있었던 것은, 하나님을 사색하되 그리스의 (유)일신론적인 유신론 철학의 전제 위에서 사색한 것이 아니라 성경 계시에 의존하여 성부, 성자, 성령이 함께 주도하는 삼위 하나님의 "구원 경륜"(oikonomia salutis)의 토대 위에서 하나님을 "삼위"(tres personae)로 사색할 수 있었기 때문이다.

삼위일체 하나님의 소통행위와 사랑

고대 동방의 교부들은 예수 그리스도 안에서 계시되었고 또한 성경이 증언하는 삼위 하나님의 구원 경륜의 토대 위에서 하나님을 성부, 성자, 성령으로 인식할 수 있었는데, 이를 "경륜적 삼위일체"(ökonomische Trinität)라고 말한다. 한편, 경륜적 삼위일체로부터 이 세상이 창조되기 전부터 계셨던 영원한 "본질의 삼위일체"(Wesenstrinität)를 추론하여 "내재적 삼위일체"(*Trinitas immanens*)라고 말한다. 우리는 경륜적 삼위일체로부터 내재적 삼위일체를 추론적으로 사유함으로써 하나님이 영원 전부터 고독한 유일자가 아니라 성부와 성자와 성령 상호 간에 지극한 "사랑"과 "사귐"의 존재였음을 바르게 말할 수 있다. 우리가 사도 요한을 따라서 "하나님은 사랑이시다"(요일 4:8)라는 사실을 고백한다면, 태초에 사랑의 대상을 가지지 않는 "고독한 유일자"로서의 이기적인 "자기애"(自己愛)에 사로잡힌 "전제군주 신"(Monarchischer Gott)을 결단코 상상할 수 없을 것이다. 사랑은 대상을 전제하고 그 대상과의 상호 관계 및 그러한 관계로 인한 소통과 사귐으로부터 형성되는 사건이다. 그러기에 하나님의 본질이 사랑이시라면, 하나님은 처음부터 관계적 존재였으며, 또 그러한 관계 속에서 소통하고 사귀는 존재였다는 것을 의미한다. 그러므로 "하나님이 사랑이시다"라는 말은 성부와 성자와 성령으로 존재하시는 하나님의 상호 대상성과 상호 관계성, 그리고 그것들로 인한 상호 소통과 사귐을 함축하고 있는 내러티브적(narrative) 진술이다.[11] 미국의 개혁신학자 케빈 밴후저가 정당하게 지적한 것처럼, 하나님의 사랑에 대한 그리스도교적 진술은 삼위일체의 "소통행위 개념"을 염두에 두었을 때 비로소 온전히 이해될 수 있다.[12] 그리고 삼위일체 하나님은 인간과 세계와의 관계 속에서 자신의 소통행위를 통하여 인간과 세계를 사랑하시는 분이다. 이러한 삼위일체 하나님의 사랑으로서의 소통행위는 인간과 세계를 향한 단순한 정보전달 행위가 아니라, 약속하고 명령하며 경고하고 권면하며 위로하는 행위다.[13] 바로 여기서 하나님을 하늘에 있는 독존적인 고독한 절대 권력자로 이해하는 이슬람 식의 일신론의 문제점이 극명하게 노출된다. 하늘에 있는 고독하고 독존적이며 전제군주적인 일신의 사랑, 즉 자신의 곁에 사랑의 대상을 가지고 있지 못한 신의 사랑은 오직 자기 자신에 대한 사랑, 곧 자기애 외에 다른 어떤 것이 아니다.[14] 이것은 이기적인 자기사랑일 뿐이다. 이렇게 오직 이기적인 자기애에 사로잡힌 그 신이 어떻게 진정으로 사랑의 하나님이라고 할 수 있겠는가? 사랑하기 위해서는 사랑의 대상이 **필요할 텐데**, 태초에 홀로만 존재했던 그 신이 어떻게 태초부터 그 본질에 있어 사랑이라고 할 수 있겠는가?[15] 하나님이 태초부터 "삼위 안에서"

---

11 케빈 밴후저, 『제일신학』, 102.
12 참조. 케빈 밴후저, 『제일신학』, 142.
13 참조. 케빈 밴후저, 『제일신학』, 140.
14 참조. Wolfhart Pannenberg, *Systematic Theology*, vol. 1 (Grand Rapids: Eerdmans, 1991), 422.
15 마이클 리브스, 『선하신 하나님』 (서울: 복있는사람, 2015), 65.

서로 사랑하는 존재였기 때문에, 밖을 향하여(*ad extra*)서도 우리와 세계를 사랑할 수 있었던 것이 아니겠는가? 그러므로 독일 에어랑엔(Erlangen)의 루터파 신학자 파울 알트하우스(Paul Althaus)가 정당하게 지적한 것처럼 삼위 안에 있는 하나님의 사랑은 우리를 위한 하나님의 사랑의 전제조건이다.[16] 하나님이 삼위일체의 존재라면 사랑은 하나님의 본질이지, 하나님의 본질에 덧붙여진 그 어떤 것이 아니다.[17] 이러한 맥락에서 우리는 삼위일체의 신비(*mysterium trinitatis*)를 인간과 세상을 향한 하나님의 "사랑의 신비"(*mysterium amoris*)라고 말할 수 있다. 그래서 교부 고백자 막시무스(Maximus Confessor)는 삼위일체를 "사랑의 영원한 운동"(mouvement eternel d'amour)이라고 묘파했다.[18] 그러므로 사도 요한께서 말씀하신 "하나님은 사랑이시다"(요일 4:8)라는 진술은 "전제군주적 일신론"이 아니라 "삼위일체론"의 관점에서만 올바르게 이해될 수 있다.

---

16 Holst Georg Pöhlmann, *Abriß der Dogmatik*, 140.
17 H. G. Pöhlmann, *Abriß der Dogmatik*, 140.
18 Maximus Confessor, *Scholia in lib. de Divin. nomin*, II, 3; PG, 5, 221A. 블라디미르 로스키, 『동방교회의 신비신학에 대하여』, 81을 따라 재인용.

제 7 장

동방과 서방의
삼위일체론의
이해 방식의 차이에 대한
드 레뇽의 통찰

삼위일체 신학에 대한 테오도르 드 레뇽의 공헌

아우구스티누스 이래로 동방 교회와 서방 교회는 삼위일체 교리를 둘러싸고 서로 다른 이해 방식을 가지고 있다. 삼위일체 교리와 관련된 동방과 서방의 방대한 교부 문헌을 섭렵한 후 이러한 사실을 최초로 간파했던 인물은 19세기 로마 가톨릭교회의 교부학자였던 테오도르 드 레뇽(Théodore de Regnon, 1831-1893)이었다. 드 레뇽이 동방과 서방의 삼위일체 교리의 이해 방식의 차이점을 구분한 이래로 동방과 서방의 거의 모든 신학자들이 교파를 불문하고 드 레뇽의 구분에 일반적으로 동의하고 있는 실정이다. 드 레뇽은 동방과 서방의 삼위일체의 이해 방식의 차이를 다음과 같이 갈파한다.

> 서방 신학은 먼저 (한 분 하나님의) 본질을 그 자체로 다룬다. 그리고 난 후 **구체성들**(세 위격들)을 추구한다. 반면 동방 신학은 먼저 **구체성들**(세 위격들)을 다루고 나서 (한 분 하나님의) **본질**을 찾기 위해 이 **구체성들**을 파고든다. 서방세계는 위격을 본질의 한 양태로 간주하지만 동방세계는 본질을 위격의 내용으로 간주한다.[1]

---

1   Théodore de Regnon, *Etudes de théologie positive sur la Sainte Trinité*, I. 블라디미르 로스키, 『동방교회의 신비신학에 대하여』, 78을 따라 재인용. 볼드체는 필자의 강조.

드 레뇽의 이러한 구분 방식을 따라서 동방과 서방의 삼위일체 교리의 이해 방식의 차이점을 간략하게 진술하면 다음과 같다.

삼위일체론에 대한 서방의 이해 방식:
아우구스티누스와 토마스 아퀴나스에 의해서 대변되었으며, 20세기에 칼 바르트와 칼 라너에 의해서 재천명 되었던 서방의 삼위일체 전통은 한 분 하나님의 본질(*una substantia*) 또는 주체(ein Subjekt)를 전제한 후, 그 한 분 하나님의 본질이 어떻게 삼위, 즉 세 위격들(*tres personae*)로 존재하시는가를 해명하려고 한다.

삼위일체론에 대한 동방의 이해 방식:
카파도키아의 세 명의 교부들, 즉 카이사레아의 바실리오스(Basilius von Caesarea, 329-379), 나지안조스의 그레고리오스(Gregor von Nazianz, 329?-390), 니사의 그레고리오스(Gregor von Nyssa, 330-395)에 의해 대변되었으며, 20세기에 블라디미르 로스키, 두미트루 스타닐로에(Dumitru Staniloae), 존 지지울라스(John Zizioulas)에 의해 재천명된 동방의 삼위일체 전통은 세 위격들(τρεῖς ὑποστάσεις), 즉 성부, 성자, 성령을 전제하고, 이러한 세 위격들이 어떻게 "하나 됨"(ἕν)을 이루고 있는가를 해명하려고 한다.[2]

---

2   Dong-Young Lee, *Die Trinitätslehre und die trinitarische Praxis* (Amsterdam: Vrije Univ. Dipl, 2007), 5. 참조. M. R. Barnes, De Regnon Reconsidered, in: *Augustinian Studies*, Vol. 26/2, 51-79.

송영의 삼위일체론

동방과 서방의 삼위일체론

서방과 동방의 삼위일체 교리의 이해 방식의 차이를 질문 형식으로 정리하면 다음과 같다.

> 서방의 질문:
> 한 분 하나님이 어떻게 세 위격들, 즉 성부와 성자와 성령으로 존재할 수 있는가?

> 동방의 질문:
> 세 위격들, 즉 성부, 성자, 성령이 어떻게 하나가 될 수 있는가?

삼위일체에 대한 동방과 서방의 질문은 얼핏 보기에 대동소이한 질문 같지만, 경우에 따라서 삼위일체 교리에 대한 다른 이해가 초래될 수 있는 상이한 질문이다. 서방은 한 분 하나님의 "본질"로부터 시작하여 "삼위"를 설명한다. 이 경우 한 분 하나님의 본질이 삼위에 대하여 우선적으로 강조된다. 동방은 "삼위" 즉 "세 위격들"의 구분으로부터 시작하여 그 세 위격들의 "하나 됨"을 "본질"로 파악한다. 이 경우 삼위 곧 세 위격들이 한 하나님의 본질보다 우선적으로 강조된다. 동방과 서방의 삼위일체 교리의 이해 방식의 차이에 대해서는 제12장에서 좀 더 자세히 논의해 보도록 하자.

제 8 장

그리스도교의 정체성을
결정하는 교리로서의
삼위일체론

그리스도교의 정체성과 삼위일체론

그리스도교 역사 속에서 삼위일체론은 그리스도론과 더불어 그리스도교의 "정체성"을 규정하는 근본 교리로 간주되어왔다. 교부 아타나시오스(Athanasius)의 주장처럼, 그리스도교의 정체성은 삼위일체 교리와 사활을 같이한다고 해도 과언이 아니다.[1] 그러므로 삼위일체론은 그리스도론과 더불어 교파를 불문하고 그리스도교 전체가 고백하는 "공교회"의 신앙고백이다. 이 교리를 고백하면 그리스도교이고, 이 교리를 고백하지 않으면 그리스도교가 아닌 것이다.

그리스도교의 예배의 대상은 "삼위일체이신 하나님"이다. 그러므로 삼위일체 교리는 그리스도교의 정체성을 규정하는 "신론"이다. 따라서 삼위일체 교리에 대한 무지는 우리의 예배 대상인 하나님에 관한 무지인 셈이다. 예수께서는 사마리아 여인에게 "너희는 알지 못하는 것을 예배한다"(요 4:22)라고 하셨다. 이것은 예배의 대상에 대한 명확한 인식 없이 관습과 습관으로 예배드리는 행위는 참다운 예배 행위가 아님을 지적하신 말씀이다.[2] 누군가가 "따분하고 복잡한 삼위일체 교리에 대한 이해와 관심은 이제 포기하고 그냥 단순하게 믿고 예배하자"라고 말한다면 예배의 대상에 대한 이해 없이 막연하고 습관적으로 예배를 드리자는 말 외의 다른

---

1   Athanasius, *Epistolae ad Serapionem*, I, 28.
2   참조. 도로시 세이어즈, 『기독교 교리를 생각한다』 (서울: IVP, 2009), 41.

말이 아닐 것이다. 예배의 대상에 대하여 무지하면서 예배에 열심을 기울이자고 말하는 것은 참 모순적이면서도 심히 우려할 수밖에 없는 주장이다. 우리의 예배의 대상에 대해서 올바른 지식을 소유하고 있지 못한 상황에서 어떻게 그 예배의 대상에 대해 참다운 예배가 가능할 수 있겠는가?

진실로 삼위일체 교리는 그리스도교의 예배의 대상이신 하나님에 관한 교리다. 그렇기 때문에 이 교리는 교리들 중의 교리이며 그만큼 근본적이고 본질적인 교리다. 그리스도교는 삼위일체 교리로 인하여 "유대교"와 "이슬람교" 등과 같은 전제군주적 일신 종교(Monarchischer Monotheismus)로부터 자신의 정체성을 구분할 뿐만 아니라 "힌두교"와 같은 다신 종교 및 불교와 같은 무신론 종교로부터도 자신의 정체성을 구분할 수 있었다.[3] 만약 삼위일체 교리가 없었더라면 초기 그리스도교는 자신들의 종교 전통에 대해서 대단한 확신과 열정 그리고 물불을 가리지 않는 실천력을 가진 유대교나 이슬람교의 틈바구니에서 스스로의 정체성을 유지하기가 쉽지 않았을 것이다. 또한 삼위일체 교리는 계몽주의 이래로 유럽의 지성들에게 지속적인 영향력을 행사했던 철학적 "이신론"(Deismus)이나 종교철학적 "범신론"(Pantheismus)으로부터도 그리스도교의 정체성을 구분 짓는 교리다.[4] 그러므로 네덜란드의

---

3 참조. Herman Bavinck, *The Doctrine of God*, 1979, 282; 참조. 위르겐 몰트만, 『삼위일체와 하나님의 역사』 (서울: 대한기독교서회, 1998), 9.

4 H. Bavinck, *The Doctrine of God*, 330.

88
송영의 삼위일체론

개혁신학자 헤르만 바빙크는 다음과 같이 예리하게 묘파하였다.

> 하나님의 삼위일체성의 고백과 더불어 전체 그리스도교는 서고 넘어진
> 다.…하나님의 삼위일체성에 대한 고백은 그리스도교 신앙의 핵심이고,
> 모든 교리의 뿌리이며, 새 언약의 실체다.…삼위일체 교리는 한 편의 형
> 이상학적 교리 또는 한 편의 철학적 사변이 아니라 그리스도교라는 종
> 교 자체의 심장이고 본질이다.[5]

칼 바르트도 자신의 『교회교의학』에서 인용한[6] 바빙크의 이 유
명한 진술은 그리스도교 교리들 중 삼위일체 교리가 갖는 비중과
중요성을 갈파한 만고의 명언이 아닐 수 없다. 삼위일체 교리는 그
리스도교의 생사가 걸린 교리, 즉 그리스도교라는 종교의 "심장"이
고 "본질"인 것이다. 바빙크는 거듭 강조하기를 "삼위일체론에서
인류의 구원을 위한 하나님의 전체 계시의 심장이 박동한다"고 말
한다.[7] 그러기에 독일 에어랑엔의 신학자 빌프리트 예스트(Wilfried
Joest)는 삼위일체론을 "하나님에 관한 진술 속에서 번역된 복음"
이라고 예리하게 묘파할 수 있었다.[8]. 로저 올슨(Roger Olson) 역시
삼위일체론은 그리스도교 복음의 진수를 간직한 교리라고 예리하

---

5   Herman Bavinck, *Gerefomeerde Dogmatiek*, II, 346.
6   Karl Barth, *Kirchliche Dogmatik*, I, 1, 318.
7   H. Bavinck, *Gerefomeerde Dogmatiek*, II, 346.
8   Wilfried Joest, *Dogmatik*, I, 335.

게 갈파하였다.[9] 왜냐하면 우리가 만약 삼위일체 교리에 무지하거나 이 교리를 인정하지 않는다면, 예수의 십자가 죽음은 잘 봐주어야 한 의로운 예언자의 죽음 이상의 의미가 없게 될 것이기 때문이다. 그러므로 신학의 역사 속에서 우리를 위한 하나님의 구원 사건인 예수 그리스도의 성육신, 사역, 고난, 죽음, 부활 등을 부인했던 모든 자들이 예외 없이 삼위일체 교리를 반대했었다는 사실은 결코 우연의 일치가 아니다. 십자가의 구원의 진리는 삼위일체론으로 인하여 비로소 역사적 사건으로서 인식될 수 있으며 그 신학적 광채를 발하게 된다.[10] 그러므로 삼위일체 교리를 하나님에 관한 진술로 번역된 복음(예스트)이라고 말하거나 복음의 진수를 간직한 교리(올슨)라고 말하는 견해는 삼위일체론의 이면을 꿰뚫어 본 대단히 예리한 통찰이 아닐 수 없다.

삼위 하나님에 대한 예배가 삼위일체 교리를 앞선다

삼위일체 교리는 철학적·사변적·형이상학적 "탁상공론"으로부터 형성된 것이 아니라 초기 교회 신자들의 실제적인 구원의 경험으로부터 형성된 것이다. 즉 그들이 성령을 통하여 그리스도를 믿는

---

9   로저 올슨, 크리스토퍼 홀, 『삼위일체』 (서울: 대한기독교서회, 2004), 10.
10 Norbert Hofmann, *Kreuz und Trinität. Zur Theologie der Sühne* (Einsiedeln, 1982).

송영의 삼위일체론

믿음 안에서 하나님께서 베풀어 주신 구원을 경험함으로써 삼위일체 교리가 형성될 수 있었다.

신약성경을 살펴보면 성부, 성자, 성령에 대한 고백은 그리스도 안에서의 구원 사건에 대한 "송영적 고백"(고후 13:13; 엡 1:3) 및 "예전적 축도 형식"(고전 12:4 이하; 엡 4:4 이하)과 밀접하게 관련되어 있다.[11] 또한 부활하신 예수 그리스도의 세례명령에서 성부, 성자, 성령, 즉 삼위의 이름이 등장한다(마 28:18-20). 우리가 이렇게 신약성경 안에서 삼위일체의 성호가 등장하는 문맥들을 고찰해 볼 때, 삼위일체 교리는 초기 교회의 예배 속에 자신의 "신학적 자리"(locus theologicus)를 정위하고 있었음이 명백히 드러난다. 초기 교회의 그리스도인들은 예배 중에 예수의 이름으로 하나님 아버지께 기도드렸고, 예수님을 주님으로 불렀으며, 성만찬의 "성령 임재의 기원"(ἐπίκλησις) 속에서 성령의 이름을 부르며, 성령께서 말씀과 더불어 빵과 포도주에 역사하셔서 빵과 포도주를 나누어 먹고 마시는 공동체 속에 주님이신 예수 그리스도를 "현존"케 해주실 것을 기도로써 간구했다.

상기의 사실과 더불어 우리가 분명히 알아야 할 것은 초기 교회의 교부들에 의해 삼위일체 교리가 이론적으로 논구되어 우선적으로 정립되고 난 이후에 삼위일체 하나님을 향한 예배가 드려진 것이 아니라는 사실이다. 고대 교부들과 공의회들을 통하여 정교한 형식으로 삼위일체 교리가 정립되기 이전부터 초기 교회는 삼위

---

11 W. Joest, *Dogmatik*, I, 319.

하나님께 예배를 드렸다. 예배 속에서 경배되던 삼위 하나님에 대한 찬양과 기도를 모으고 정리해서 체계적이고 논리적으로 해설을 붙인 것이 삼위일체 교리이지, 삼위일체 교리가 먼저 정립되고 난 후 삼위 하나님께 예배를 드린 것이 아니다.[12] 그래서 교부 프로스페르 아퀴타누스(Prosper von Aquitanien)는 다음과 같이 예리하게 갈파했다.

> 예배의 법(예전)이 신앙의 법(신학)을 앞선다(*legem credendi lex statuat supplicandi*).

삼위일체 교리가 예배로부터 형성되었다는 사실은 이 교리를 이해함에 있어 대단히 중요한 통찰을 우리에게 제공한다. 삼위일

---

12 삼위일체 교리가 정립되기 전부터 초기 교회는 예배 속에서 삼위 하나님을 경배하고 찬양하였다. 예배 속에서 경배되고 찬양되던 삼위 하나님에 대한 기도와 찬양을 정리하고 체계적으로 해설을 붙이는 작업과 더불어서 삼위일체 교리를 정교하게 정립하게 된 동기는 교회 내부에서 삼위일체 교리에 대한 잘못된 사상을 유포하는 이단들의 출몰과 직접적으로 관련되어 있다. 성자가 성부로부터 "영원히 나심(출생하심)"(*generatio in aeterna*)에도 불구하고 성자가 성부와 "동일본질"(ομοουσιος; Wesensgleich; gelijkwezen)이 아니라 성부의 "피조물"(κτισμα)임을 주장하며 "종속론"(Subordinazianismus)을 유포했던 이단자 아리우스(Arius)와 그의 추종자들의 등장은 초기 교회로 하여금 삼위일체 교리를 이론적으로 치밀하게 정립하는 데 직접적인 계기가 되었다. 아리우스 이단에 대항하여 아타나시오스(Athanasius)와 그의 지지자들 그리고 그후에 등장하는 카파도키아의 세 명의 교부들, 즉 카이사레아의 바실리오스(Basilius von Caeasrea), 니사의 그레고리오스(Gregorius von Nyssa), 나지안조스의 그레고리오스(Gregorisus von Nazianz)는 정교한 체계를 가진 삼위일체 교리를 정립하는 일에 매진해야만 했다(참조. 헤르만 바빙크, 『개혁교의학』, 제2권, 355).

송영의 삼위일체론

체 교리가 초기 교회의 예배로부터 형성되었다는 것을 우리가 명백히 인식한다면, 우리는 이 교리를 이해할 때 고답적·관념적·사변적으로 접근하지 말아야 한다.

마르틴 루터의 후계자였던 필립 멜란히톤(Philipp Melanchthon)은 자신의 명저 『신학총론』(*Loci Communes*)의 서문에서 "나는 사변하느니 차라리 경배하리라"고 쓰고 있다. 신학의 주요 주제들을 논구하는 책의 서문에서 "사변하느니 차라리 경배하겠다"라고 쓰다니, 이것이 도대체 무슨 말인가? 이 말의 의미를 깊이 숙고해 보자면, 결국 신학은 사변을 위한 지식이 아니라 경배와 송영을 위한 지식이라는 의미다. 삼위 하나님에 대하여 사변하는 것보다 삼위 하나님을 경배하는 것이 더 낫다. 그래서 우리는 삼위일체론을 이론으로 배우기 이전에 예배 안에서 우리의 기도와 찬양(송영)을 통해 먼저 배워야만 한다. 삼위 하나님의 성호가 우리의 기도와 찬양의 언어로 익숙해졌을 때라야 비로소 이 교리를 이론적으로 배우고 학습하며 토론하는 일도 의미가 있게 되는 것이고, 이 교리를 배우는 일이 우리의 기도와 찬양, 즉 우리의 예배에 대한 풍성한 신학적 성찰을 수행하는 데 매우 유익한 일이 될 것이다. 삼위께 기도하고 삼위께 찬송하며 삼위께 경배 드리는 것! 삼위일체론에 대한 이러한 예배적(예전적) 실천이 선행되지 않는 한, 아무리 뛰어난 조직신학자의 삼위일체론에 대한 해설도 단지 교리 지식을 배우는 것 이상의 의미가 없게 될 것이다. 그래서 교부들은 "'기도하는 법'이 '신앙하는 법'(신학[*theologia*])"(*lex orandi, lex credendi*)이라고 묘파했다. "기도하는 법"을 라틴어로 "리투르기아"(*liturgia*)라고 하는데 우리말로는 주로 "예전"(禮典) 또는 "전례"(典禮)라고 번역된다. 예전(예배)으로부터 신학이 나온 것이지 그 역은 아니기 때문에, 삼위일체 교리를 이론으로 배우기 이전에 삼위일체이신 하나님에 대한 예배가 선행되지 않는 한, 삼위일체 교리를 근원적으로 이해하는 것은 한계가 있을 수밖에 없다. 거듭 강조하거니와 예배하는 법이 신앙하는 법을 앞선다.

삼위일체 신학의 르네상스와
한국교회의 무관심

신학의 역사 속에서 삼위일체 교리에 대한 무관심 내지는 냉대의 원인

삼위일체 교리가 그리스도교의 "근본 교리"(*doctrina fundamenta*)였음에도 불구하고, 이 교리는 신학의 역사 속에서 너무나 종종 무관심의 대상이 되어왔다. 원래 삼위일체 교리는 초기 교회의 구체적인 "구원 경험"에 근거하고 있었기 때문에 결코 추상적이고 사변적인 교리가 아니라 대단히 구체적이고 실질적인 교리였다. 이 교리는 초기 교회 성도들의 "하나님 체험"과 그것을 통한 그들의 "구원 경험"에 확고하게 뿌리를 내리고 있었으며, 그러기에 이 교리는 그들의 구원 경험에 관한 구체적인 신학적 표현이었다고 할 수 있다. 그러나 그 후 삼위일체 교리는 초기 교회 성도들의 구원 경험의 구체적인 신학적 표현으로 온당하게 취급되지 못하고, 하나님의 내적 신비를 존재론적으로 사색하는 추상적이고 형이상학적 교리로 치부되었으며, 그러다 보니 삼위일체 교리는 우리의 예배의 대상이신 하나님에 관한 교리, 즉 그리스도교의 정체성을 규정하는 실로 중요한 교리임에도 불구하고 하나님의 존재의 신비를 사변적으로 사색하는 이해불가의 교리로 폄하되었다.

삼위일체 교리의 이러한 폄하는 4세기 아리우스(Arius)와 아타나시오스(Athanasius) 사이의 논쟁으로부터 발단되었다. 예수 그리스도의 "신성"(θεότης)을 둘러싸고 벌어진 이 논쟁에서 아리우스는 성자가 성부와 "동일한 하나님"이 아니라 성부의 "피조물"(κτίσμα)이라고 주장했다. 이에 따라 아리우스는 성자가 성부와 "유사본질"(ὁμοιούσιος)을 소유할 뿐 "동일본질"(ὁμοούσιος)을 소유한 것은

제9장 삼위일체 신학의 르네상스와 한국교회의 무관심

아니라고 주장했다. 이러한 아리우스의 주장의 배후에는 전제군주적 일신론에 대한 열정, 즉 유일한 한 분 하나님의 전제군주적 지배에 대한 열정이 도사리고 있었다고 할 수 있다.[1] 그러나 아타나시오스는 이러한 아리우스의 주장을 순순히 받아들일 수가 없었다. 이는 구원론적인 이유 때문이었는데, 예수 그리스도가 성부와 동일본질이 아니라 유사본질에 불과하다면 성자는 하나님이 아니라 성부의 피조물로 전락하게 되고, 그렇게 되면 성자는 우리와 온 세상의 구세주가 될 수 없다는 것이다. 오직 하나님만이 우리를 구원하실 수 있다. 우리가 아리우스의 유사본질 사상을 받아들일 경우 예수의 죽음은 하나님의 독생자의 죽음이 아니라 잘 봐주어야 어떤 의로운 예언자의 죽음일 뿐이다. 이러한 구원론적인 이유 때문에 아타나시오스는 아리우스에 대항하여 성부와 성자 사이의 동일본질을 끝까지 주장했다. 이에 공교회는 325년 "니케아 공의회"(Konzil von Nicaea)에서 아리우스를 정죄하고 아타나시오스에게 승리를 안겨줌으로써 구원의 진리를 수호할 수 있었다. 니케아 공의회에 참석한 교부들은 성자에 관하여 성부와 "동일본질" 즉 동일한 신성을 가진 "참하나님"(ἀληθινὸς Θεός)이라고 천명했다. 니케아 공의회가 "동일본질"이라는 용어를 사용하여 성부와 성자 사이의 관계를 명확하게 규정하려 했던 원래 의도는 성부와 성자, 이 양자의 관계를 형이상학적 범주로 해명하는 데 있지 않고, 예수 그

---

1   캐서린 모리 라쿠나, 『우리를 위한 하나님: 삼위일체와 그리스도인의 삶』, 이세형 역
     (서울: 대한기독교서회, 2008), 69-70.

송영의 삼위일체론

리스도가 이 세상의 구세주라는 사실을 명백하게 선포하는 데 있었다.[2] 이러한 니케아 공의회의 결의는 아리우스와 그의 추종자들에 대항하여 삼위 하나님의 "구원의 신비"(mysterium salutis)를 지키고 보존하는 일과 관련하여 불가결한 결정이었음에도 불구하고, 성부와 성자가 상호 간에 동일본질이라면 성부와 성자 이 양자를 어떻게 구분할 것인가라는 질문을 불가피하게 파생시키게 되었고, 이 질문과 함께 초기 교회 성도들의 구원 경험에 근거하고 있었던 기도와 묵상과 송영(찬양)의 교리로서의 삼위일체 교리는 성부, 성자, 성령 상호 간의 관계를 존재론적으로 해명하기 위한 매우 복잡하고 고답적이며 관념적인 사변으로 흘러가게 되었다. 이렇게 존재론적 관점에서 성부, 성자, 성령의 관계가 복잡하게 사변적으로 토론되면서부터 삼위일체 교리에 대한 논의는 초기 교회의 구원 경험이라는 이 교리가 생성된 구체적인 "신학적 자리"(locus theologicus)를 벗어나게 되었고, 니케아 공의회 이전에는 분리되지 않고 동전의 양면으로 인식되었던 "오이코노미아"(οἰκονομία, 구원 경륜)와 "테올로기아"(θεολογία, 신학)가 분리되게 되었으며, 삼위일체 교리는 오직 신학의 차원에서 하나님의 존재의 신비를 논구하는 형이상학적 사변으로 오인되었다. 또한 신학이 경륜으로부터 이탈한 순간부터 삼위일체 교리는 하나님의 내적 존재의 신비를 탐구하는 사변적이고 관념적인 교리로 전락하여 무관심의 대상이 되고 말았다.

---

2   캐서린 모리 라쿠나, 『우리를 위한 하나님』, 72.

4세기 아리우스와 아타나시오스 사이의 논쟁으로부터 시작하여 니케아 공의회(325)와 콘스탄티노플 공의회(Konzil von Konstantinopel, 381)를 거쳐 아우구스티누스와 토마스 아퀴나스와 중세신학에 이르기까지 삼위일체 교리의 논쟁에 관한 일련의 노정을 살펴보면, 이 교리는 초기 교회의 구원경험이라는 구체적인 "삶(태생)의 자리"(Sitz im Leben)를 이탈하여, 매우 추상적이고 사변적이며 형이상학적인 논쟁으로 점철되었다는 사실을 확인하게 된다. 아리우스와 아타나시오스의 논쟁 이래로 신학자들은 어떻게 성부와 성자와 성령이 "하나"(unitas), 즉 "하나의 본질"(eenswezen)인 동시에 상호 간에 "셋"(tres)으로 "구분"되는지에 대하여 복잡한 사변을 앞세워 치열하게 논쟁했다.

이러한 삼위일체 교리에 대한 논쟁의 역사는 계몽주의를 거치면서 삼위일체 교리를 그리스도인의 신앙 및 삶과는 아무런 관계가 없는 무의미한 사변으로 폄하하는 분위기를 형성시켰다. 예를 들면 18세기 독일 할레 대학교의 성경신학자였던 요한 잘로모 제믈러(Johann Salomo Semler, 1725-1791)는 자신의 저서인 『정경의 자유로운 연구에 관한 논문』(Abhandlung von freier Untersuchung des Canon, 1771-1775)에서 역사비평적 성경 연구 방법을 천명하면서, 성경은 삼위일체론과 같은 교의학의 주제들에 대한 증거 본문을 제공하는 책이 아니라고 대담하게 주장하였다.[3]

---

3   참조. Gerhard Hasel, *Old Testament Theology: Basic Issues in the Current Debate*, 4th edition (Grand Rapids: Wm B. Eerdmans), 1991, 14-16.

송영의 삼위일체론

임마누엘 칸트(Immanuel Kant, 1724-1804)와 프리드리히 슐라이어마허(Friedrich Daniel Ernst Schleiermacher, 1768-1834)는 삼위일체 교리를 그리스도교 신앙의 본질 및 그리스도인의 삶과는 아무런 관계가 없는 무의미한 관념(사변)으로 간주하는 오류를 범했다. 칸트는 삼위일체 교리를 윤리적 실천과는 아무런 관계가 없는 무의미한 사변으로 간주했다. 칸트의 말을 직접 들어보라.

> 삼위일체론을 완전하게 이해했다고 믿는 사람이라고 할지라도…삼위일체성의 교리로부터 문자를 따라 어떤 실천도 만들어낼 수 없다.[4]

그래서 칸트는 교회의 전통적인 삼위일체론에 대항하여 강력한 "윤리적 일신론"(ethischer Monotheismus)을 주장했다. 슐라이어마허도 삼위일체 교리를 그리스도교 신앙의 본질과 그리스도인의 삶과는 무관한 무의미한 사변으로 간주했다. 슐라이어마허에 따르면, 신앙은 인간의 자의식(Selbstbewuβtsein) 안에 있는 하나님 경험을 의미한다. 이러한 인간의 경건한 자의식을 그는 "절대의존감정"(Der schlechthinnige Abhängigkeitsgefühl)이라고 불렀다. 그는 교회의 전통적인 삼위일체론을 인간의 경건한 자의식과는 아무런 관계가 없는 추상적이고 무의미한 교리로 간주했다.

---

4   I. Kant, *Der Streit der Fakultäten*, PhB 522 (Hamburg: Felix Meiner Verlag, 2005), 41.

삼위일체는 그리스도교적 자의식에 대한 직접적인 진술이 아니라 다만 그런 다양한 진술들을 모아놓은 것에 불과하다.[5]

그래서 슐라이어마허는 두 권으로 구성된 자신의 방대한 저서 『기독교 신앙』(Der christliche Glaube, 한길사 역간)의 말미에서 삼위일체론을 그리스도교 교의학의 부록으로 취급했으며, 삼위일체론을 그리스도인의 신앙과는 아무런 관계가 없는 무의미한 교리라고 주장했다. 그에 따르면 절대의존감정의 정점으로서의 하나님은 오직 "한 분"뿐이다. 삼위일체 교리에 대항하여 슐라이어마허는 하나의 "경험적 일신론"(empirischer Monotheismus)을 주장했다.[6]

베를린 대학교의 그 유명한 교리사가(敎理史家)였던 아돌프 폰 하르낙(Adolf von Harnack, 1851-1930)도 자신의 저서 『교리사』(Lehrbuch der Dogmengeschichte, Bd. I)에서 삼위일체론과 그리스도론 같은 교리들을 그리스도교 복음의 그리스화의 산물 내지는 그리스적 변질로 간주했다. 그래서 하르낙은 삼위일체론을 예수의 복음과는 아무런 관계가 없는 비본질적인 교리라고 주장했다. 그러나 복음서나 바울 서신이 그리스어로 기록되어 있고 초기 교회의 교부들이 그리스 철학적 개념들을 차용하여 삼위일체론이

---

5 F. D. E. Schleiermacher, *Der christliche Glaube*, Rolf Schäfer [Hrsg.] (Berlin . New York: Walter de Gruyter, 2008), 170.

6 이동영, "캐서린 모리 라쿠나의 관계 존재론적 삼위일체 신학", 『관계 속에 계신 하나님: 관계적 삼위일체론의 역사』(서울: 아바서원, 2015), 361.

102

송영의 삼위일체론

나 그리스도론 같은 그리스도교의 여러 중요한 교리들을 정립했다고 해서, 우리가 그리스도교의 교리들을 그리스도 복음의 그리스적 변질로 보는 하르낙의 견해를 수용할 수는 없다. 사도들과 교부들이 그리스어를 사용하고 그리스의 철학적 개념들을 "차용"하여 그리스도의 복음을 변증하고 선포한 목적은, 하르낙이 주장했던 것처럼 예수 그리스도의 복음을 "그리스화"(Helenisierung) 하고자 했던 것이 아니라 그리스 세계를 예수 그리스도의 복음으로 "복음화"(Evangelisierung) 하고자 함에 있었다. 우리는 이 사실을 결코 잊지 말아야 할 것이다.

물론 예외가 없었던 것은 아니다. 계몽주의 이래로 삼위일체 교리의 무의미성이 강력한 세력권을 형성했음에도 불구하고 이러한 분위기 속에서 삼위일체적 사유를 자신의 사상의 중추로 삼은 철학자가 있었으니, 그가 바로 헤겔(Georg Wilhelm Friedrich Hegel, 1770-1831)이다. 칸트와 슐라이어마허의 비판자였던 헤겔은 다음과 같은 의미심장한 말을 했다.

하나님이 삼위일체 되신 분임을 모르는 사람은 그리스도교에 대해서 아무것도 모르는 사람이다.[7]

신(神) 지식 획득의 불가능성, 즉 신에 대한 불가지론을 주장했

---

7   G. W. F. Hegel, *Vorlesungen über die Philosophie der Weltgeschichte*, vol III, (Hamburg, 1932), 722.

던 칸트에 대항하여, 그리고 단지 체험(경험)을 통한 신 지식, 즉 주관적 신 지식의 획득만이 가능하다고 보았던 슐라이어마허에 대항하여, 헤겔은 인간의 신 지식 획득의 객관적 가능성을 주장하였다. 그래서 그는 1807년에 출판한 자신의 저서 『정신현상학』(*Phänomenologie des Geistes*, 한길사, 동서문화사 역간)에서 하나님을 절대정신(absoluter Geist, 성부)으로 간주하고, 절대정신이 자신을 구분하여 자기 자신을 대상화(Gegenstand, 성자)하며, 그 대상화된 것 안에서 자기 자신을 찾고 발견하여 모든 구분을 통일하고 통합한다(성령)고 주장했다.[8] 그래서 그는 하나님이 자신의 절대적 관념 속에서 본질적으로 "삼위일체성"(Dreieinigkeit)을 가진다고 보았다.[9] 절대정신의 3중적 자기 전개로 삼위일체를 파악하는 이러한 헤겔의 삼위일체 이해는 양태론적이다. 그러나 어찌되었던 헤겔은 18-19세기의 사상가들 중 삼위일체론의 중요성을 강조했던 거의 유일한 계몽주의 계열의 사상가였다고 할 수 있다.

20세기 중엽까지

20세기 중엽까지도 삼위일체 교리는 그리스도인의 "신앙" 및 "삶"

---

8   백충현, 『내재적 삼위일체와 경륜적 삼위일체: 현대 삼위일체 신학에 대한 신학·철학의 융합적 분석』 (서울: 새물결플러스, 2015), 47.
9   백충현, 『내재적 삼위일체와 경륜적 삼위일체』, 47.

과는 아무런 관계가 없는 무의미한 사변이라는 편견이 서방 교회 안에서 강력한 세력권을 형성하고 있었다. 이러한 상황에 대하여 20세기 로마 가톨릭 예수회 소속의 신학자 칼 라너는 대단히 풍자적으로 묘파하기를, 삼위일체 교리에 대한 모든 종교사적 문헌들이 거짓으로 배척된다 할지라도 그리스도교 신자들은 아무런 문제 없이 일신론자들로 남게 될 것이라고 말했다. 왜냐하면 그들 중 거의 대부분은 입술로는 삼위일체 교리를 정통 신앙으로 고백하지만, 실제로는 "삼위일체론자"가 아니라 "일신론자"이기 때문이라는 것이다.[10] 참으로 통렬한 풍자가 아닐 수 없다.

삼위일체 신학의 르네상스

18-19세기에 팽배했던 삼위일체론에 대한 폄하 내지는 무관심은 20세기 중반기를 지나 1970년대로 접어들면서 삼위일체론의 중요성에 대한 재발견과 더불어 급속하게 교정되었다. 이미 1952년에 미국 버클리에서 가르쳤던 루터교회의 신학자 클로드 웰치(Claude Welch)는 신학의 역사를 개관하는 가운데 가까운 미래에 도래할 삼위일체 신학의 부흥을 예견하였는데,[11] 이러한 그

---

10 Karl Rahner, "Der dreifaltige Gott als transzendenter Urgrund der Heilsgeschichte", in: *Mysterium salutis*, Bd. II (Einsiedeln Zürich Köln: Benziger Verlag, 1969), 319.

11 Claude Welch, *In This Name: The Doctrine of the Trinity in Contemporary*

의 예견은 정확하게 적중하였다. 그래서 독일의 신학자 엘빈 쉐델(Erwin Schaedel)은 오늘날의 신학 안에 "삼위일체 신학의 르네상스"(Renaissance der Trinitätslehre)가 도래했음을 천명했다.[12] 로저 올슨 또한 삼위일체 교리의 부흥이야말로 20세기 신학사의 가장 위대한 사건들 가운데 하나라고 역설하였다.[13] 삼위일체 신학의 르네상스와 함께 오늘날 신학에서 삼위일체 교리는 그리스도교의 정체성을 규정하는 신론일 뿐만 아니라 한 걸음 더 나아가서 그리스도교 신학의 전 분야, 즉 창조론, 인간론, 그리스도론, 구원론, 교회론, 종말론, 예배학, 가정윤리, 정치윤리, 사회윤리 등을 새롭게 쇄신함에 있어 근본 원리가 되는 "구성이론"(Konstitutionstheorie oder Rahmenstheorie)으로 간주되고 있다.[14]

이러한 삼위일체 신학의 르네상스가 도래하기 훨씬 이전부터 그 길을 예비하는 일에 중대하게 공헌한 신학자들이 있었다. 그들이 다름 아닌 미국 프린스턴의 장로교 신학자 벤자민 워필드(Benjamin B. Warfield, 1851-1921)와 네덜란드 개혁교회의 신학자

Theology (New York: Scribner, 1952), 3-122. 켈리 케이픽, 브루스 맥코맥 공편, 『현대신학 지형도』(서울: 새물결플러스, 2016), 45를 따라 인용.

12 참조. Christoph Schwöbel, "Die Trinitätslehre als Rahmenstheorie des christliche Glauben", in: ders., *Gott in Beziehung, Studien zur Dogmatik*, (Tübingen: J. C. B. Mohr Paul Siebeck 2002), 30-31.

13 Roger E. Olson, "The Triumphs and Tragedies of Twentieth Century Christian Theology," *Christian Scholars Review* 29, no 4 (Summer 2000): 665. 켈리 케이픽, 브루스 맥코맥 공편,『현대신학 지형도』, 45를 따라 인용.

14 C. Schwöbel, *Die Trinitätslehre als Rahmenstheorie des christliche Glauben*, 25-51; Oswald Bayer, *Zugesagte Gegenwart* (Tübingen: J. C. B. Mohr Paul Siebeck, 2007), 171.

헤르만 바빙크(Herman Bavinck, 1854-1921)였다.

삼위일체론과 관련한 벤자민 워필드의 공헌이 오늘날의 신학자들에게 거의 알려져 있지 않은 것은 매우 아쉬운 일이 아닐 수 없다. 워필드가 1915년 집필한 논문 「성경적 삼위일체론」(The Biblical Doctrine of the Trinity)에서 개진한 삼위일체론의 성경적 근거에 대한 논증은 그가 살았던 당대에 맹위를 떨치던 그리스도교 교의들의 성경적 근거를 전면적으로 부인하는 역사비평적 성경해석의 전횡으로부터 삼위일체론의 성경적 근거를 방어하고 변증함으로써 이 교리에 대한 전향적인 연구의 기폭제가 되었다.[15] 워필드는 삼위일체론이 성경 속에 뿌리박고 있는 교리임을 천명하면서, 비록 성경 속에 삼위일체와 관련한 명시적인 용어는 발견되지 않는다고 할지라도 이 교리에 대한 흔적들과 암시들이 성경의 도처에 나타난다는 사실을 논증하였다. 워필드에 따르면, 삼위일체의 신비가 구약에서 명시적으로 계시된 것은 아니지만 구약성경의 여러 구절들 속에 암시 내지는 함축되어 있고, 구약시대에 단지 암시의 형식으로 나타났던 삼위일체에 대한 계시는 신약시대에 명시적으로 드러나며, 신약의 모든 교훈들은 삼위일체의 토대위에 세워져 있다는 것이다.[16] 그에 따르면 "삼위일체"(trinitas), "본

15　Benjamin B. Warfield, "The Biblical Doctrine of the Trinity", *Biblical and Theological Studies,* ed. Samuel G. Craig (Philadelphia: The Presbyterian and Reformed Publishing Company, 1952), 22. 백충현, 『내재적 삼위일체와 경륜적 삼위일체』, 43을 따라 재인용.

16　B. B. Warfield, "The Biblical Doctrine of the Trinity", 30-32. 백충현, 『내재적 삼위일체와 경륜적 삼위일체』, 43을 따라 재인용.

제9장 삼위일체 신학의 르네상스와 한국교회의 무관심

질"(substantia), "위격"(persona)과 같은 용어들이 성경 속에 명시적으로 나타나지는 않지만, 이러한 용어들은 성경이 증언하는 하나님을 바르게 설명할 뿐만 아니라 잘못된 신론으로부터 성경의 신론을 보호하고 보존하기 위하여 정당하게 사용될 수 있다는 사실을 강조하였다.[17]

헤르만 바빙크는 오늘날 삼위일체 신학의 르네상스기가 도래하기 훨씬 이전, 삼위일체론이 그리스도교 신앙과 신학에서 아무런 의미가 없는 교리로 냉대 받던 시절에 삼위일체론이 담지하고 있는 신학적 의의와 중요성을 강조하고 재천명하면서 오늘날의 삼위일체 신학의 르네상스기를 예비했던 위대한 예언자적 신학자였다. 바빙크는 그리스도교 신앙과 신학에서 삼위일체론이 가지는 중요성을 다음과 같이 묘파했다.

> 하나님의 삼위일체성의 고백과 더불어 전체 그리스도교는 서고 넘어진다.…하나님의 삼위일체성에 대한 고백은 그리스도교 신앙의 핵심이고 모든 교리들의 뿌리이며 새 언약의 실체다.…삼위일체 교리는 한 편의 형이상학적 교리 또는 한 편의 철학적 사변이 아니라, 그리스도교라는 종교 자체의 심장이고 본질이다.[18]

바빙크의 이 문장은 20세기 삼위일체 신학의 르네상스기를 견

---

17 백충현, 『내재적 삼위일체와 경륜적 삼위일체』, 44.
18 H. Bavinck, *Gerefomeerde Dogmatiek*, II, 346.

인하는 데 중요한 역할을 했던 칼 바르트가 그리스도교 신학에서 삼위일체론이 함의하고 있는 중요성을 강조하기 위해 자신의 저서에 재인용함으로써[19] 오늘날 삼위일체 신학을 선도하는 신학자들 사이에서 유명해졌다.[20] 바빙크에 따르면, 삼위일체론은 단지 수많은 교리들 가운데 한 항목이 아니라 그리스도교 전체의 사활이 걸려 있는 교리이자 모든 교리들의 뿌리다. 그 때문에 삼위일체론에 대한 잘못된 이해는 그리스도교의 나머지 교리들에 대한 잘못된 이해로 귀착될 수밖에 없다. 예를 들어 우리가 아리우스의 종속론(Subordinazianismus)에 동의할 경우 그리스도론에서 예수의 신성이 의문시될 수밖에 없게 되고, 이렇게 예수의 신성이 의문시 되면 구원론에서 예수의 십자가의 죽음은 잘 봐주어야 한 의로운 예언자의 죽음 이상의 의미가 없게 되기에, 우리가 아리우스의 종속론을 수용한다면 속죄 교리의 붕괴를 목도하지 않을 수 없게 된다. 그래서 바빙크는 다음과 같이 말한다.

> 그리스도교의 심장은 삼위일체에 대한 신앙고백에서 박동한다. 따라서 모든 오류는 삼위일체론의 이탈에서 비롯되거나 또는 더 깊이 숙고해 보면 그 이탈로 귀결된다.[21]

---

19 K. Barth, *Kirchliche Dogmatik*, I, 1, 318.
20 켈리 케이픽, 브루스 맥코맥 공편, 『현대신학 지형도』, 80-81. 또한 77, 82 참조.
21 헤르만 바빙크, 『개혁교의학』, 제2권, 360.

이처럼 바빙크는 그리스도교 신앙과 신학에서 삼위일체론에 대한 무용론이 강력한 세력권을 형성하고 있던 시기에 이 교리의 의의와 중요성을 강조하고 재천명함으로써 향후 이 교리의 복원과 부흥을 예비했던 위대한 예언자적 신학자였으며, 우리는 그 사실을 결코 잊지 말아야 할 것이다.[22]

또한 우리는 20세기의 중후반기에 도래한 삼위일체 신학의 르네상스기를 견인하는 데 직접적으로 중대한 역할을 수행했던 신학자들로서 스위스 개혁교회 소속의 신학자 칼 바르트(Karl Barth, 1886-1968)와 러시아 정교회의 신학자 블라디미르 로스키(Vladimir Lossky, 1903-1958), 그리고 로마 가톨릭교회 예수회 소속의 신학자 칼 라너(Karl Rahner, 1904-1984) 등을 언급하지 않을 수 없다.

칼 바르트는 성경의 계시 개념을 분석하여 하나님은 "계시자"(Offenbarer), "계시"(Offenbarung), 그리고 "계시됨"(Offenbarsein)으로 자신을 드러낸다고 말하면서, 계시자를 성부로, 계시를 성자로, 계시됨을 성령으로 규정한다.[23] 그렇게 바르트는 성경 계시를 "삼위일체론의 뿌리"요 기초라고 천명했다.[24] 그는 삼위일체론을 자신의 교의학의 맨 마지막에 위치시켰던 슐라이어마허에 대항하여 삼위일체론을 자신의 『교회교의학』 저술에서 맨 앞자리에 위치시켰다. 바르트는 자신의 『교회교의학』의 첫 번째 권에서 삼위일체

---

22 켈리 케이픽, 브루스 맥코맥 공편, 『현대신학 지형도』, 82.
23 K. Barth, *Kirchliche Dogmatik*, I, 1, 311 이하.
24 K. Barth, *Kirchliche Dogmatik*, I, 1, 320 이하.

송영의 삼위일체론

론과 관련하여 다음과 같은 입장을 천명한다.

> 삼위일체론은 그리스도교적 신론을 그리스도교적인 것이 되게 하며, 그러므로 모든 가능한 다른 신론들과 계시 개념들로부터 그리스도교적 계시 개념을 그리스도교적인 것으로 구분 짓는다.[25]

바르트에 따르면, 삼위일체론은 모든 다른 종교들의 신론으로부터 그리스도교의 신론을 구분 짓는 교리이며, 한 걸음 더 나아가 다른 종교의 계시 개념들로부터 그리스도교의 계시 개념을 구분 짓는 그리스도교의 정체성과 사활이 걸린 가장 중요한 교리라는 것이다. 성경이 증언하는 "하나님의 자기 계시"가 삼위일체의 "근거"요 "뿌리"라는 바르트의 주장은—그의 삼위일체론이 노출시키는 양태론적인 위험성은 우리에게 신학적 주의와 비판을 요망하지만—20세기 신학에서 삼위일체론에 대한 중요성을 부각시키고 그 관심을 환기시키는 역할을 하였다.

러시아 정교회의 신학자인 블라디미르 로스키는 러시아 혁명으로 말미암아 1922년 러시아에서 추방되어 난민 신분으로 프랑스 파리에 정착하게 되었다. 그는 파리에서 러시아 망명자들과 함께 생활하면서 그리스도교 신학에서 삼위일체론의 중요성을 서방에 인식시키고 서방 교회 안에서 삼위일체론에 관한 논의를 활성화시키는 일에 중대한 공헌을 하였다. 로스키는 1944년 저술한 자

---

25 K. Barth, *Kirchliche Dogmatik*, I, 1, 319.

신의 저서 『동방교회의 신비신학에 대하여』(*The Mystical Theology of the Eastern Church*)에서[26] 삼위일체론은 모든 그리스도교 신학의 초석이자 모든 교리들의 근거요 토대이며, 존재하는 모든 것들의 궁극적 실재라고 묘파하였다. 그리고 상기의 저서를 통해서 로스키는 삼위 각각의 독자성에 해당되는 (개별)실체(ὑπόστασις)와 그 삼위가 함께 참여하는 (공동)본질(οὐσία)을 구분함으로써 정통 삼위일체론을 정립하는 데 결정적으로 공헌한 카파도키아의 세 교부들, 즉 카이사레아의 바실리오스, 니사의 그레고리오스, 나지안조스의 그레고리오스, 그리고 다마스쿠스의 요한(Johannes Damascenus)과 키루스의 테오도레투스(Theodoret von Cyrus)의 삼위일체론을 명쾌하게 해설함으로써 20세기 삼위일체 신학의 활성화에 중대한 공헌을 하였다. 로스키에 따르면, 이들 교부들은 아타나시오스를 위시하여 그들 이전까지만 하더라도 동일한 의미(뜻)로 사용되었던 "우시아"(οὐσία, 본질)와 "휘포스타시스"(ὑπόστασις, 실체)라는 두 용어의 개념을 구분하여, 전자를 "공통적인 것"을 표현하는 개념 즉 세 위격이 함께 참여하는 "공동 본질"로, 후자를 "특수한 것"을 표현하는 개념 즉 세 "개별 실체"(위격)로 정의하였다.[27] 로스키는 이것이야말로 바로 이들 교부들의 천재성이 유감없이 발휘된 대목이라고 말한다.[28] 그렇게 함으로써 아리우스와 아타나시

---

26 Vladimir Lossky, *The Mystical Theology of the Eastern Church* (Crestwood: St. Vladimir's Seminary Press, 1985). (박노양 역, 서울: 한국장로교출판사, 2003.)

27 백충현,『내재적 삼위일체와 경륜적 삼위일체』, 36.

28 V. Lossky, *The Mystical Theology of the Eastern Church*, 50-51.

송영의 삼위일체론

오스의 논쟁으로 말미암아 개최된 "니케아 공의회" 이래로 격렬하게 전개된 삼위일체 논쟁을 초기 교부들은 "콘스탄티노플 공의회"에서 종식시키고 정통 삼위일체론을 정립하는 일에 결정적으로 공헌할 수 있었다.

칼 라너는 서방 교회 안에 팽배해 있는 신론에서의 "전제군주적 일신론"(Der monarchische Monotheismus)의 경향을 날카롭게 비판하였다. 라너는 서방 교회의 신자들이 입으로는 삼위일체론을 정통교리로 고백하지만 실제로는 전제군주적 일신론에 사로잡혀 살아가고 있다고 말한다.[29] 그렇게 된 원인으로 라너는 아우구스티누스와 토마스 아퀴나스 이래로 서방 신학이 삼위일체론을 신론 그 자체로 취급하지 못하고 신론과 삼위일체론을 구분하여 신론에서 한 분 하나님의 본질과 속성을 우선적으로 취급한 후 삼위일체론을 한 분 하나님에 관한 교리의 세 번째 항목으로 논구하다 보니 삼위일체론에 전제군주적 일신론의 무거운 암영이 드리워지게 되었기 때문이라고 지적하였다. 그러므로 라너는 한 분 하나님의 신비와 삼위일체의 신비를 분리시키지 말고 하나로 보아야만 하며, 삼위일체를 하나님의 "구원의 신비" 즉 "경륜"으로부터 인식할 것을 제안했다. 그래서 라너는 소위 라너의 법칙(Rahner's rule)이라고도 불리며, "일치성의 원리"(Identitätsprinzip) 또는 "동일성의 원

---

29 Karl Rahner, "Der dreifaltige Gott als transzendenter Urgrund der Heils-geschichte", in: *Mysterium salutis*, Bd. II (Einsiedeln Zürich Köln: Benziger Verlag, 1969), 319.

리"(Entsprechungsprinzip)라고도 불리는 삼위일체론과 관련된 자신의 유명한 명제를 삼위일체론의 "근본공리"로 천명했다. 그 "근본공리"는 다음과 같다.

> 경륜적 삼위일체는 내재적 삼위일체이고, 내재적 삼위일체는 경륜적 삼위일체다.[30]

라너의 근본공리의 해석과 관련하여 그의 사후 오늘날의 신학자들 사이에서는 라너가 경륜적 삼위일체와 내재적 삼위일체를 "동일한 것"으로 보았는지, 아니면 이 양자를 "일치하는 것"으로 보았는지에 대하여 치열한 논쟁이 전개되었다. 이 논쟁에 관해서는 제17장에서 자세하게 살펴보도록 하자. 아무튼 라너는 자신의 근본공리와 더불어 "구원의 역사" 속에서 자기 자신을 계시하신 바로 그 하나님이 영원 전부터 계셨던 바로 그 하나님이라는 사실을 천명했다.

라너에 따르면 "성육신"은 "하나님의 자기전달"(Selbstmitteilung Gottes)의 사건이다. 그러므로 구원의 역사 속에서 성육신을 통하여 자기 자신을 전달하신 하나님은 다름 아닌 창세 전부터 계셨던 바로 그 하나님이시다. 그래서 라너는 구원의 역사에서 발생한 하

---

30 Karl Rahner, "Der dreifaltige Gott als transzendenter Urgrund der Heils-geschichte", in: *Mysterium salutis*, Bd. II, Einsiedeln Zürich Köln: Benziger Verlag, 1969, 328: "Die ökonomische Trinität ist die immanente Trinität und umgekehrt."

나님의 "로고스"(λóγος)의 "성육신 사건"을 하나님의 자기전달의 사건이라고 해석할 수 있었다. 그렇게 함으로써 그는 경륜적 삼위일체를 내재적 삼위일체라고 주장할 수 있는 해석학적 단초를 확보할 수 있었다. 경륜적 삼위일체가 곧 내재적 삼위일체이며 내재적 삼위일체 또한 경륜적 삼위일체라는 라너의 명제는 향후 삼위일체론에 관한 논의를 새롭게 쇄신하고 활성화시키는 데 결정적이고도 중대한 공헌을 하였다.

바르트와 로스키와 라너의 신학 작업의 토대에 힘입어 1970년대 중반기부터 증가하기 시작한 삼위일체 신학에 대한 관심은 1980년대에 들어와 일군의 신학자들, 즉 위르겐 몰트만(Jürgen Moltmann), 볼프하르트 판넨베르크(Wolfhart Pannenberg), 에버하르트 윙엘(Eberhard Jüngel), 이브 콩가르(Yves J. Congar), 발터 카스퍼(Walter Kasper), 게파르게헤제 마르 오스타티오스 (Geevarghese Mar Osthathios), 기스베르트 그레샤케(Gisbert Greshake), 레오나르도 보프(Leonardo Boff), 존 지지올라스(John Zizioulas), 두미트루 스타닐로에(Dumitru Staniloae), 캐서린 모리라쿠나(Catherine M. LaCugna) 등이 오늘날의 삼위일체 신학의 르네상스기를 형성시켰다.[31]

---

31 삼위일체 신학의 르네상스기를 형성시킨 이들의 주요 저작은 다음과 같다. J. Moltmann, *Trinität und Reich Gottes* (München: Chr. Kaiser, 1980); W. Pannenberg, *Sytematische Theologie*, I (Göttingen: Vandenhoeck & Ruprecht, 1988); E. Jüngel, *Gottes Sein ist im Werden* (Tübingen: J. C. B. Mohr. Paul Siebeck, 1965). *Gott als Geheimnis der Welt: Zur Begründung der Theologie des Gekreuzigten im Streit zwischen Theismus und Atheismus* (Tübingen: J.

몰트만과 판넨베르크와 윙엘은 삼위일체의 세 위격들을 구원
경륜의 역사 가운데서 파악할 것을 제안하였다. 특히 몰트만은 자
신의 저서 『십자가에 달리신 하나님』(*Der gekreuzigte Gott*, 1972)에
서, 그리고 윙엘은 자신의 저서 『세상의 신비로서의 하나님』(*Gott
als Geheimnis der Welt*, 1977)에서 예수 그리스도의 십자가 사건을
삼위일체론의 관점에서 새롭게 해석함으로써 이 세상에 존재하는
불의와 고난으로 말미암아 형성된 "저항적 무신론"[32](der Protest-

C. B. Mohr. Paul Siebeck, 1977); Yves J. Congar, *Der Heilige Geist* (Freiburg.
Basel. Wien: Herder, 1982); W. Kasper, *Der Gott Jesu Christi* (Mainz: Matthias-
Grünewald-Verlag, 1982); G. M. Osthathios, *Theologie einer klassenlosen
Gesellschaft* (Hamburg: Lutherisches Verlaghaus, 1980); G. Gresahke, *Der
dreieine Gott. Ein trinitarische Theologie*, 4. Aufl (Wien: Herder, 2001);
L. Boff, *Trinity and Society* [1986] (New York: Orbis Books, 1988). *Holy
Trinity, Perfect Community* [1988] (Maryknoll: Orbis, 2000); J. Zizioulas,
Being as Communion: Studies in Personhood and the Church (New York:
St. Vladimir's Seminary Press, 1985); D. Staniloae, *Orthodoxe Dogmatik*, I-III
(Zürich: Benzinger, 1985, 1990, 1995); C. M. LaCugna, *God for Us. The Triniy
and Christian Life* (New York: HarperCollins Publishers, 1991).

32 저항적 무신론이란 이 세상에 존재하는 악과 부조리와 모순과 고난으로 인하여 전능
하신 하나님의 존재를 정의의 이름으로 거부하는 무신론을 의미한다. 이러한 저항적
무신론은 알베르 카뮈(Albert Camus), 장 폴 사르트르(Jean Paul Sartre), 막스 호
르크하이머(Max Horkheimer), 에른스트 블로흐(Ernst Bloch) 등에 의해서 주장되
었다. 그들에 따르면, 이 세상에서 발생하는 악과 부조리 및 모순과 고통을 허용하거
나 용인하는 신은 무정하고 잔혹한 신이며 그러기에 거부되어야 마땅하다. 그래서 저
항적 무신론자들은 전능하시고 자비하신 하나님의 존재를 정의의 이름으로 거부하
고 정치적 경제적 사회적 악과 부조리 및 모순, 불의, 고난 등에 대항하여 투쟁할 것
을 주장한다. 저항적 무신론자인 호르크하이머는 "이 세계의 고통과 불의에 직면하여,
전능하고 자비한 하나님의 실존에 관한 교리를 믿는다는 것은 불가능하다"고 말한다
(Horkheimer, *Sehnsucht*, 56이하; J. Moltmann, *Der gekreuzigte Gott*, 211을 따
라 재인용). 그러나 이 세계의 고난과 불의에 직면하여 진리와 정의를 보증하는 하나
님과, 그분이 이룩하실 새로운 세계에 대한 믿음과 동경과 희망이 없다면, 우리는 이

Atheismus)이 제기하는 "신정론"[33](Theodizeefrage)의 문제에 대하여 답변하고자 하였다. 그리고 스타닐로에, 오스타티오스, 몰트만,

세계에 존재하는 악과 불의 및 모순에 대항하고 어떻게 철저한 비판을 수행하면서 끝까지 저항할 수 있단 말인가? 그래서 저항적 무신론자들은 이 세상에 살면서 하나님을 향하여 분노하지만, 또한 이 세상 속에 살면서 하나님 없이 절망한다. 이 세상의 고난과 무관한 신을 가르치는 전제군주적인 유일신론이나 이 세상에 존재하는 고난으로 인하여 그 전제군주적인 유일신을 거부하는 저항적 무신론, 이 양자 모두는 이 세상 속에서 발생하는 죄악과 불의와 고난에 대한 올바른 해답을 제시할 수 없다. 전제군주적인 유일신이 아닌 오직 삼위일체이신 하나님만이 이 세상의 죄악과 고난과 부조리에 대한 희망이며 구원의 보증이 되실 수 있다. 왜냐하면 구원의 역사 속에서 성부이신 하나님은 성령의 능력으로 당신의 독생자를 이 세상에 보내시어 이 세상의 고난당하는 현실 속에 참여하심으로 고난당하는 인간의 현실을 하나님 자신의 현실이 되게 하신 분이시기 때문이다. 성령은 인간에게 은총을 베푸시어 인간의 마음속에 믿음을 조성하고, 인간으로 하여금 그 믿음으로 그리스도를 군세게 붙잡게 하시어 그리스도와 연합시킴으로써 인간의 죄악과 고난과 죽음을 자신의 영원한 생명 속으로 연합시켜 의롭게 하시고(칭의) 거룩하게 하시어(성화) 구원하신다.

33 우리말 신정론으로 번역되는 독일어 "Theodizee" 또는 영어의 "theodicy"는 고대 그리스어에서 온 말인데 "하나님"을 의미하는 "θεός"와 "정의"를 의미하는 "δίκη"가 합성되어 형성된 단어다. 신정론(神正論)이란 세상에 존재하는 악에 대하여 하나님(神)의 정당성(正)을 변론하는 이론(論)이다. 이 신정론은 사상사적으로 철학과 신학 안에서 가장 난해한 주제 가운데 하나로 여겨져 왔다. 신정론이라는 용어를 명시적으로 사용하였으며 이것을 철학과 신학의 중요한 문제로 주제화시킨 최초의 인물은 계몽주의 시대의 철학자 라이프니츠(Gottfried Wilhelm Leibniz)다. 라이프니츠는 프로이센의 공주였던 샬로테 폰 프로이센(Charlotte von Preußen)과의 1697년의 첫 번째 편지 교환에서 롬 3:5을 모방하여 신정론의 개념을 처음으로 개진하였다. 그로부터 철학과 신학에서 심각하게 논의되는 신정론의 개념이 형성되었다. (N. Greinacher, *Wie ich mich geändert habe*, in: J. Moltmann, Hrsg., Wie ich mich geändert habe, Kaiser Taschenbücher 151, [Gütersloh: Chr Kaiser, 1997], 63). 비록 신정론이 라이프니츠에 의해서 최초로 명시화되었다고 할지라도, 신정론은 오랜 역사를 가지고 있는바, 그 연원을 따지고 올라가면 고대 스토아학파(Stoizismus)에게로까지 소급된다(J. Moltmann, *In der Geschichte des dreieinigen Gottes*, 54). 칸트는 스토아주의자들의 견해에 따라 신정론의 문제를 다음과 같이 요약했다. "만약 하나님이 선하시다면, 어디로부터 악이 왔다는 말인가?"(*Si Deus bonus, unde malum?*). [Immanuel Kant, *Werke* VI, hrsg. von Ernst Cassirer, (Berlin, 1914)], 121.

보프, 지지울라스, 라쿠나, 그레샤케 등은 세 위격들의 "상호 관계성"에 초점을 맞추어 ― 그래서 이들의 삼위일체론은 "사회적 삼위일체론"(Soziale Trinitätslehre)이라고 명명되기도 한다 ― 삼위 하나님의 교제와 사귐 및 공동체성을 강조함으로써 고전적 삼위일체론의 사변성 내지는 관념성을 극복하고 우리의 신앙과 삶에서의 실천적 원리로서 삼위일체론을 새롭게 이해하고자 하였다. 한편, 발타자르와 콩가르와 카스퍼는 경륜적 삼위일체를 삼위일체의 인식의 원리로 삼아 내재적 삼위일체를 추론해야만 한다는 라너의 입장을 반대하지는 않았지만, 그럼에도 불구하고 경륜적 삼위일체의 기원과 원천으로서의 내재적 삼위일체를 구분하고 내재적 삼위일체의 개념을 굳건히 견지해야만 삼위일체론을 바르게 개진할 수 있다는 사실을 강조하였다. 그들에 따르면, 경륜적 삼위일체는 내재적 삼위일체이지만 역으로 내재적 삼위일체는 경륜적 삼위일체보다 더 "크고" 더 "넓고" 더 "깊으며" 더욱더 "풍성한" 것으로 보아야만 한다. 왜냐하면 하나님의 계시가 하나님의 본질로 완전히 소급(환원)될 수는 있어도 하나님의 본질이 하나님의 계시로 완전히 소급(환원)될 수는 없기 때문이다. 경륜적 삼위일체와 내재적 삼위일체의 관계를 다루는 제17장에서 이를 더 상세히 다루어보도록 하자!

송영의 삼위일체론

한국교회 안에서 삼위일체 교리에 대한 무관심

1980년대 이래로 삼위일체 신학에 관한 논의가 활성화되었음에도 불구하고 한국교회 안에서 삼위일체 교리에 대한 무관심 내지는 냉대는 크게 해소되지 않은 것으로 보인다. 삼위일체 교리와 관련하여 한국교회 상황을 살펴보면 삼위일체 교리는 그리스도인의 신앙 및 삶과는 무관한 하나의 "장식 교리"(Dekorationsdogma)로서 단지 예배 말미에 목회자의 "축도" 속에서 그 생명을 연명하고 있는 실정이다. 많은 목회자들과 신자들이 삼위일체 교리에 대하여 그리스도인의 "신앙" 및 "삶"과는 아무런 관계가 없는 사변적이고 불가해하며 무의미한 교리라고 여긴다. 그러다보니 삼위일체 교리 앞에서 "지성을 추구하는 신앙"(fides quaerens intellctum)의 자세보다는 "불가지론"의 입장 또는 파악할 수 없는 신비라는 입장을 견지하려는 경향이 농후하다. 신약학자 이상근은 삼위일체 교리와 관련하여 다음과 같이 말한다.

> 삼위일체 교리는 신비 중의 신비에 속한다. 우리는 이 교리가 성경적으로 형이상학적으로 불가지론의 영역 속에 놓여 있다는 사실을 알아야 한다. 그러므로 이해의 길은 경건한 신앙과 더불어 수용하는 길 외에 다른 길이 아니다.[34]

---

34 이상근, 『요한복음주석』(서울: 대한예수교장로회 총회교육부, 1980), 128.

여기서 이상근은 삼위일체 교리의 신비성과 "이해 불가능성"을 강변하고 있다. 그리스도교 신앙에서 삼위일체 교리를 비본질적인 교리로 이해하는 관점은 민중신학자이며 신약학자인 안병무에게서도 발견된다. 여기서 안병무는 삼위일체 교리의 "무의미성"을 주장하고 있다.

> 나는 삼위일체 교리와 같은 그런 교리는 무시한다. 이 교리는 성서에 존재하지 않는다. 그것은 하나님을 설명하는 편리한 수단 외에 아무것도 아니다.[35]

필자는 삼위일체 교리에 대한 이해 불가능성을 주장하는 이상근과 이 교리에 대한 무의미성을 주장하는 안병무의 견해에 결코 동의할 수 없다. 하지만 이러한 태도는 단지 그들 개인의 견해라기보다 한국교회 안에 널리 유포되어 있는 삼위일체 교리에 대한 일반적인 통념을 그들이 대변한 측면이 있다. 목회자들과 신자들 중 많은 분들이 삼위일체 교리는 단지 하나님의 "존재의 신비"만을 취급하는 사변적이고 이해불가능하며 무의미한 교리라고 여기는 경향이 있는 것 같다. 삼위일체 교리가 그리스도인의 "참다운 예배", "신앙", "삶"을 위한 이해의 대상이 아니라 단지 한번 믿고 지나치면 되는 무관심 내지는 무시의 대상이 되어버린 것이다.[36] 그러다

---

35 안병무, 『민중신학 이야기』 (서울: 한국신학연구소, 1991), 155.

36 Dong-Young, Lee, *Die Trinitätslehre und die trinitarische Praxis* (Amsterdam:

보니 삼위일체 교리가 우리의 예배와 신앙과 삶에 어떤 의미를 가지는가를 "해명"하고 "해설"하는 "설교"를 한국교회 안에서 들어보기가 매우 어렵다. 한국교회는 "교리 교육"을 통하여 삼위일체 교리를 배우는 것, 그리고 "예배"와 "신앙"과 "삶"을 통하여 이 교리를 "실천"하는 것과 관련하여 매우 약한 전통을 가지고 있는 셈인데, 이것을 극복하는 것이 예배와 신앙과 삶에 있어서 우리에게 주어진 중대한 과제가 아닌가 한다.[37]

물론 삼위일체의 신비를 우리 인간의 이성으로 온전히 파악하기는 불가능하다. 그런 의미에서 삼위일체의 신비 앞에 우리는 종국적으로 침묵해야만 한다. 그러나 우리는 삼위일체의 신비 앞에서 우리가 침묵해야만 한다는 말을 삼위일체의 신비에 대한 반지성적·몰이해적 입장을 견지하라는 뜻으로 오해해서는 안 된다. 우리는 삼위일체의 신비를 사변하고 논증하기 위해서가 아니라 이를 경배하고 묵상하며 찬양하기 위하여 삼위일체 하나님에 대한 올바른 지식을 추구해야 한다.

Vrije Univ. Dipl. 2007), 7.

37 Dong-Young, Lee, *Die Trinitätslehre und die trinitarische Praxis*, 6-7.

제10장

삼위일체론과 교의학의 구성 문제

토마스 아퀴나스 이래로 신론 구성의 전통에 대한 반성적 성찰

서방 교회의 신학적 전통에서 삼위일체 교리는 그리스도교 신론 그 자체로 취급되지 못하고 신론의 부록으로 취급된 측면이 있다. 이러한 서방 신학의 신론의 특징을 대변한 인물이 바로 토마스 아퀴나스다.[1] 토마스 아퀴나스 이래로 서방 신학은 "신론"에서 "한 분 하나님에 관하여"(*De Deo uno*)라는 제하에 첫 번째 항목으로 그분의 "본질"을 취급하고, 두 번째 항목으로 그분의 "속성"을 취급한 후, 그것의 세 번째 항목에서 삼위일체 교리, 즉 "삼위 하나님에 관하여"(*De Deo trino*)를 취급하였다. "개신교 스콜라주의 신학"(Protestantische scholastische Theologie)도 "신론"의 서술에 있어 이러한 입장을 따랐다. 신론의 서술에서 이러한 경향은 결국 역사적으로 너무나 빈번하게 삼위일체 교리 위에 전제군주적 일신론의 암영을 드리우는 결과를 초래했으며 삼위일체론을 구원사로부터 배제시켜 한 분 하나님에 관한 철학적 사변이 되게 만들었다.[2] 왜냐하면 삼위일체론이 신론 그 자체로 다루어지지 못하고 한 분 하나님에 관한 교리의 제하에서 세 번째 항목으로 취급되다 보니 이 교리가 한 분 하나님에 관한 교리에 대한 해설 내지 해명이라는 잘못된 인상과 오해를 초래했기 때문이다.

---

1   G. Newlands, *Gott* VIII, *TRE*, Bd. 13, 660.
2   K. Rahner, *The Trinity* (New York: Herder, 1970), 16-17.

슐라이어마허의 『신앙론』과 바르트의 『교회교의학』에서
삼위일체론의 서술 및 배열 방식의 문제점

계몽주의 이래로 삼위일체 교리는 그리스도인의 예배(경건)와 삶
(실천)을 지배하는 그리스도교의 "근본 교리"로 이해되지 못하고,
그리스도인들의 예배와 삶과는 아무런 관계가 없는 무의미한 사변
으로 간주되었다. 당시 이러한 신학적 분위기를 대변했던 대표적
인 신학자가 바로 슐라이어마허였다고 할 수 있다. 그는 자신의 교
의학 저서인 『신앙론』의 말미에서 삼위일체론을 그리스도교 신앙
의 본질과는 아무런 관계가 없는 무의미한 사변으로 간주하였다.[3]
슐라이어마허처럼 삼위일체 교리를 교의학의 맨 마지막 말미에
서 취급할 경우 삼위일체론을 전체 교리의 종합 및 요약으로 해명
할 수 있는 장점이 있다. 이러한 이유 때문에 파울 알트하우스(Paul
Althaus) 같은 신학자도 자신의 교의학의 말미에서 삼위일체론을
전개하고 있다.[4] 알트하우스는 삼위일체론을 그리스도교 신앙의
요약적 표현으로 간주했다.[5] 그러나 이러한 방법은 하나의 치명적
인 약점을 가지는데 삼위일체 교리가 모든 교리들 중 가장 가치 없
는 교리, 즉 교의학의 말미를 장식하는 "부록"으로 간주되는 위험성

---

3   F. D. E. Schleiermacher, *Der christliche Glaube* (Berlin. New York: Walter de
    Gruyter, 2008).

4   Paul Althaus, *Die christliche Wahrheit: Lehrbuch der Dogmatik* (Gütersloh:
    Gütersloher, Verlag-Haus Mohn, 1969).

5   Wilfried Joest, *Dogmatik*, I (Göttingen: Vandehoeck & Ruprecht, 1995), 318.

을 노출시키게 된다. 바로 이 점이야말로 삼위일체론에 대하여 슐라이어마허가 취한 전개 방식의 치명적인 약점이다.

스위스의 신학자 칼 바르트는 교의학의 말미에서 삼위일체론을 개진한 슐라이어마허에 대항하여 자신의 교의학 저서인 『교회교의학』의 전반부인 "계시론"을 취급하는 항목에서 삼위일체 교리를 다룬다. 바르트에 따르면, 하나님은 그리스도 안에서 오직 성령을 통하여 인식될 수 있다. 하나님의 자기계시(Selbstoffenbarung Gottes)는 삼위일체적 사건이며 하나님의 삼위일체적 존재를 전제한다. 이러한 작업을 통해 바르트는 삼위일체 교리를 교의학 전체의 기초신학적 토대로 삼았다.[6] 바르트와 같이 삼위일체 교리를 교의학의 전반부에서 취급할 경우 삼위일체 교리를 전체 교의학의 구도의 "전제"로서 강조할 수 있는 장점이 있을 수 있다. 그러나 빌프리트 예스트(Wilfried Joest)가 정당하게 비판한 것처럼, 바르트는 이러한 진술 방식을 통해 실제적으로는 다른 교리들로부터 삼위일체 교리를 고립시키고 있을 뿐만 아니라, 이러한 고립과 더불어 삼위일체 교리를 "그리스도론"과 "성령론"의 "전제적 선취"로 축소시키는 사태를 불러일으키고 있다.[7] 이것이 삼위일체론을 자신의 교의학 전반부에서 다루는 바르트에게서 노출되는 신학적 결함이다.

---

6   W. Joest, *Dogmatik*, I, 318-319.
7   W. Joest, *Dogmatik*, I, 319.

칼뱅의 『기독교 강요』의 삼위일체론적 구성

개혁교회의 교부 장 칼뱅은 종교개혁 운동의 위대한 이론서가 되었던 자신의 명저 『기독교 강요』(*Institutio christianae religionis*, 1559)를 「사도신경」의 순서를 따라 삼위일체론적인 구조로 저술하였다. 교의학을 서술함에 있어 이러한 삼위일체론적인 구조는 칼뱅 이전 시대의 교의학 서술 방식과 비교해볼 때 매우 독특한 서술 방식이 아닐 수 없다. 예를 들면 토마스 아퀴나스의 『신학대전』(*Summa theologiae*)의 교리 서술 방식은 먼저 "한 분 하나님"의 "본질"을 논구하고 나서 "속성들"을 취급한 후 "삼위일체론"을 다룬다. 이어서 인간론, 그리스도론, 구원론, 교회론, 종말론의 순서로 교리들을 취급한다. 이러한 교리 서술 방식은 삼위일체 교리를 신론 그 자체로 취급하지 않음으로써, 삼위일체론이 신론의 부록이라는 인상을 형성시킨다. 뿐만 아니라 삼위일체 교리가 신론의 "부록"으로 고립되다 보니 삼위일체론을 전체 교리의 구성 원리(Rahmesprinzip)로 개진하기 어려운 약점을 노출시킨다. 반면, 우리가 믿고 예배하는 하나님이 "전제군주적 (유)일신"이 아닌 "삼위일체이신 하나님"이라는 사실을 감안한다면, 칼뱅이 『기독교 강요』에서 보여주는 교의학의 삼위일체론적인 구조와 구성은 그리스도교 교의학에서 볼 수 있는 가장 이상적인 전개 방식이라고 할 수 있다. 그러나 이러한 칼뱅의 『기독교 강요』가 보여주는 교의학의 삼위일체론적인 구조와 구성 및 전개 방식은 칼뱅 이후 "개혁파 정통주의 신학"을 포함한 서방 신학에 제대로 계승되지 못한 측면이

128
송영의 삼위일체론

있다. 참으로 애석하고 아쉬운 일이다.

삼위일체론적 교의학 구성에 대한 헤르만 바빙크의 위대한 통찰

삼위일체론을 교의학의 말미에 취급하는 슐라이어마허에 대항하여 네덜란드의 개혁신학자 헤르만 바빙크는 자신의 저서 『개혁교의학』 제2권(*Gereformeerde Dogmatiek* II)의 "신론"에서 삼위일체 교리를 취급하는 가운데 삼위일체론에 기초한 교의학 구성의 가능성에 대하여 실로 위대한 예언자적 통찰을 개진한다. 바빙크는 다음과 같이 말한다.

> 하나님의 삼위일체성과 더불어 전체 그리스도교와 전체 특별계시는 서고 넘어진다. 삼위일체론은 그리스도교 신앙의 핵심이고, 모든 교의들의 뿌리이며, 새 언약의 실체다.…삼위일체론은 하나의 형이상학적 교리이거나 하나의 철학적 사변이 아니라 그리스도교의 심장이며 본질이다.[8]

바빙크에 따르면, 삼위일체 교리는 그리스도교가 서고 넘어지는 항목, 즉 그리스도교의 사활이 걸린 교리이며 모든 교리들의 뿌리(wortel)다. 그러기에 그는 이 교리를 그리스도교의 본질이며 심장이라고 갈파한다. 그리스도교는 삼위일체론이라는 심장의 박동

---

[8] Herman Bavinck, *Gereformeerde Dogmatiek*, II (Kampen: Kok, 1918), 346.

과 더불어 그 생명력을 유지한다. 삼위일체론에 대한 바빙크의 이러한 견해는 자신의 시대를 뛰어넘어 오늘날에 이르기까지 교의학의 삼위일체론적 구성과 관련한 심원하고도 위대한 예언자적 통찰이 아닐 수 없다.

삼위일체론적 교의학 구성을 위한 빌프리트 예스트의 새로운 시도

독일 에어랑엔의 신학자 빌프리트 예스트는 슐라이어마허나 바르트와는 다른 방식으로 자신의 교의학을 구성한다. 예스트는 자신의 『교의학』 제1권(*Dogmatik I*)에서 "신론", "그리스도론", "성령론"을 차례대로 취급한 후, 그것의 종합으로서 "삼위일체론"을 논구한다. 그 후 『교의학』 제2권에서 삼위일체론의 토대 위에서 교의의 각론, 즉 "인간론", "구원론", "교회론", "종말론"을 차례로 취급한다. 이러한 방식은 교의학의 말미에서 삼위일체 교리를 취급하는 슐라이어마허의 방식이나 교의학의 전반부에 삼위일체 교리를 취급하는 바르트의 방식과 비교해볼 때, 교의학 전체의 "구성 원리"(Rahmesprinzip)로서 삼위일체론을 활용하고 적용함에 있어 보다 더 진일보한 전개 방식이 아닌가 한다. 왜냐하면 이러한 구성 방식은 삼위일체론을 다른 교리들로부터 고립시켜 교의학 말미에 "부록"으로 취급하는 슐라이어마허적 오류뿐만 아니라 삼위일체 교리를 그리스도론과 성령론의 전제적 선취로서 "축소"시키는 바르트적 결함을 피할 수 있기 때문이다.

삼위일체론적 교의학 구성을 위한 하나의 제언

그리스도교가 믿는 하나님은 성부 하나님(Deus Pater), 성자 하나님(Deus Filius), 성령 하나님(Deus Spiritus sanctus), 즉 "삼위가 일체이신 하나님"(Der dreieinige Gott)이다. 그러기에 그리스도교 신학이 그리스도교 신앙의 정체성에 충실한 신학이 되고자 한다면 공교회의 스승들인 초기 교회 교부들의 강조를 따라 신학은 철저하게 삼위일체론의 토대 위에서 구성되고 서술되어야만 한다. 위에서도 잠시 언급했지만 토마스 아퀴나스 이래로 서방 안에서 하나의 주도적인 신론의 서술 방식은 한 분 하나님의 "본질"(본질론)과 "속성"(속성론)을 우선적으로 취급한 후에 "삼위일체론"을 취급하는 것이었다. 하지만 그렇게 될 경우 삼위일체 교리가 한 분 하나님의 존재와 속성을 다루는 신론의 전체 구도 속에서 그것의 "부록"으로 축소될 뿐만 아니라 전체 신학을 구성하는 개별 교리들과의 관계성을 상실하고 그것들로부터 고립되는 사태를 피하기가 힘들어진다. 그리고 이미 전술한 대로 슐라이어마허처럼 삼위일체 교리를 교의학의 말미에 취급하더라도 삼위일체 교리는 다른 개별 교리로부터 고립되는 사태를 면하기 힘들다. 게다가 이러한 슐라이어마허적 구성은 삼위일체론을 신론의 부록으로 취급하는 토마스 아퀴나스의 방식보다 더욱더 심각한 사태를 불러일으킬 수 있다. 왜냐하면 삼위일체론을 교의학의 말미에 위치시킴으로써 이 교리가 전체 교의학의 부록이라는 인상을 피할 수 없기 때문이다. 그러므로 우리는 삼위일체론적 교의학의 구성에 있어 토마스 아퀴나스나 슐라이어마허의 결함을 극복할 수 있는 바람직한 조직신학적 구조에 대하여 진지하게 성찰해 볼 필요가 있다. 그래서 필자는 삼위일체론적 교의학의 구성을 위한 예스트의 조직신학적 구조 내지는 구성 체계를 진지하게 고려해볼 필요가 있다고 생각한다. 그것은 우선 성부론(신론), 성자론(그리스도론), 성령론을 차례대로 취급한 후 그것들의 토대 위에서 삼위일체론을 다루고 나서, 그 삼위일체론의 토대 위에서 인간론, 구원론, 교회론, 종말론을 차례로 취급하는 방식이다. 이것을 간략하게 정리하면 다음과 같다.

예스트가 제시한 이러한 교의학의 구성 방식은 첫째, 한 분 하나님의 존재와 속성을 우선적으로 취급한 후에 삼위일체 교리를 취급함으로써 이 교리를 신론의 부록으로 전락하게 하는 토마스 아퀴나스적 결함과, 둘째, 삼위일체 교리를 교의학 말미에 다룸으로써 이 교리를 전체 교의의 부록으로 취급하는 슐라이어마허적 결함뿐만 아니라, 셋째, 삼위일체 교리를 교의학의 서두에 취급함으로서 이 교리를 그리스도론과 성령론의 전제적 선취로 축소시

키는 바르트적 결함을 동시에 극복할 수 있는, 교의학 구성의 보다 진일보한 체계로 고려해볼 만하다. 상기의 체계가 삼위일체론에 토대한 교의학 구성의 유일한 체계는 아니라고 할지라도 참고해 볼 만한 체계임에는 틀림없다. 물론 이것보다 더 나은 체계가 구상 된다면 이를 수용하고 보완할 수 있는 열린 마음을 견지하면서 말 이다.

삼위일체 교리의 예비와
삼위일체 교리에 대한 양대 이단

삼위일체 교리의 예비

우리는 삼위일체론과 관련하여 하나의 중대한 질문과 마주치게 된다. 삼위일체론은 과연 성경적인 교리인가? 즉 삼위일체론이 성경적으로 지지받을 수 있는가? 삼위일체론을 둘러싼 이러한 질문은 신학사적으로 매우 오래전부터 제기된 질문이다. 이러한 질문이 제기된 원인은 다름 아니라 구약성경과 신약성경에 "삼위일체"라는 용어가 명시적으로 등장하고 있지 않기 때문이다.[1] 그래서 16세기 종교개혁 시대에 "반삼위일체론자들"(Antitrinitarier)이었던 미카엘 세르베투스(Michael Servet)와 파우스투스 소키누스(Fausto Sozzini) 같은 이들은 삼위일체론이 성경에 근거하고 있지 않을 뿐만 아니라 이성에도 모순되는 거짓 교리라고 서슴없이 비난했다. 오늘날에도 16세기의 이들 "반삼위일체론자들"과 유사한 주장을 하는 이들이 있는데, 로마 가톨릭의 신학자들인 칼-하인즈 올리히(Karl-Heinz Ohlig)와 피에트 쇼넨베르크(Piet Schoonenberg)가 바로 그들이다. 올리히는 삼위일체론에 대하여 이 교리가 성경의 증언과는 아무런 관계가 없는 그리스의 형이상학적 사고로부터 형성되었다고 비판한다.[2] 쇼넨베르크의 경우 "경륜적 삼위일체"(trinitas oeconomica)는 인정하였지만, 내재적 삼위일체(trinitas

---

1   Gerhard Ebeling, *Dogmatik des christlichen Glaubens*, Bd. III (Tübingen: Siebeck Mohr, 1979), 531.
2   Karl-Heinz Ohlig, *Ein Gott in drei Personen? Vom Vater Jesu zum Mysterium der Trinität* (Mainz und Luzern, 1999).

immanens)를 배척하였다. 그에 따르면, 하나님은 그 자신의 "구원 경륜"에 있어서 삼위일체적으로 인식된다. 그러나 그는 구원 경륜의 역사 속에서 나타나는 하나님의 "삼위일체성"을 하나님의 내적 본질로 소급하여 하나님이 그 본질에 있어서도 삼위일체라고는 말할 수 없다고 주장한다. 그래서 그는 하나님의 내적 본질에 대하여 "불가지론" 즉 "알 수 없음"을 강변했다.[3] 내재적 삼위일체를 거부하고 오직 경륜적 삼위일체만을 인정하려는 쇼넨베르크와 같은 경향은 17세기의 아르미니우스주의자들[4]과 18세기의 독일 할레(Halle)에서 가르쳤던 역사비평적 성경 연구(historisch-kritische Bibelforschung)의 태두라고 할 수 있는 요한 잘로모 제믈러(Johann Salomo Semler)에게서도 발견된다.[5] 그들은 단지 하나님의 구원의 역사 속에서 계시된 삼위일체, 즉 경륜적 삼위일체만을 인정했다. 그리고 이러한 경륜적 삼위일체의 토대 위에서 성자와 성령을 성부에게 종속시키는 종속론을 주장했다.

"아리우스주의자들"에 대항하여 투쟁했던 공의회의 교부들이나 훗날 "반삼위일체론자들"에 대항했던 "종교개혁자들", 그리고 17세기의 아르미니우스주의자들과 제믈러를 필두로 한 역사비평주의자들에 대항하여 삼위일체론을 변증하려 했던 개혁파와 루터

---

3 Piet Schoonenberg, *Der Geist, das Wort und der Sohn. Eine Geist-Christologie* (Regensburg, 1992), 214.

4 D. F. Strauß, *Die christliche Glaubenslehre, I* (Tübingen/Stuttgart, 1840), 476–480.

5 J. S. Semler, *Versuch einer freien theologischen Lehrart* (Halle, 1777), 298, 302.

송영의 삼위일체론

파의 정통주의자들 역시도 "삼위일체"라는 용어가 성경에서 명시적으로 발견되지 않는다는 사실을 너무나 잘 알고 있었다. 그러나 그들은 "삼위일체"라는 용어가 비록 성경에 명시적으로 등장하지는 않는다고 할지라도, 삼위일체 교리의 뿌리요 근거가 되는 수많은 암시 구절들을 구약과 신약의 도처에서 발견했다. 그들은 구약과 신약의 가르침을 따라 삼위일체론을 하나님의 계시에 대한 필수불가결한 해석으로 간주했으며, 그러기에 하나님의 계시는 삼위일체론을 통해서만 바르게 해석될 수 있다고 생각했다. 구약성경과 신약성경에서 "삼위일체"(Trinitas)라는 용어가 명시적으로 발견되지는 않음에도 말이다.[6] 만약 삼위일체론이 성경 계시 속에 확고하게 뿌리를 내리고 있지 않았더라면, 이 교리는 기나긴 신학의 역사 속에서 과거로부터 오늘날까지 공교회의 핵심 "교의"(Dogma)로 결코 자리매김하지 못했을 것이다.

구약성경과 삼위일체

구약성경에는 하나님의 "삼위일체성"이 명시적으로 발견되지 않고, 단지 "삼위일체의 흔적들"(vestigia trinitatis)이 암시적으로 발견되는바, 하나님의 "복수성"을 표현하는 구절들— 예를 들면 창세

---

6   Gerhard Ebeling, *Dogmatik des christlichen Glaubens*, Bd. III (Tübingen: Siebeck Mohr), 1979, 531.

기 1:26(비교. 창 3:22; 창 11:7; 사 6:8)의 "우리"라는 의미의 "복수형" "엘로힘"(Elobim)이 이에 해당된다[7] — 이 발견된다. 헤르만 바빙크

---

7 창 1:26의 주석과 관련하여 주석학적 관점에서 보았을 때 창 1:23의 "우리"를 단순히 신적인 "위엄의 복수"(divine majesty plural), 즉 "장엄복수"(pluralis maiestatis) 로 보는 견해가 있다. 그러나 창 1:23의 "우리"를 "장엄복수"로 단정 짓는 것은 다소 부주의한 주석인 것으로 사료된다. 게르할더스 보스(Geehardus Vos)에 따르면, 고대 근동에서 신들의 이름을 복수로 사용함으로써 신적인 위엄을 높이려고 했던 문법적 표현이 "장엄복수"였다는 견해는 정당하지 않다(게르할더스 보스, 『개혁교의학』, 제1권, 106). 19세기의 "종교사학파"(Die Religionsgeschichtliche Schule)는 복수인 "우리"라는 표현을 고대 근동의 다신론의 잔재로 보지만, 실제로 고대 근동에서 이 복수는 다신론적인 의미로 신의 이름에 사용된 적이 없었고 성경 안에서는 일반적으로 하나님의 이름으로 사용되었으며, 심지어 성경 밖에서조차 단순히 한 분 하나님의 이름으로 사용되었다는 것이 고대 근동 문헌들에 대한 문헌학적 고찰의 귀결이다(M. Noordzij, Oostersche Lichtstalen over Westesche Schriftbeschouwing, 41). 고대 근동에서 장엄복수는 신명(神名)에 적용된 것이 아니라 왕의 권위와 관련하여 사용되었다. "우리"를 장엄복수로 보는 견해는 이것을 "강조의 복수"(pluralis der Betonung)로 보는 칼 델리치(Karl Delitzsch), "심사숙고(토론)의 복수"(pluralis deliberationis)로 보는 클라우스 베스터만(Claus Westermann, Genesis, Bd. I, Neukirchen, 1974), "하늘 궁전에서 천사들에게 행한 하나님의 연설"(die den Engel haltende Rede Gottes im himmelischen Hofstaat)로 이해하는 알렉산드리아의 필론(Philo von Alexandria)와 유대교의 랍비들 및 게르하르트 폰 라트(Gerhard von Rad), 그리고 발터 침멀리(Walter Zimmerli)와 같은 고대와 현대의 주석가들에 의해 비판되었다(Susanne Plietzsch, "Das innergöttliche Gespräch in der rabbinischen Schriftauslegung", in: Rudolf Weth, Hg., Der lebendige Gott, 64). 칼 바르트(Karl Barth)는 이 "우리"(Wir)를 "신성 안에 있는 복수"(pluralis in der Gottheit)로 보아 이 본문을 삼위일체적으로 해석하였다(Barth, Kirchliche Dogmatik, III, 1, 214-216). 그러나 이러한 바르트의 견해는 구약학적 관점에서 수용되기 힘들다. 왜냐하면 구약성경은 삼위일체에 관하여 알지 못하기 때문이다. 필자의 생각으로는 창 1:23의 "우리"를 주석학적 기반이 부족한 장엄복수로 이해할 것이 아니라 강조의 복수(K. Delitzsch) 또는 "토론의 복수"(C. Westermann)로 보는 것이 이 본문을 삼위일체에 대한 암시로 보기에는 더욱더 적절한 주석이 아닌가 생각한다. 어쨌든 창 1:26의 "우리"라는 표현을 삼위, 즉 세 위격들로 볼 수는 없지만, 이 표현은 하나님이 추상적 단자가 아니라 "살아계신 참 하나님"이시며, 하나님은 자신의 생명의 "충만함" 가운데 "다양성"을 가지신 분이라는 사실을 보여준다(헤르만 바빙크, 『개혁

송영의 삼위일체론

가 이미 정당하게 지적했듯이, 여기서 하나님의 이름 "엘로힘"은 "복수 형태"로 나타나지만 이러한 복수 형태를 하나님의 삼위일체 성과 동일시해서는 안 된다.[8] 왜냐하면 구약성경은 삼위일체에 관하여 알지 못하기 때문이다.[9] 또한 구약에는 하나님의 이름인 "야웨"(Jahwe) 그리고 야웨의 영광(kabod), 야웨의 사자(maleach), 야웨의 지혜(hokhma), 야웨의 영(ruach) 등이 "하나님의 존재"(Das Wesen Gottes)와 구분되는 하나의 "위격적인 존재"로 등장한다. 그리고 하나님과 구별되는 것으로 표현되는 이 "위격들"(Hypostase)은 천상에 계신 하나님을 지상으로 "매개"하는 역할, 즉 하나님의 "현존을 지상에 매개하는 수단"으로서의 역할을 수행한다. 비록 이러한 구약의 본문들이 하나님의 삼위일체성을 증명하고 있는 것은 아니라고 할지라도 "하나님 존재의 충만함"과 그의 "행위의 역동적 생명력", 그리고 그의 존재의 내적인 "공동체성"과 "다양성" 및 "복수성"을 표현하는 구절들로 이해할 수 있다. 그러므로 우리는 이러한 본문들을 하나님의 삼위일체성의 흔적들이자 그것을 "암시"하고 있는 구절들로 읽을 수 있는 것이다.[10]

교의학』, 제2권, 324). 이러한 이해를 신약성경의 빛 아래에서 성찰해 볼 때, 이 본문은 삼위일체에 대한 구약적 "암시" 내지는 흔적으로 이해될 수 있다.

8   Herman Bavinck, *The Doctrine of God*, trans., Edited and Outlined by William Hendriksen (The Banner of Truth Trust, 1979), 256.
9   헤르만 바빙크, 『개혁교의학』, 제2권, 324.
10 Herman Bavinck, *The Doctrine of God*, 255; Darrell W. Johnson, *Experiencing The Trinity* (Regent College Publishing, 2002), Chapter 1.

신약성경과 삼위일체

신약성경 안에는 세 분의 이름이 "명시적으로" 나타나는 바, 곧 하나님 아버지, 주 예수 그리스도, 그리고 성령의 성호가 예전적인 기도와 더불어 송영(학)적으로 등장하고 있다(고전 12:4ff; 고후 13:13; 엡 4:4 이하. 참조. 엡 1:11-18, 눅 10:21).

> 주 예수 그리스도의 은혜와 하나님의 사랑과 성령의 교통하심이 너희무리와 함께 있을지어다(고후 13:13).

또한 세 분의 성호는 부활하신 그리스도의 세례명령 안에서 나타난다(마 28:19; 참조. 『디다케』 7:1; 『유스티누스 변증서』 I, 61). 마태복음 28:19에서 부활하신 그리스도는 "모든 족속을 제자로 삼아 아버지와 아들과 성령의 이름으로 세례를 줄 것"을 명한다. 그런데이 본문에서 주목할 것은 세례를 세 분, 즉 "아버지와 아들과 성령의 이름"으로 베풀어야만 하는데, "아버지와 아들과 성령의 이름"에서 이 이름이 "복수" 즉 "이름들"이 아니라 "단수" 즉 "이름"으로나타나고 있다는 것이다.[11] 이것은 우리에게 다음과 같은 사실을 알려준다. 즉 삼위일체론은 초기 교회의 세례식 속에서 자신의 "삶의자리"(Sitz im Leben)를 가지고 있었으며, 이것은 곧 삼위일체론이초기 교회의 "구원의 경험"에 의해서 형성되었다는 사실을 알려준

---

11 Wolfhart Pannenberg, *Systematische Theologie*, I, 328.

다. 신자들은 세례를 통하여 삼위일체 하나님의 구원의 역사 속으로 통합된다.[12] 우리가 삼위 하나님의 이름과 더불어 물속으로 들어가는 것은 우리가 삼위일체 하나님의 영원한 생명에 참여하기 위하여 그분의 "삼위일체성" 안에 들어가 그 삼위일체성과 결합하는 것을 상징한다. 그래서 삼위일체론은 초기 교회의 세례식과 깊이 연관되어 있었으며, 그런 의미에서 세례는 실천되는 삼위일체론이라고 명명될 수 있다.

상기의 신약 성경 구절들은 다음과 같은 사실을 우리에게 확인시켜준다. 즉 정형화되고 체계화된 삼위일체 교리가 존재하기 전부터 세례 시에 그리고 예배 중에 삼위일체 하나님의 성호가 찬양(송영)되고 경배(예배)되었다.[13] 삼위일체론을 둘러싼 아리우스(Arius)와 아타나시오스(Athanasius)의 논쟁 이래로 삼위일체 교리가 지극히 사변적으로 전개된 반면에, 삼위일체론에 대한 신약 성경의 증언을 관찰해 보면 세 분의 이름은 공동체 안에서, 그리고 예배 안에서 신앙과 기도의 중심에 자리 잡고 있었다는 사실을 발견하게 된다. 예수의 이름 안에서 성부께 기도가 드려졌고, 예수님 자신이 주님으로 불려졌으며, 성만찬에서 "성령 임재의 기원"(ἐπίκλησις)과 더불어 성령이 불려졌으며, 세 분, 즉 성부와 성자와 성령의 이름으로 세례가 베풀어졌다.[14] 그러므로 삼위일체 교

---

12 Gisbert Greshake, *Der dreieine Gott: Ein trinitarische Theologie*, 359; Jürgen Moltmann, *Trinität und Reich Gottes*, 106.
13 Wilfried Joest, *Dogmatik*, I (Göttingen: Vandenhoeck & Ruprecht, 1995), 320.
14 W. Joest, *Dogmatik*, I, 320.

제11장 삼위일체 교리의 예비와 삼위일체 교리에 대한 양대 이단

리는 신학자들이 책상에 앉아 머리로 만들어낸 탁상공론의 신학이
아니라 공동체의 예배 속에 그 "삶의 자리"(Sitz im Leben)를 가지고
있는 예배의 신학이다. 그래서 삼위일체 교리의 예배적(예전적) 실
천이 없는 한, 우리가 아무리 삼위일체 교리를 탁월하게 해설한다
할지라도 우리에게 별반 와닿지 않는 사변적 지식으로 전락하기
십상이다.

그리스의 철학적 일신론과 구약의 유일신론의 결합, 그리고 잘못된 신론들의 발생

초기 교회는 삼위일체 교리와 더불어 깊은 숙고를 요하는 과제를
가지고 있었다. 그리스도교의 신론으로서 삼위일체론은 교회가 뿌
리내리고 성장했던 정신사적·종교사적 환경과의 만남 속에서 정
립된 것이다. 그곳에는 신들뿐만 아니라 신성과 세계를 중재하는
유사적인 "중간존재"에 대한 종교적인 제의가 존재하고 있었을 뿐
만 아니라 이러한 다신론적인 신화에 대항하는 하나의 철학적 일
신론(단일신론)이 존재하고 있었다.[15] 순교자 유스티누스(Justin
Martyr), 타티아노스(Tatian), 테오필로스(Theophilus), 아테나고라
스(Athenagoras), 그리고 알렉산드리아의 클레멘스(Clement von
Alexandria) 등의 초기 그리스도교 변증가들(Apologeten)은 궁극적

---

15 W. Joest, *Dogmatik*, I, 320.

"일자"(τὸ ἕν)사상으로 대변되는 그리스의 철학적 일신론 안에서 구약성경의 유일신 신앙[16]과의 유사점을 발견했고, 그 때문에 그들은 그리스의 철학적 일신론을 구약성경의 일신론과 결합하려는 경향을 드러냈다.[17] 그들은 성자와 성령이 성부와 동일한 하나님이 아니라 성자는 "두 번째 위치"를 차지하며, 성령은 "세 번째 위치"를 차지한다고 가르침으로써 성부에 대한 성자와 성령의 종속성을 주장했다.[18]

순교자 유스티누스는 로고스, 즉 성자가 만물의 시작이요 만물보다 먼저 나셨음을 가르쳤다. 그럼에도 불구하고 그는 성자가 성부에게 종속되며 성부 다음으로 가장 큰 제일 능력이라고 주장했다.[19] 이 주장은 종속론적이다. 아테나고라스도 성부는 불변하시는 영원한 불가견적 유일신이시고, 성자와 성령은 성부와 더불어 정신과 능력에 있어서는 동일하지만 그 본질에 있어서는 동일하지 않다고 가르침으로써 종속론으로 기울어졌다.[20]

철학적 일신론과 성경적 신론을 결합하려는 변증가들의 신학적 시도로 말미암아 그들의 의도와는 상관없이 한 분 하나님의 전

---

16 신 6:4-5의 소위 "쉐마 이스라엘"(*Schema Israel*, 이스라엘아 들어라!) 구절은 구약과 유대교의 유일신 사상을 보여주는 유명한 본문이다. "이스라엘아, 들어라! 우리 하나님 여호와는 오직 유일한 여호와시니, 너는 마음을 다하고 뜻을 다하고 힘을 다하여 네 하나님 여호와를 사랑하여라."

17 W. Joest, *Dogmatik*, I, 321.

18 참조. 헤르만 바빙크, 『개혁교의학』, 제2권, 350.

19 Justinus, *Apologia*, I, 13.

20 Athenagoras, *Legatio sive supplicatio pro Christianis*, e. 10. 헤르만 바빙크, 『개혁교의학』, 제2권, 351을 따라 재인용.

제군주적 지배를 강조하는 잘못된 사도(邪道, Abweg), 즉 전제군주 신론이 교회 내부에서 발생하게 되었다.[21] 초기 교회에서 삼위일체론의 이해를 둘러싸고 전개된 전제군주 신론은 두 개의 방향으로 진행되었는데, 첫째는 역동적 전제군주 신론(종속론)이고, 둘째는 양태론적 전제군주 신론(양태론)이 그것들이다. 우리는 이 두 개의 전제군주 신론을 소위 삼위일체 교리에 대한 양대 이단이라고 부른다.

역동적 전제군주 신론 내지는 종속론

고대의 에비온파(Ebionites), 사모사타의 바울(Paulus von Samosata), 로마의 테오도투스(Theodotus von Rom), 루키아노스(Lucian), 아리우스(Arius), 그리고 마케도니오스와 그의 추종자들

---

21 W. Joest, *Dogmatik*, I, 321. 속사도 교부들과 변증가들에게 발견되는 종속론, 즉 전제군주 신론의 경향과 그 특징을 살펴보려면 헤르만 바빙크의 『개혁교의학』, 제2권, 349-351을 참고하기 바란다. 바빙크에 따르면, 많은 학자들이 순교자 유스티누스를 비롯한 여러 변증가들을 아리우스주의자라고 단정짓지만 이러한 평가는 부당한 것이라고 지적한다. 왜냐하면 유스티누스와 변증가들의 시대에는 아리우스주의의 문제가 아직 대두되지 않은 시대였을 뿐만 아니라 그들의 사상 속에는 아리우스주의와는 정면으로 대치되는 다양한 사상적 요소들이 존재하고 있었기 때문이다. 예를 들면 유스티누스의 신론에서 종속론의 경향이 발견됨에도 불구하고, 그는 성자의 신성을 가르쳤으며 성자는 피조된 것이 아니라 성부에게서 출생했다고 가르쳤다. 그리고 그는 종종 성부와 성자와 성령을 경배의 대상으로 언급했다. 그리고 그는 성령을 천사나 피조물로 여기지 아니하였다. (Justin Martyr, *Apologia*, I, 6, 13, 60, 61, 65, 67. 헤르만 바빙크, 『개혁교의학』, 제2권, 350을 따라 재인용.)

(마케도니오스주의자들, Makedonier) 등이 역동적 전제군주 신론의 주장자들이다.

"역동적 전제군주 신론"(Der dynamische Monrachianismsus)에 따르면, 원래적 의미에서 한 분이신 하나님은 아버지, 곧 성부뿐이다. 그리스도와 성령은 초피조적 존재들(übergeschöpferliche Wesenheiten) 또는 모든 피조물들 중 처음으로 피조된 존재들(erstgeschaffene Wesenheiten)로 이해되었다.[22] 오직 성부만이 하나님이시고, 성자 예수 그리스도는 단순한 인간(ψιλὸς ἄνθρωπος)에 불과하며—그래서 교리사가들은 역동적 전제군주 신론을 "단순인간주의"(Phisilanthropophismus)라고도 불렀다—성령은 아버지로부터 오는 능력(δύναμις)에 불과하다. 역동적 전제군주 신론에 따르면, 예수 그리스도는 영원 전부터 하나님의 아들이 아니라 세례 시에 성령에 의하여 하나님의 아들로 "입양"(adoptio)되었을 뿐이다.[23] 그러므로 역동적 전제군주 신론에 있어서 하나님과 예수의 통일성은 "의지"와 "사랑"의 통일성이지 "본성"과 "실체"의 통일성이 아니다.

역동적 전제군주 신론은 종속론이라고 명명된다. 왜냐하면 이 사상이 아버지에 대한 아들과 성령의 종속성을 가르치기 때문이다. 또한 역동적 전제군주 신론은 아리우스주의(Arianismus)라고

---

22 W. Joest, *Dogmatik*, I, 320-321.

23 Vgl. Adolf von Harnack, *Dogmengeschichte*, UTB 1641 (Tübingen: J. C. B. Mohr Paul Siebeck, 1991⁸.), 159.

도 명명된다. 왜냐하면 이 교리가 4세기 알렉산드리아(Alexandria)에서 아리우스에 의해 강력하게 주장되었기 때문이다. 역동적 전제군주 신론은 그리스도론적 관점에서는 "양자 그리스도론"(Adoptionschristologie) 혹은 "양자론"(Adoptianismus) 또는 "영 그리스도론"(Christologie des Geistes)이라 명명된다. 왜냐하면 이 사상은 세례 시에 성령의 능력에 의거한 성부 하나님의 아들로서의 예수의 "입양"(adoptio) 내지는 "승격"(προκοπή)을 가르치기 때문이다.

양태론적 전제군주 신론 내지는 양태론

고대의 노에투스(Noetus), 프락세아스(Praxeas), 에피고누스(Epigonus), 사벨리우스(Sabellius), 앙키라의 마르켈루스(Marcellus von Ankyra), 시르미움의 포티누스(Photinus von Sirmium) 등은 양태론적 전제군주 신론의 주장자들이다.

"양태론적 전제군주 신론"(Der modalistische Monarchianismus)에 따르면, 성부와 성자와 성령은 여러 시대에서 한 분 하나님이 자신을 드러내는 서로 다른 "드러남의 방식들" 내지는 "나타남의 방식들", 즉 모두스(modus; 양태)에 불과하다.[24]

양태론적 전제군주 신론은 일명 "양태론"(Modalismus)이라고

----

24 W. Joest, *Dogmatik*, I, 320-321.

명명된다. 왜냐하면 이 교리가 하나님이 여러 개의 양태로 나타난다는 사실을 가르치기 때문이다. 또한 양태론적 전제군주 신론은 "성부수난설"(Patripassianismus)이라고도 명명된다. 왜냐하면 이 교리가 하나님 자신이 그리스도의 모습으로 고난을 당하셨다는 것을 가르치기 때문이다.[25] 또한 양태론적 전제군주 신론은 "사벨리우스주의"(Sabellianismus)라고 명명된다. 왜냐하면 이 교리가 215년 이래 로마에서 사벨리우스(Sabellius)에 의해 주장되었기 때문이다.[26]

양태론적 전제군주 신론은 하나님의 "통일성" 또는 "단일성"이 유지되고 보장되는 것처럼 보였기 때문에, 한동안 삼위일체 문제를 해결하는 해결책으로 초기 교회에서 통용되었으며 정통 교회 속에서 — 특별히 로마에서 — 많은 지지자들을 얻었던 것으로 보인다.[27] 심지어 중세의 신학자들인 에리우게나(J. S. Erigena)와 아벨라르두스(P. Abaelardus)도 삼위일체를 양태론적 방식으로 사유한

---

25 Alfred Adam, *Lehrbuch der Dogmengeschichte*, I, 170; R. Seeberg, *Grundriß der Dogmengeschichte*, 33. 양태론은 최초에 성부수난설의 형식으로 주장되었던 바 이러한 "성부수난설"의 방식으로 양태론을 주장한 고대의 인물은 노에투스였다. 그리고 이러한 노에투스의 성부수난설은 일설에 따르면 2세기 노에투스에게서 배웠다고 알려져 있는 프락세아스에 의해 본격적으로 주장되었다. 프락세아스는 "성부 자신이 마리아에게 잉태되어 탄생하시고 자신이 고난받으셨는데 그가 곧 예수 그리스도이시다"라고 주장하였다(Tertullianus, *Adversus Praxeam*, I). 성부수난의 형식으로 묘사된 프락세아스의 이러한 양태론에 대항하여 세 위격의 구별과 독자성 그리고 그러한 삼위의 하나 되심을 변증했던 교부가 서방 신학의 대부였던 테르툴리아누스였다.
26 A. Adam, *Lehrbuch der Dogmengeschichte*, I, 169
27 W. Joest, *Dogmatik*, I, 321.

측면이 있었다.[28]

그러나 우리가 세 분, 즉 삼위의 이름들이 단지 "구원의 경륜" 속에서 한 분 하나님의 "나타남의 방식"(Erscheinungsweise)에 불과한 것인가를 질문한다면, 그것은 결코 그렇지가 않다. 신약성경에서 성부와 성자와 성령은 각기 "독자성"(Selbstständigkeit, Zelfstandigheid)을 가진 위격으로 등장한다. 바울 서신에 등장하는 "사도적 축복 선언"에서는 세 분(삼위)의 위격적인 칭호들, 즉 우리 주 예수 그리스도(성자), 하나님(성부), 그리고 성령이 나란히 함께 나타난다.[29]

> 주 예수 그리스도의 은혜와 하나님의 사랑과 성령의 교통하심이 너희 무리와 함께 있을 지어다(고후 13:13).

그리고 요한복음의 증언에 따르면, 예수께서는 "나와 아버지는 하나"(ἕν)라고 말씀하셨지 결코 "한 분"(εἷς)이라고(요 10:30) 말씀하지 않으셨다. 예수께서 자신과 성부를 "한 분"이라고 하지 않고 "하나"라고 말씀하고 있다는 사실은 양태론이 잘못된 가르침이라는 것을 명백히 보여준다. 만약 양태론이 옳다면 예수께서는 나와 아버지는 "한 분"이라고 말씀하셨을 것이다.

또한 예수님의 "겟세마네의 기도"도 양태론적 전제군주 신론의

---

28 헤르만 바빙크, 『개혁교의학』, 제2권, 366.
29 게르할더스 보스, 『개혁교의학』, 제1권 (서울: 솔로몬, 2016), 152.

허구를 명백하게 보여주고 있다.

> 아빠 아버지여, 아버지께서는 모든 것이 가능하오니 이 잔을 내게서 옮
> 기시옵소서. 그러나 나의 원대로 마옵시고 아버지의 원대로 하옵소서
> (마 14:36).

만약 우리가 "양태론적 전제군주 신론" 내지는 "양태론"의 관점
에서 예수님의 "겟세마네의 기도"를 이해한다면, 이 기도는 한 분
하나님의 "자기 독백" 또는 "자아 분열"이 되고 말 것이다. 그러나
예수께서는 겟세마네의 기도에서 자신에게 임박해 오는 고난을 피
하게 해주실 것과, 그럼에도 불구하고 아버지의 뜻에 순종하겠다
는 결의를 자신의 아버지와 "인격" 대 "인격"으로 대면하여 기도하
셨다. 여기서 한 분 하나님이 두 가지 양태로 등장하여 자기 자신
에게 "독백"(Monolog)을 하고 있지 않음이 명백하다.

성경은 신적 위격들을 명백하게 서로 구별한다. 삼위는 한 분
하나님의 본질로서 세 가지 계시 양식들이 아니라 각각 고유하고
독자적인 방식으로 존재한다.[30] 성부는 독자적 위격으로서 성자
에게 말씀하시고, 또한 성자도 독자적 위격으로서 성부에게 말씀
하신다. 만약 세 위격들이 각각 독자성을 가진 구별된 위격이 아
니라 한 분 하나님의 세 가지 "계시의 양태들" 즉 "나타남의 방식"
에 불과하다면, 미국 프린스턴에서 활동했던 네덜란드의 개혁신

---

30 헤르만 바빙크, 『개혁교의학』, 제2권, 379.

학자 게르할더스 보스(Geerhardus Vos)가 예리하게 지적한 것처럼 성육신하신 중보자 예수 그리스도의 "인성"이 의문시 될 수밖에 없다. 그렇게 될 경우 우리는 그리스도론과 관련하여 예수의 성육신 및 인성을 거부하는 영지주의자들의 그리스도론, 즉 "가현설"(Doketismus)[31]의 오류로 빠져들 수밖에 없다.[32] 그러므로 한 분 하나님이 구원의 역사 속에서 "세 가지 양태"(*tres modi*)로 나타난다는 이러한 주장은 비성경적일 뿐만 아니라 대단히 위험한 주장이 아닐 수 없다. 결국 양태론적 전제군주 신론은 "공교회"에 의해서 이단적 사설(邪說)로 배척받을 수밖에 없었다.

역동적 전제군주 신론과 양태론적 전제군주 신론의 공통점

양태론적 전제군주 신론 즉 양태론은 서방에서 강성한 힘을 가지고 있었고, 역동적 전제군주 신론 즉 종속론은 동방에서 강성한 힘

---

31 가현설(假現說, Doketismus)은 하나님이 창조하신 세계, 즉 물질세계가 악하며, 인간의 육체 또한 근본적으로 악하다고 규정한 초기 교회의 대표적 이단 가운데 하나인 영지주의자들에 의해 주장된 이단적 그리스도론이다. 영지주의자들에 따르면, 물질은 악한 것이므로 하나님의 독생자가 성육신하여 인간이 되실 수 없다. 그들에 따르면, 지상에 인간으로 오신 예수는 육체와 인성을 가진 진짜 인간이 아니라 사람들 눈에 단지 인간처럼 보였을 뿐이다. 즉 지상에서 사역한 예수는 환영, 즉 가짜(假) 현상(現)이다. 그래서 하나님의 아들의 성육신 및 인성을 거부하는 이러한 영지주의자들의 그리스도론을 사람들은 가현설이라고 불렀다. 이 가현설은 초기 교회 당시에 맹위를 떨쳤던 그리스도론에 관한 이단 사상이다. 사도 요한께서도 그리스도께서 육체로 오신 것을 거부하는 이러한 영지주의적인 가현설에 대해서 엄중히 경고하셨다(요일 4:1-6).
32 참조. 게르할더스 보스, 『개혁교의학』, 제1권, 125.

송영의 삼위일체론

을 가지고 있었던 삼위일체론에 대한 잘못된 이단 사상들이다. 역동적 전제군주 신론과 양태론적 전제군주 신론은 얼핏 보면 하나님에 대한 전혀 다른 신학적 사유 방식인 것처럼 보이지만, 이 양자의 배후에는 동일한 열정이 도사리고 있었던 바, 그것은 다름 아닌 하나님은 오직 한 분이시라는 것, 즉 한 분 하나님에 의한 전제군주적 지배, 곧 전제군주적 일신론의 열정이 바로 그것들 배후에 도사리고 있었다. 그러므로 양태론적 전제군주 신론(양태론)과 역동적 전제군주 신론(종속론)은 모두 삼위일체론의 형식을 빌려서 주장된, 즉 삼위일체론을 가장하여 주장된 "전제군주적 (유)일신론"(monarchischer Monotheismus)이다.

동방과 서방의 삼위일체론, 그 이해 방식의 차이

삼위일체 교리의 동방적·서방적 유형

거듭 말하지만 공교회가 수용하고 인정하는 정통 삼위일체론은 애초에 하나님의 "존재의 신비"(*mysterium entis*)를 사변하고 증명하기 위하여 형성된 교리가 아니다. 삼위일체 교리는 삼위 하나님의 "구원의 신비"(*mysterium salutis*)와 "존재의 신비"(*mysterium entis*)에 대하여 성경의 증언에 일치하지 않는 잘못된 이론적 제안들을 저지하는 과정 가운데 형성되었다고 할 수 있다. 동방과 서방의 교부들은 하나님의 삼위일체의 신비를 자신들의 지성으로 온전히 이해하고 파악하는 것이 불가능하다는 것을 잘 알고 있었다. 초기 교회 안에서 삼위일체 교리가 형성되게 된 것은 삼위일체 하나님의 "구원의 신비"를 보존하고 묵상하며 찬양(송영)하기 위함이었지, 그 존재의 신비를 사변하고 논쟁하며 증명하기 위함이 아니었다. 그러므로 삼위일체 교리의 이면을 관통하는 신학적 정신은 사변이 아니라 송영이며, 증명이 아니라 묵상이었다는 사실을 우리는 한순간도 잊어서는 안 된다.

우리는 삼위일체 교리의 형성 과정을 파악하기 위하여 "니케아 공의회"(325)와 "콘스탄티노플 공의회"(381)로부터 아우구스티누스(Augustinus)가 등장하기 이전까지의 삼위일체 교리의 역사적 전개 과정을 살펴볼 필요가 있다. 사실 서방과 동방은 교부 아우구스티누스가 서방 교회에 등장하기 이전까지만 하더라도 삼위일체 교리에 대해 대동소이한 이해 방식을 견지하고 있었다. 그것은 곧 삼위를 전제한 후 삼위가 어떻게 하나의 본질을 이루는가를 설명하는 방식이었다. 그러나 아우구스티누스는 자기 이전과는 달리 한 분 하나님의 본질로부터 시작하여 삼위를 설명하는 삼위일체론에 대한 다른 이해 방식을 개진했으며, 그것은 향후 삼위일체론의 이해에 있어 서방의 주류의 이해 방식이 되었다. 이렇게 아우구스티누스를 기점으로 벌어진 동방과 서방의 삼위일체의 이해 방식의 차이를 예리하게 통찰해낸 인물은 19세기 프랑스의 로마 가톨릭 교부신학자였던 테오도르 드 레뇽(Théodore De Regnon)이었다.[1]

아우구스티누스 이전의 동방과 서방의 삼위일체론

아우구스티누스가 등장하기 이전까지, 즉 테르툴리아누스(Tertullianus), 오리게네스(Origenes), 알렉산더(Alexander von Alexandria), 아타나시오스(Athanasius), 카파도키아의 세 교부들(drei Kappadokische Kirchenväter) 그리고 힐라리우스(Hillarius von Rom)와 암브로시우스(Ambrosius)에 이르기까지 동·서방 교부들의 삼위일체 교리의 이해 방식은 거의 대동소이했다고 볼 수 있다. 여기에 언급한 동방과 서방의 교부들은 모두 세 위격들, 즉 성부, 성자, 성령의 구분으로부터 시작하여 이 세 위격들의 "하나 됨"을 "일

---

1 동방의 삼위일체론과 서방의 삼위일체론의 이해 방식의 차이에 대한 드 레뇽의 구분에 대해서는 본서 제7장을 참고하라.

체"(*unitas*)로 파악했다.[2] 테르툴리아누스가 등장하기 이전에 시리아 안디옥의 주교였던 테오필로스(Theophilus von Antiochien)가 이미 하나님의 "삼위성"(τριάς)에 관하여 언급하였는데, 이때가 기원후 2세기 후반이었다.[3] 서방 신학의 아버지 테르툴리아누스는 양태론을 앞세워 "성부수난설"(Patripassianismus)을 주장하는 프락세아스(Praxeas)에 대항하여 삼위일체론을 전개했다. 그래서 그는 "한 신적 본질의 삼위성"(*Trinitas Unius Divinitatis*), 즉 세 위격들(*tres personae*)을 우선적으로 구분하고 그 세 위격들의 "하나 됨"(*unum*)을 "일체"(*unitas*)라고 가르쳤다.[4] 교부 테르툴리아누스의 삼위일체에 대한 이러한 이해 방식, 즉 "세 위격들"(*tres personae*)을 먼저 구분하고, 그 구분된 세 위격들로부터 시작하여 "하나의 실체"(*una substantia*)로 나아가는 방식은 후에 카파도키아의 세 교부들에 의해 체계화된 동방 삼위일체론의 주도적 이해 방식과 상응한다. 고대 동·서방의 교부들은 거의 예외 없이 일체성을 "한 분"(*Unus*)으로 파악하지 않고, 세 위격들(*tres personae*)의 "하나 됨"(*unum*) 또는 "일치성"으로 파악했다. 세 위격들로부터 시작하여 한 하나님의 본질의 일치성 내지는 통일성으로 전개해 나가는 이러한 삼위일체에 대한 이해 방식은 교리사적으로 보면 당연한 것이었다. 왜냐하면 삼위일체 교리의 발단 자체가 인간의 구원

---

2   차영배, 『개혁교의학, II, 1: 삼위일체론』 (서울: 총신대학교출판부, 1982), 20.
3   게르할더스 보스, 『개혁교의학』 제1권, 108.
4   참고. Tertullianus, *Adversus Praxeam*, 13.

과 관련하여 성자의 신성을 둘러싼 그리스도론 논쟁으로부터 기인했기 때문이다.[5] 그래서 성부와 성자 사이의 동일본질에 대한 강조로부터 삼위일체 교리가 시발했기 때문에 초기 교회의 삼위일체론은 삼위의 복수성, 즉 세 위격들로부터 시작하지 않을 수 없었다.[6]

삼위일체론에 대한 아우구스티누스의 이해

그러나 서방의 교부 아우구스티누스는 자기 이전의 삼위일체론 속에서 "종속론"의 위험성을 보았다. 왜냐하면 고대 동·서방의 교부들은 삼위 내에서 "신성의 근원"(*fons deitatis*)을 아버지, 곧 성부의 위격으로 이해했고, 신성의 근원(원천)인 성부로부터 성자의 영원한 "출생"(*generatio*)과 성령의 영원한 "발출"(*processio*)을 가르침으로써, 신성의 근원과 관련하여 성자와 성령에 대한 성부의 유일한 "모나르키아"(μοναρχία) 즉 유일한 "전제군주적 지배"를 강조했기 때문이다. 아우구스티누스는 삼위, 즉 세 위격들의 내(재)적 구성과 관련한 이러한 동방 교부들의 가르침 속에서 종속론의 흔적을 목도했다. 따라서 이에 맞서 아우구스티누스는 한 분 하나님의 "본질"을 강조하고 그것으로부터 세 위격들의 구분을 설명함으로써 삼위일체 교리와 관련하여 종속론의 위험성을 제거하고자 했

---

5   차영배, 『개혁교의학, II, 1: 삼위일체론』, 20.
6   차영배, 『개혁교의학, II, 1: 삼위일체론』, 20.

160
송영의 삼위일체론

다.[7] 이러한 아우구스티누스의 삼위일체론의 이해 방식, 즉 한 분 하나님의 "본질"(*essentia*) 내지는 "실체"(*substantia*)로부터 시작하여 "세 위격들"(*tres personae*)의 위계 없는 동등한 구분을 강조하는 이러한 이해 방식은 아우구스티누스 이래로 서방 안에서 삼위일체 교리의 주도적 이해 방식으로 자리 잡게 되었다.

아우구스티누스 이래로 동방과 서방의 삼위일체 교리의 이해 방식의 차이

1) 동방의 삼위일체론:
세 위격들은 하나다, 한 분이 아니라!

세 위격들(τρεῖς ὑποστάσεις) → 한 본질(μία οὐσία)

상기의 공식은 동방의 위대한 교부들인 카파도키아의 세 명의 교부들, 즉 카이사레아의 바실리오스, 니사의 그레고리오스, 나지안조스의 그레고리오스에 의해 정교한 형식으로 정립되었다. 신약성경에서 증언하는 성부와 성자와 성령이 이루어가는 "구원 경륜"으로부터 출발하여, "세 위격들"(τρεῖς ὑποστάσεις, *tres personae*)이 어떻게 "하나 됨"(ἕν, *unum*, *unitas*) 즉 "하나의 본질"(μία οὐσία)을 이루는가를 해명하고자 하는 것이야말로 동방의 삼위일체 교리의 주

---

7   차영배, 『개혁교의학, II, 1: 삼위일체론』, 20.

도적 특징이라고 할 수 있다. 세 위격의 구분을 먼저 강조하고 그 구분된 삼위들 상호 간의 "사귐" 및 "연합" 또는 "하나 됨"을 강조하는 동방의 삼위일체에 대한 이해 방식은 세 위격들의 "상호관계성" 즉 "사회성" 내지는 "공동체성"을 강조하기 때문에 위르겐 몰트만, 볼프하르트 판넨베르크, 발터 카스퍼, 레오나르도 보프, 마르 오스타티오스(Geevarghese Mar Ostathios), 존 지지울라스와 같은 신학자들에 의해 "사회적 삼위일체론"(Die soziale Trinitätslehre)이라고 명명되기도 하였다. 그래서 이들은 카파도키아 교부들로 대변되는 삼위 상호 간의 관계성을 강조하는 동방의 삼위일체론의 전통을 오늘날의 신학적 정황 속에서 새롭게 활성화시킴으로써 현대 "삼위일체 신학의 르네상스"를 주도하는 데 공헌하였다.

그러나 이러한 삼위일체에 대한 동방의 이해 방식을 서방은 "종속론"이라고 비판하였다.[8] 왜냐하면 카파도키아의 교부들로 대변되는 동방의 삼위일체론은 신성의 근원 또는 원천을 서방처럼 한 분 하나님의 본질에 설정하지 않고 성부의 위격에 설정하기 때문이다. 카파도키아의 세 교부 가운데 한 명인 나지안조스의 그레고리오스에 따르면 성부는 신성의 "근원이 없는 근원"(ursprunglose Ursprung)이시며 "원리가 없는 원리"(*principium sine principio*)이시다. 그러기에 "비출생성"(ἀγεννησία)을 소유하고 계시며 "신성의 원천"(πηγὴ θεότητος, *fons deitatis*)이시다. 이러한 성부의 비출생성을 바실리오스는 "성부 됨"(성부성, πατρότης, *paternitas*)이라고도 부

---

8   참조. 헤르만 바빙크, 『개혁교의학』, 제2권, 399.

른다. 나지안조스의 그레고리오스에 따르면, 성자는 신성의 원천이신 성부로부터 영원히 "출생"(γέννησις, generatio)하신 분이시다. 바실리오스는 이러한 성자의 "출생성"(generatio)을 "성자 됨"(성자성, υἱότης, filiatio)이라고도 부른다. 그래서 성자는 출생의 방식으로 성부가 가진 신성의 본질을 성부와 함께 공유한다. 그러므로 성자는 성부의 "본질"(οὐσία)을 성부와 함께 공유하심으로 성부와 동일본질(ὁμοούσιος)이시다. 나지안조스의 그레고리오스에 따르면, 성령은 신성의 원천이신 성부로부터 영원히 "발출"(ἐκπρευσις, processio)하는 분이시다.[9] 바실리오스는 이러한 성령의 "발출성"을 "성령됨"(성령성, spiratio)이라고도 불렀으며 또한 성령을 "거룩하게 하는 능력"(ἁγιαστκὴ δύναμις), 즉 "성화의 능력"이라고 불렀다.[10] 그래서 성령은 발출의 방식으로 성부가 가진 신성의 본질을 성부와 함께 공유한다. 그러므로 성령 또한 성부의 본질을 성부와 함께 공유하심으로 성부와 "동일본질"(ὁμοούσιος)이시다. 성자는 성부로부터 출생의 방식으로, 그리고 성령은 성부로부터 발출의 방식으로 각각 성부가 가진 신성의 본질을 함께 공유하므로 성부와 성자와 성령은 동일한 본질을 소유하신 동일하신 하나님, 곧 한 하나님이시다. 이것이 바로 나지안조스의 그레고리오스와 카이사레아의 바실리오스에 의해서 대변된 삼위일체의 "내(재)적 구성"에 관한 동방

---

9   Gregory of Nazianzus, *Oratio catechetica magna*, 25, 16; 26, 19; 29, 2, NPNF 2nd Series, vol. VII.

10 Basil, *De Spiritu Sancto*, 18, 46, NPNF 2nd Series, vol. VIII; Basil, *Epistulae*, 214, 4.

교회의 교리다. 그런데 동방 신학의 입장에 서게 되면 성부로부터의 성자의 출생과 성령의 발출을 말하게 되고, 그렇게 되면 삼위일체의 내(재)적 구성에 있어 성부의 "모나르키아"(μοναρχία) 즉 성부의 "전제군주적 지배권"을 인정하지 않을 수 없게 된다. 이 경우 성부에 대한 성자와 성령의 종속을 피할 수 없게 되는 것이다. 그래서 서방의 교부 아우구스티누스는 이러한 동방의 삼위일체의 이해 방식 속에서 종속론의 위험성을 목도했다.[11] 그렇다면 성부의 모나르키아에 대한 동방의 강조는 종속론의 한 표현인가? 우리는 이러한 문제에 대한 고민을 흥미롭게도 나지안조스의 그레고리오스에게서 발견하게 된다.

> 나는 성부를 가장 크신 분으로 찬양하기를 원한다. 성부로부터 성자와 성령의 두 위격이 동등성을 취하고 동시에 그들의 존재를 부여받는다. 그럼에도 불구하고…나는 원리 되시는 성부를 찬양할 때 오히려 성부를 해하게 되지 않을까 두렵다. 왜냐하면 원리 되시는 분에 대한 영광은 그 분으로 말미암아 비롯되는 두 분을 폄하하는 데 있지 않기 때문이다.[12]

그래서 나지안조스의 그레고리오스는 "신성에는 우월하거나 열등한 것이 없다"는 사실을 강조하면서, 성부가 신성의 유일한 원천이라고 할지라도 그들이 공유하고 있는 동일한 신성 즉 동일본

---

11   참조. 헤르만 바빙크, 『개혁교의학』, 제2권, 399.
12   Gregorius Theologus, *In sanctum baptisma*, Ortio, XI, 43, PG, 36, 419B.

질로 인하여 성부와 성자와 성령은 동일한 하나님이라는 사실을 거듭 강조함으로써 종속론을 배척했다. 그러면서도 그레고리오스는 다음과 같이 말한다. "삼위는 바로 성부의 모나르키아로 인해 하나님이다."[13] 이러한 그레고리오스의 진술은 신성의 출처와 관련하여 성자와 성령에 대한 성부의 모나르키아를 보존하면서도 또한 어떻게 종속론을 극복할 것인가의 문제에 대한 그의 깊은 신학적 고민을 엿보게 하는 대목이다.

2) 서방의 삼위일체론:
하나의 본질을 소유하신 한 분 하나님이 세 위격들로 존재한다

하나의 본질(*una essentia*[*substantia*]) → 세 위격들(*tres personae*)

상기의 공식은 아우구스티누스에 의해서 개진되었고 토마스 아퀴나스에 의해 정교하게 구성되어, 오늘날에 이르기까지 서방의 삼위일체론 이해에 주도적 흐름을 형성하였다.

한 분 하나님의 유일한 본질을 전제하고, 그 한 분 하나님의 본질이 어떻게 세 위격들로 존재하는가를 해명하려고 하는 것이야말로 아우구스티누스 이래로 서방의 삼위일체 교리의 주도적 특징이었다고 할 수 있다. 여기서 강조되는 것은 한 분 하나님의 유일한 "본질"(*essentia*) 내지는 "실체"(*substantia*)다. 이 한 분 하나님

---

13 Gregorius Theologus, *In sanctum baptisma*, Ortio, XI, 41, PG, 417B.

의 유일한 본질이야말로 세 위격들이 공동으로 근거하고 있는 "신성의 원천"(fons deitatis)이라는 것이다. 그래서 서방의 삼위일체론은 아우구스티누스의 전통을 따라 하나의 본질을 소유하신 한 분유일하신 하나님이 세 위격들로 존재한다고 가르쳤다. 여기서 한분 하나님의 본질을 세 위격에 앞서 강조하다 보니 너무나 자주 세위격들은 한 분 하나님의 본질의 "모두스"(modus), 즉 "양태"(樣態)로 이해되었다.[14] 그래서 동방은 삼위일체에 대한 이러한 서방의이해 방식 속에서 "양태론"의 위험성을 보았다. 서방은 "니케아 공의회"와 "콘스탄티노플 공의회"의 삼위일체론을 아우구스티누스의 이해 방식 위에 해석함으로써 동방적인 종속론의 위험성을 피할 수는 있었으나 그것으로 인하여 양태론의 위험성에 노출되었다. 아우구스티누스는 한 분 하나님의 "본질" 내지는 "실체"로부터 시작하여 삼위의 구별을 인간학적·심리학적 유비와 더불어 설명했다. 즉 그는 인간의 영혼의 삼중적인 구조를 "기억"(memoria), "지성"(intellectus), "의지"(voluntas)로 구분하고, 성부를 "기억"으로, 성자를 "지성"으로, 그리고 성령을 "의지"로 묘사했다.[15] 그래서 로마 가톨릭교회의 신학자 미하엘 슈마우스(Michael Schmaus, 1897-1993)가 이러한 아우구스티누스의 삼위일체론을 "심리학적

---

14 Théodore de Regnon, *Etudes de theologie positive sur la Sainte Trinite*, Paris 1893, 365; Paul M. Collins, "The Latins think of personality as a mode of nature", *Trinitarian Theology: West and East, Karl Barth and the Cappadocian Fathers and John Zizioulas*, 117을 따라 재인용.
15 Augustinus, *De trinitate*, X, 11, 17-18.

송영의 삼위일체론

삼위일체론"(psychologische Trinitätslehre)이라고 명명한 이후 오늘날까지 그렇게 불리고 있다.[16] 삼위일체에 대한 아우구스티누스의 "심리학적 유비"는 훗날 그리고 오늘날에 이르기까지 동방에서 그리고 심지어 서방에서도 많은 비판을 받아왔다. 성부와 성자와 성령을 인간 영혼의 삼중적 구조에 유비시키는 이러한 아우구스티누스의 설명 방식은 결코 양태론을 주장하려는 의도에 의해서 시도된 것은 아니라고 할지라도 삼위일체론을 양태론의 위험성에 노출시킨다고 비판받았다.[17] 아우구스티누스는 종속론에 대항하여 하나님의 본질의 "단일성"을 강조했다. 그래서 아우구스티누스는 한 분 하나님의 본질의 단일성(Einheit)을 강조한 나머지 다음과 같이 말한다. "세 위격을 말하는 것은 말하고자 함이 아니라 침묵하지 않기 위함이다."[18] 그러다 보니 게르할더스 보스가 예리하게 지적한 것처럼, 아우구스티누스는 자신의 의도와 상관없이 "사벨리우스주의"(Sabellianismus)의 경계선상에서 배회하곤 했다.[19] 이러한 양태론적 위험성 때문에 중세 교부인, 안셀무스(Anselmus von Canterbury), 칼뱅과 멜란히톤 같은 종교개혁자들 케커만(Bartholomäus Keckermann, 1572-1608),[20] 히페리우스(A. Hyperius), 잔키우스(H. Zanchius), 왈레누스(A. Walaenus), 폴리

---

16 참조. Jürgen Moltmann, *In der Geschichte des dreieinigen Gottes* (München: Kaiser, 1997), 11.
17 게르할더스 보스, 『개혁교의학』, 제1권, 122.
18 게르할더스 보스, 『개혁교의학』, 제1권, 122.
19 게르할더스 보스, 『개혁교의학』, 제1권, 122.
20 게르할더스 보스, 『개혁교의학』, 제1권, 122.

안더(J. Polyander) 등과 같은 개혁파 정통주의자들과, 게르하르트 (J. Gerhard), 홀라츠(D. Hollaz), 크벤슈테트(A. Quenstedt) 같은 루 터파 정통주의자들, 그리고 19세기의 개혁신학자인 에두아르트 뵐 (Eduard Böhl)도 삼위일체에 대하여 "유비"(analogia)를 사용하여 설명하고자 하는 아우구스티누스의 시도를 반대하였고 그것으로 부터 돌아섰다.[21]

삼위일체론에 대한 동방과 서방의 이해 방식은 양자택일의 문제가 아니다

우리가 삼위일체에 대한 동방의 관점을 채택할 경우 양태론의 위 험성은 원천적으로 봉쇄할 수 있으나 종속론의 위험성에 노출되게 된다. 반면에 우리가 삼위일체에 대한 서방의 관점을 채택할 경우 종속론의 위험성은 원천적으로 봉쇄할 수 있으나 양태론의 위험성 에 노출되게 된다. 그렇지만 여기서 명백하게 깨달아야만 하는 것 은 카파도키아의 세 교부들을 따르는 동방의 삼위일체론이 종속 론을 정당화시키기 위하여 신성의 유일한 원천을 성부라고 주장 한 것이 아니며, 아우구스티누스 교부를 따르는 서방의 삼위일체 론 또한 양태론을 정당화시키기 위하여 한 분 하나님의 유일한 본 질을 신성의 원천이라고 주장한 것이 아니라는 점이다. 동방과 서 방의 교부들은 종속론과 양태론을 배격하는 일에 모두 이견이 없

---

21 헤르만 바빙크, 『개혁교의학』, 제2권, 415.

송영의 삼위일체론

었으며 이 점에서 철저하게 뜻이 같았다는 사실을 결코 잊어서는 안 된다.[22] 신학적으로 명백하게 정의되면서 동시에 삼위일체의 신비를 완벽하게 해설하는 삼위일체론을 정립한다는 것은 불가능하다.[23] 동방과 서방의 교부들은 이러한 사실을 잘 인지하고 있었다. 그러므로 삼위일체론을 위해 동·서방의 교부들이 사용한 여러 가지 철학적 개념들은 삼위일체의 신비를 설명하기 위한 것들이 아니라 삼위일체의 존재와 구원의 신비를 보존하기 위한 보조적 수단들이었다.

프랑스 파리에서 활동했던 20세기 러시아 정교회의 신학자 블라디미르 로스키도 동방과 서방의 삼위일체론은 그중 어느 하나를 택일해야 하는 문제가 아니라 상보적인 문제라고 지적한다. 로스키에 따르면, 삼위일체의 신비를 이해함에 있어 하나의 본질에서 출발하여 세 위격에 도달하는 서방의 방식이나 세 위격들로부터 시작하여 하나의 본질에 도달하는 동방의 방식 모두 서방과 동방이 분열되기 이전의 공교회가 고백했던 삼위일체에 대한 공동의 고백이었다.[24] 이것과 관련하여 로스키는 동방에서 "삼위일체의 시인"(Poeta trinitatis)이라 불렸으며 "신학자"(Theologus)라는 명예로운 호칭으로 칭송받았던 카파도키아의 위대한 교부 나지안조스의 그레고리오스를 인용한다.

---

22 W. Joest, *Dogmatik,* I, 322; 참조. 헤르만 바빙크, 『개혁교의학』, 제2권, 398.
23 W. Joest, *Dogmatik,* I, 322.
24 블라디미르 로스키, 『동방교회의 신비신학에 대하여』 (서울: 한국장로교회출판사, 2003), 72.

내가 하나님에 대해 이야기 할 때 **하나**의 빛 안에 그리고 동시에 **세 개**의 빛 안에 잠기게 됨을 느끼게 될 것이다. 나는 고유한 특성 혹은 **개별 실체** 혹은 **위격**으로는 셋을 말한다. 나는 본질, 즉 **신성**과 관련지어서는 **하나**를 말한다.…셋으로 존재하는 하나, 그것이 바로 신성이다. "하나 안에 있는 셋"으로 나는 신성이 거하는 셋, 아니 보다 더 정확하게 말한다면 셋 모두가 신성인 셋을 말한다.[25]

세 분[세 위격]은 신성에 있어서는 **하나**이고, 이 **하나**는 위격으로는 **세 분**이다. 이렇게 해서 우리는 사벨리우스의 단일성의 오류와 현재의 가증스러운 이단들(아리우스와 그의 추종자들)이 주장하는 삼중성의 오류를 피하게 되는 것이다.[26]

로스키가 삼위일체를 사유함에 있어 삼위일체의 시인이자 신학자라고 불리는 그레고리오스를 인용하면서 논증하고자 했던 것은 세 위격들로부터 하나의 본질로 나아가는 동방의 사유 방식과 하나의 본질로부터 세 위격들로 나아가는 서방의 사고방식이 양자택일의 문제가 아니라는 것이다.

---

25 Gregorius Theologus, *In sancta lumina*, Oratio, XXXIX, PG, 36, 345CD. Lossky,『동방교회의 신비신학에 대하여』, 72를 따라 재인용. 볼드체는 필자의 강조.
26 Gregorius Theologus, *Oratio*, XXX (Theologica, V), 9, PG, 36, 144. 블라디미르 로스키,『동방교회의 신비신학에 대하여』, 73을 따라 재인용. 볼드체는 필자의 강조.

송영의 삼위일체론

종속론에 대항한 페리코레시스

동방의 교부들은 종속론에 대항하여 세 위격들의 "동일성"(*aequal-itas*, Gleichförmigkeit)[27]과 그 동일성을 가진 위격들의 "상호 간의 내주"(*circuminsessio: inexistentia mutua*, wederzijdisch inzijn) 또는 "상호 간의 침투"(*circumincessio*), 즉 "상호 간의 내향적 순환"(een soort inwendige circumlatje der Godheid)을 의미하는 "페리코레시스"(περιχώρησις)라는 용어와 더불어 세 위격의 동등성과 통일성, 곧 하나 됨을 굳건히 견지했다.[28] 원래 그리스어 명사 "페리코레시스"(περιχώρησις)는 "회오리"(돌개바람) 혹은 "빙빙 돌기"(회전)라는 의미이며, 동사 "페리코레오"(περιχωρέω) 또는 "페리코로이오"(περιχωρεύω)는 "빙빙 돌다", "빙빙 돌며 춤추다", "순환하다", "껴안다", "포용하다"라는 의미로 번역될 수 있는 말이다.[29] 그래서 동방의 교부들은 이러한 페리코레시스 개념과 더불어 세 위격들의 "하나 됨"을 그들 사이의 "상호 사귐", "상호 침투" 그리고 "상호 내주" 등으로 설명했다.[30] 세 위격들은 비록 구분된다고 할지라도, 서로 간에 폐쇄된 존재로 마주 서 있는 것이 아니라 페리코레시스적인 상호 간의 순환 운동을 통하여 서로에게 침투한다. 그 결과 그

---

27 W. Joest, *Dogmatik*, I, 323.
28 게르할더스 보스, 『개혁교의학』, 제1권, 116; 참조. 헤르만 바빙크, 『개혁교의학』, 제2권, 398.
29 J. Moltmann, *Erfahrungen theologischer Denkens*, 277.
30 J. Moltmann, *Weiter Raum*, 276.

들 각자 속에 다른 위격들이 내주하며 상호 의존 관계 속에서 공동의 삶을 영위하고 안식한다. 그래서 예수께서는 "아버지여, 아버지가 내 안에, 내가 아버지 안에 있는 것처럼 …"(요 17:21, 참조. 요 14:11; 14:20)이라고 기도하셨다.[31]

그러므로 세 위격의 "페리코레시스적인 하나 됨"(perichoretische Einigkeit)에 대한 동방 교부들의 가르침은 두 가지 의미로 요약될 수 있다. 첫째, 상호 간의 "빙빙 도는 춤" 즉 "원무"(圓舞)로서의 역동적 운동의 의미로서, 그리고 둘째는 서로가 상대 안에서의 "상호 휴식"의 의미로서 요약될 수 있다.[32] 그래서 독일 개혁교회 소속의 신학자 위르겐 몰트만은 고대 동방 교부들의 세 위격의 페리코레시스적인 하나 됨을 다른 위격 안에 있는 한 위격의 친밀하고 완벽한 내주(intima et perfecta inhabitatio unius personae in alia)[33]뿐만 아니라 상호 간에 내주하는 위격들 사이의 완전하고 강력한 공감의 과정, 그리고 각 위격들이 소유한 "능력들"(Energien)의 상호 교환을 통한 영원한 신적인 생명의 순환으로 파악함으로서 자신의 "사회적 삼위일체론"의 핵심 개념으로 삼았다.[34] 몰트만은 페리코레시스 개념과 더불어 성부와 성자와 성령의 하나 됨을 세 위격들 사

---

31 W. Joest, *Dogmatik*, I, 322.

32 J. Moltmann, *Erfahrungen theologischen Denkens*, 278; 참조. Daniel Munteanu, *Der tröstende Geist der Liebe. Zu einer ökumenischen Lehre vom Heiligen Geist über die trinitarischen Theologien J. Moltmanns und D. Staniloaes* (Neukirchener, 2003), 96.

33 J. Moltmann, *Trinität und Reich Gottes*, 191.

34 J. Moltmann, *Trinität und Reich Gottes*, 191.

이의 생명과 사랑의 교제로서 해석하고 그것과 더불어 삼위의 공동체성을 강조함으로써 사회적 삼위일체론의 기초를 세울 수 있었다.[35]

페리코레시스라는 용어가 카파도키아의 세 교부들의 신학 속에 이름을 따라서는 명시적으로 발견되지 않는다고 할지라도 내용을 따라 사상적으로는 명백하게 발견된다. 니사의 그레고리오스에 따르면, 세 위격은 동일한 본질을 가지고 있으므로 성부 안에 성자가 항상 계시고 성자 안에 성령이 항상 계신다. 니사의 그레고리오스는 한 위격이 자신의 독자성과 정체성을 훼손시키지 않고 다른 위격들 속에 항상 계시지만, 세 위격들이 동일한 본질이므로 한 하나님이시라고 힘주어 강조한다.[36] 그렇게 함으로써 니사의 그레고리오스는 하나님의 위격의 개별성을 훼손시키지 않으면서 삼위의 하나 됨, 즉 공동체성 내지는 사회성을 함께 강조할 수 있었다.

페리코레시스라는 단어를 명시적으로 사용하여 세 위격들 상호 간의 연합과 일치를 설명한 동방의 교부는 다마스쿠스의 요한(Johannes Damascenus)이다. 다마스쿠스의 요한은 페리코레시스와 더불어 세 위격들, 즉 성부와 성자와 성령의 혼합이나 혼동이 없는 "상호 침투"(circumincessio) 내지는 "상호 내주"(circuminsessio)를 강조함으로써 삼위의 하나 됨을 설명했다. 상호 침투는 세 위격들의 일치성을 묘사하는 페리코레시스의 운동적인 국면을 강조한

---

35 J. Moltmann, *Gott in der Schöpfung*, S. 30.

36 Gregorius Nyssenus, *Contra Eunomium*, II, 2.

번역이라면, 상호 내주는 페리코레시스의 공간적인 국면을 강조한 번역이다.[37] 세 위격들은 상호 간의 내향적 운동(*actio ad intra*)을 통하여 각각의 위격들 속으로 상호 침투할 뿐만 아니라 세 위격들은 서로 간에 머무를 수 있는 넓은 공간(weiter Raum)이 되어 줌으로써 서로의 위격들 속에서 내주(*inhabitatio*)하며 영원히 안식한다.[38] 다마스쿠스의 요한은 다음과 같이 말한다.

---

37 페리코레시스는 "상호 침투"(*circumincessio*)를 의미하는 "치르쿰인체시오"(*circumincessio*) 또는 상호 내주를 의미하는 "치르쿰인세시오"(*circuminsessio*), 이 두 가지로 번역이 가능하다. 페리코레시스를 상호 침투로 번역한 중세 교부는 보나벤투라(Bonaventura)였고, 상호 내주로 번역한 중세 교부는 토마스 아퀴나스였다(A. Deneffe, "Perichoresis, circumincessio, circuminsessio. Eine terminologische Untersuchung", in: *Zeitschrift für katholische Theologie* 47/1923, S. 497-532). 보나벤투라의 "상호 침투"라는 번역은 세 위격들 상호 간의 일치성이 지닌 매우 역동적이고 생동적이며 운동적인 성격을 부각시킨 번역이라면, 아퀴나스의 "상호 내주"라는 번역은 세 위격 상호 간의 일치성이 지닌 공간적인 성격과 안식(휴식)의 성격을 부각시킨 번역이다. W. Kern und Yves Congar, "Geist und Heiliger Geist" in: *Christlicher Glaube in moderner Gesellschaft*, F. Boeckle/F. X. Kaufmann u.a. Hrsg., (Freiburg, 1982), 109; Dong-Young Lee, *Der dreieinige Gott und seine Gesellschaft* (Kamen: Hartmut Spenner, 2013), 220.

38 페리코레시스가 세 위격들의 서로를 향한 내향적 운동을 통한 상호 침투와 상호 간의 내주를 표현하는 말이라면, 페리코레시스적인 상호 침투와 상호 내주 가운데 있는 세 위격들의 외향적인 상호 운동을 표현하는 말이 우리말로 "상호 표출"이라고 번역될 수 있는 "치르쿰-마니페스타치오"(*circum-manifestatio*)다. 상호 표출 교리에 따르면 삼위일체의 영광은 세 위격들의 상호 표출을 통하여 현시된다. 성부는 영원히 영광의 아버지이시고(엡 1:17), 성자는 영광의 광채이시며(히 1:3), 성령은 영광의 영이시다(벧전 4:14). 성부와 성자와 성령은 내향적 운동 가운데서 안을 향한 페리코레시스적인 상호 침투와 상호 내주 가운데 계시므로, 또한 외향적 운동 가운데서 밖을 향하여 치르쿰-마니페스타치오(상호 표출) 가운데서 성부는 성자와 성령의 영광을 표출하시고, 성자는 성부와 성령의 영광을 표출하시며, 성령은 성부와 성령의 영광을 표출하신다. 세 신적인 위격들은 각각의 위격들 속에서 서로를 위하여 서로를 비추시고 서로를 빛나게 하신다(Vladimir Lossky, "The Procession of the Holy Spirit in Orthodox Trinitarian Doctrine", in: *In the Image and Likeness of God* [New

위격들은 서로 혼합되기 위해서가 아니라 서로가 서로를 지탱하기 위해서 하나로 연합되어 있다. 그래서 세 위격들 안에 어떤 혼합이나 혼란 없이 하나의 **페리코레시스**가 존재한다. 이로 인해 세 위격들은 아리우스 이단들의 주장과는 반대로 그 실재에 있어 분리되지도 나누어지지도 않는다.[39]

다마스쿠스의 요한은 세 위격들을 서로가 서로를 포함하는 세 개의 태양이라 불렀으며, 세 개의 태양이 내밀한 상호 침투를 통해 오직 하나의 빛을 발하는 듯이 삼위는 하나 됨, 곧 하나의 신성을 소유하고 있다고 가르쳤다.[40]

양태론에 대항한 아프로프리아치오

서방의 교부들 또한 양태론에 대항하여 "창조", 구속(구원), 성화의 사역에 있어 세 위격들 각자의 고유한 "전유"(또는 점유[占有], *appropriatio*)를 강조하는 "아프로프리아치오" 교리(Appropriations-lehre), 즉 "전유(專有) 교리"와 더불어 세 위격들의 "개별성"과 "독

York : St. Vladimir's Theological Seminary Press, 1974], S. 71). 그러므로 세 위격들의 광휘 속에서 그리고 세 위격들의 영원한 아름다움 속에서 삼위일체 하나님의 영광이 존재한다 (J. Moltmann, *Das Kommen Gottes*, 348).

39 Johannes Damascenus, *De fide orthodoxa*, I, 8, PG, 94, 829. 볼드체는 필자의 강조.

40 Johannes Damascenus, *De fide orthodoxa*, I, 8, PG, 94, 829.

자성"을 굳건히 함으로써 세 위격들에 대한 "실재적인 구분"을 견지했다.[41] "전유 교리"에 따르면 창조의 사역이 삼위의 "공동 사역"이라고 할지라도 성부는 "창조의 사역"을 전유하시고, 구속의 사역이 삼위의 공동의 사역이라고 할지라도 성자는 "구속의 사역"을 전유하시며, 성화의 사역이 삼위의 공동 사역이라고 할지라도 성령은 "성화의 사역"을 전유하신다.[42] 그래서 전유 교리를 따라 서방의 교부들은 성부 하나님을 "창조주"(Creator)로, 성자 하나님을 "구속주"(Redemptor)로, 성령 하나님을 "성화주"(Sanctificator)라고 불렀다.[43] 여기서 아우구스티누스가 한 분 하나님의 본질의 단일성을 강조하고 그 본질의 단일성으로부터 세 위격으로 나아간 것이 사실이지만, 그럼에도 불구하고 그가 성부를 "신성의 원천"이라고 명시적으로 가르쳤다는 사실도 간과하지 말아야 할 것이다.[44] 그리고 그가 본질의 단일성을 강조한 것은 사실이지만 그렇다고 해서 본질이 신성의 원천이라고 명시적으로 말한 적은 없다는 사실 또한 잊지 말아야 할 것이다.[45] 아우구스티누스는 자신의 저서 어디에서도 본질의 단일성으로부터 성부와 성자와 성령이 유출되었다고 가르치지 않는다. 아우구스티누스는 자신의 삼위일체론에서 성자가 성부와 동일하시고 동등하신 하나님이기 때문에 양자의 "본

---

41 W. Joest, *Dogmatik,* I, 323.

42 Dong-Young Lee, *Der dreieinige Gott und seine Gesellschaft,* 221.

43 J. Moltmann, *Trinität und Reich Gottes,* 112.

44 Augustinus, *De Trinitate,* IV, 20. 차영배, 『개혁교의학, II, 1: 삼위일체론』, 21을 따라 재인용.

45 차영배, 『개혁교의학, II, 1: 삼위일체론』, 21.

질"(*essentia*)이 동일하다는 사상을 자주 피력한다.[46] 아우구스티누스에 따르면, 성부는 그 누구에게도 속하지 아니하셨고 나오시지도 않으시며 그 누구로 말미암지도 않으시는 분이시다.[47]

동방에서 삼위일체의 시인이라 칭송되었던 나지안조스의 그레고리오스는 자신의 세례에 관한 묵상 속에서 시작하여 삼위의 하나 됨, 곧 일치성으로 나아가는 동방적 사유 방식과 본질의 단일성으로부터 삼위로 나아가는 서방적 사유 방식이 양자택일의 사유가 아님을 고백한다. 그의 말을 직접 들어보자.

> 내가 삼위 하나님의 **하나 됨**에 대하여 생각하기 시작할 때, **삼위**의 하나님께서는 자신의 찬란한 영광 속으로 나를 휘감고 들어가셨다. 또한 내가 **삼위**의 하나님에 관해서 생각하기 시작했을 때, **하나**이신 하나님께서는 자신의 찬란한 영광으로 다시 나를 사로잡으셨다. 세 위격들 중 한 분이 나타나셨을 때, 나의 눈은 충만해져서 다른 것들은 사라져 버렸기에 나는 그분이 전부라고 생각했다.…내가 온 힘을 다해 세 분을 연합시켰을 때, 나는 단 하나의 불꽃을 보았고, 하나가 된 그 불꽃을 나누거나 분리할 수 없었다.[48]

---

46 Augustinus, *De Trinitate*, I, 4, 7; II, 11, 20; III, 11, 26; V, 3, 4; VI, 1, 1; VII, 5, 8; IX, 1, 1. (차영배, 『개혁교의학, II, 1: 삼위일체론』, 21을 따라 재인용.)

47 Augustinus, *De Trinitate*, IV, 20, 28. (차영배, 『개혁교의학, II, 1: 삼위일체론』, 22를 따라 재인용).

48 In sanctum baptisma, *Oratio*, XL, 41, PG, t. 36, col. 417BC. 나지안조스의 그레고리오스의 하나님의 삼위성과 단일성의 상호 관계성에 대한 진술은 칼뱅이 자신의 『기독교 강요』에서도 인용한 유명한 구절이다. J. Calvin, *Inst.*, I, 13, 17. 볼드체는 필자

하나 됨의 영광을 사유했을 때 삼위의 영광에 휩싸이고, 삼위의 영광을 생각했을 때 하나 됨의 영광에 휩싸인다는 그레고리오스의 고백은 삼위일체에 대한 동방과 서방의 사유가 양자택일의 문제가 아님을 보여주고 있다. 그러므로 우리는 동방을 따라 삼위로부터 본질의 하나 됨, 곧 일치성으로 나아가야 하지만, 역으로 서방을 따라 본질의 단일성으로부터 삼위로 나아와야만 한다. 동방과 서방의 삼위일체론의 이해 방식은 역동적인 상호관계 속에서 상보적으로 이해되어야만 하는 것이다. 왜냐하면 지극한 삼위일체의 신비 가운데서 하나님의 위격의 삼위성과 본질의 일치성, 즉 하나 됨은 양자 중 어느 쪽도 다른 한 쪽을 앞서지 아니하며 동시에 함께 존재하기 때문이다.[49] 본질의 하나 됨을 위하여 삼위를 희생시키지 않고, 삼위의 구별을 위하며 본질의 하나 됨을 희생시키지 않는 것이야말로 삼위일체를 올바르게 이해하는 첩경인 것이다.[50] 그래서 아타나시오스는 알렉산드리아의 디오니시오스(Dionysius von Alexandria)를 따라 다음과 같이 말할 수 있었다.

우리는 나누지 않고 통일성을 삼위로 확장시킨다. 그리고 동시에 우리는 삼위를 축소시키지 않고 통일성 속에 요약한다.[51]

의 강조.

49 블라디미르 로스키, 『동방교회의 신비신학에 대하여』, 80.
50 차영배, 『개혁교의학, II, 1: 삼위일체론』, 237.
51 Athanasius, *De sententia Dionysii*, 17, PG, 25, 505A.

삼위일체론에 대한 탁월한 저서를 남긴 한국의 개혁신학자 차영배는 자신의 삼위일체론을 정립함에 있어서 다음과 같은 "원리"를 천명한다.

삼위일체는 성부가 그 (신성의) 원천임을 간과하지 않으면서 삼위의 본질이 단일함을 그 원리로 삼고자 한다.[52]

차영배의 이러한 진술은 실로 예리한 통찰이 아닐 수 없다. 그는 동방의 교부들을 따라 성부가 신성의 원천임을 간과하지 않으면서 동시에 서방의 교부들을 따라 삼위의 본질의 하나 됨을 그 원리로 삼을 때만 삼위일체에 대한 올바른 이해에 도달할 수 있다고 갈파하고 있다.

만약 위격의 삼위성이 본질의 하나 됨을 앞선다면 종속론 내지는 삼신론을 피할 수 없게 되며, 반면에 본질의 하나 됨이 위격의 삼위성을 앞선다면 양태론을 피할 수 없게 된다. 그러나 삼위일체의 신비 속에 세 위격들과 하나의 본질이 동시에 함께 있으므로, 종속론과 양태론은 결코 용납될 수 없다. 그러므로 우리의 신학적 사유와 기도와 묵상과 송영은 하나님의 삼위성과 일치성(하나 됨) 사이에서 끊임없이 약동해야만 한다. 우리는 본질의 하나 됨 속에 있는 삼위를 찬양하면서, 동시에 삼위 속에 있는 본질의 일치성을 경배함으로써 삼위의 영원한 사랑의 일치성의 신비 속에서 기쁨

---

52 차영배, 『개혁교의학, II, 1: 삼위일체론』, 22.

과 평화와 안식을 누리게 된다. 우리는 삼위일체론과 더불어 유대교와 이슬람교의 전제군주 신론이 추구하는 신적 단일성으로 인하여 초래되는 정치적·종교적·사회적 독단성, 그리스 종교 및 힌두교 등의 다신교적 사유가 초래하는 반윤리적인 디오니소스적 무질서의 혼돈, 그리고 철학적 이신론이 초래하는 이 세상에 대한 허무주의적 무의미성의 예찬과, 종교철학적 범신론이 초래하는 이 세상과 만물에 대한 신격화 또는 우상화의 오류들을 모두 물리치고 그것들을 훌쩍 뛰어넘어서 다양성과 일치성, 내재와 초월 가운데서 약동하는 삼위일체 하나님의 사랑과 구원과 영광의 신비를 침묵 가운데 묵상하며 찬양한다.

결론: 사변이 아니라 경배를!

동방 삼위일체론의 대변자인 카파도키아의 세 교부들과 서방 삼위일체론의 대변자인 교부 아우구스티누스는 성자와 성령의 신성을 거부하고 공격했던 이단들의 공격으로부터 삼위일체적인 존재의 신비와 구원의 신비를 방어하고 보존하기 위한 공동의 과업을 수행했던 공교회의 위대한 교부들이었다.[53] 그러나 양자는 삼위일체의 신비를 보존하기 위한 접근 방식에 있어 각기 구분되는 나름대

---

53 김옥주, "아우구스티누스의 삼위일체론", 『관계 속에 계신 삼위일체 하나님』 (서울: 아바서원, 2015), 53.

로의 독자적인 방식을 취하였다.[54] 카파도키아 교부들은 성자와 성령의 신성을 부인하는 아리우스주의자들과의 투쟁 과정 속에서 삼위일체론을 정립한 반면, 아우구스티누스가 활동하던 시대에는 아리우스주의의 노선을 따르는 이단들에 대항하여 성자와 성령의 신성을 증명하는 것이 카파도키아 교부들의 시대만큼이나 절박한 이슈는 아니었다.[55] 그래서 아우구스티누스의 삼위일체론은 격렬한 논쟁의 과정 속에서 정립되었다기보다는 그의 오랜 사유와 묵상으로부터 정립된 것이라고 할 수 있다.[56]

동방의 교부들과 서방의 교부들은 삼위일체 교리에 대한 각자의 이해 방식을 통해서 삼위 하나님의 "존재의 신비"와 "구원의 신비"를 사변 또는 증명하고자 했던 것이 아니라, 삼위 하나님의 "존재의 신비"와 삼위 하나님께서 우리에게 베풀어주신 "구원의 신비"를 보존하며 찬양하기를 원했다. 이러한 점을 일깨우는 재미있는 전설이 있다. 역사적으로 삼위일체론의 정립에 중요한 공헌을 했던 서방의 위대한 교부 아우구스티누스는 어느 날 삼위일체론에 대한 깊은 사색 가운데서 북아프리카의 해변을 거닐고 있었다. 그런데 그 해변의 모래사장에서 한 어린아이가 모래 장난을 하고 있는 것을 발견하게 되었다. 이 어린아이가 모래사장에 조그만 구멍을 파고 그 구멍 속으로 바닷물을 퍼 담는 것이 아닌가! 그래서 아

---

54 김옥주, 위의 논문, 53.
55 김옥주, 위의 논문, 54.
56 김옥주, 위의 논문, 54.

제12장 동방과 서방의 삼위일체론, 그 이해 방식의 차이

우구스티누스는 그 아이에게 다가가 질문을 한다. "지금 무엇을 하고 있니?" 이 질문에 대한 그 아이의 답변은 실로 황당한 것이었다. 그것은 모래 구멍 속에 바닷물을 몽땅 담고자 한다는 것이다. 어이가 없어진 아우구스티누스는 그 어린아이에게 그러한 행동이 매우 어리석다고 지적했다. 그러자 이 아이는 천사의 모습으로 변하여 아우구스티누스를 떠나면서 말하기를, 삼위일체의 신비를 머리로 이해하려는 것은 작은 구멍 속에 모든 바닷물을 퍼 담으려는 행동보다 더 어리석은 행동이라고 말했다.[57] 그러므로 삼위일체론을 논구하는 우리의 자세는 사변이나 논쟁이 아니라 찬양 곧 송영이며, 경배이며, 묵상이어야만 한다는 사실을 한시도 잊어서는 안 될 것이다.

> 나는 사변하느니 차라리 경배하리라 (P. Melanchthon).
> 중요한 것은 증명이 아니라 찬양이다 (Wolfgang Philipp).
> 영광이 성부와 성자와 성령께,
> 처음과 같이 이제와 항상 영원히 있나이다. 아멘!

---

57 박준양, 『삼위일체론. 그 사랑의 신비에 관하여』(서울: 생활성서, 2008), 22.

부록 | 안드레이 루블레프의 거룩한 삼위일체

이 작품은 러시아의 화가 안드레이 루블레프(Andrei Rublev, 1360/1370-1430)의 1411년 작품인 "거룩한 삼위일체"다. 이 작품은 현재 러시아 모스크바에 소재한 트레티야코프 미술관(Tretyakov Galerie)에 소장되어 있다. 그림을 보면, 원탁에 거룩한 삼위가 앉아 있다. 그들 머리의 구도가 자아내는 상호 간의 친밀함, 그리고 원탁 중앙에 놓여 있는 잔을 가리키는 그들의 상징적인 손짓을 통하여 삼위의 일치성과 하나 됨이 묘사되고 있다. 원탁 중앙에 놓인 잔은 세상의 구원을 위하여 골고다에서 당하실 성자의 수난을 가리킨다. 루블레프는 이 잔을 삼위가 함께 각자의 손가락으로 가리키게 함으로써 성자의 성육신, 사역, 고난, 십자가 사건 등이 성자 단독으로 행한 사역이 아니라 삼위의 구원 협약(*pactum salutis trinitatis*) 및 삼위가 공동으로 행한 사역이라는 사실을 암시한다. 이 작품은 세상의 구원을 위한 성자의 성육신 이전의 순간을 묘사하고 있는데, 루블레프는 아브라함과 사라를 방문했던 세 남자들의 이야기를 담고 있는 창세기 18장으로부터 영감을 받아 착상하였다. 아브라함과 사라는 이 세 명의 남자들을 영접했고 이 세 사람은 사라가 아들을 낳을 것을 예언했는데, 사라는 자신의 많은 나이로 인하여 이 말을 듣고 웃었던 것이다. 히브리서 저자를 따르는 후대의 해석은 아브라함과 사라가 알지 못하는 중에 천사를 영접했다는 것이었고(참조. 히 13:2), 초기 교회의 교부들은 창세기 18장의 본문을 삼위일체 하나님께서 아브라함과 사라를 만나신 것으로 해석했다. 루블레프는 아브라함과 사라를 그림에서 생략하고 단지 세 신적 위격만을 그렸는데, 그림에서 누가 성부이고 누가 성자이며 누가 성령인지를 인식할 수 없도록 의도한 것으로 보인다. 그렇게 함으로써 이 위대한 러시아의 화가는 그릴 수 없는 삼위 하나님의 형상과 세 분의 위계 없는 동등성 및 신비한 페리코레시스적인 하나 됨을 놀라운 방식으로 묘사하고 있다.[1]

---

1   루블레프의 그림을 해설함에 있어서 필자는 J. Moltmann, Erfahrungen theologi-schen Denkens: Wege und Formen Christlicher Theologie(Gütersloh: chr. Kaiser, 1999), 268을 참고하였다.

제 13 장

삼위일체의
내(재)적 구성의 원리에 관한 교리

삼위일체의 내(재)적 구성의 원리에 관한 교리

"삼위일체의 내재적 구성의 원리에 관한 교리"는 카파도키아 교부들, 특히 나지안조스의 그레고리오스에 의해 주도적으로 정립되었고, 그 이후 동방과 서방에서 삼위일체의 내재적 구성의 원리에 대한 공교회의 교리로 받아들여졌다. 이 교리를 본격적으로 다루기 전에 필자가 우선적으로 언급하고 싶은 것이 있다. 앞에서도 누누이 강조했지만 우리는 삼위 하나님을 사변하는 것보다 삼위 하나님을 경배하는 편이 훨씬 더 낫다. 왜냐하면 우리가 삼위일체를 논구하는 까닭은 경배하기 위함이지, 사변하기 위함이 아니기 때문이다. 그렇다! 우리는 경배하기 위하여 사변(사색)하는 것이지, 사변하기 위하여 경배하는 것이 아니다. 우리의 신학적 "이론"과 신학적 "실천"이 공동으로 지향하는 "목표"는 삼위 하나님을 찬양하는 것, 즉 송영(Doxologie, *Gloria*, 영광송)이다. 이러한 사실을 거듭 강조하면서 지금부터 "삼위일체의 내재적 구성의 원리에 관한 교리"를 공부해보고자 한다. "삼위일체의 내재적 구성의 원리에 관한 교리"를 본격적으로 살펴보기 전에 이 교리를 간략하게 정리하면 다음과 같다.

1) 성부는 기원이 없이 스스로 존재하시며 성자와 성령의 기원이시고 이 양자의 "신성의 원천"(*fons deitatis*)이시다.
성부 됨(*paternitas*)-비출생성(ἀγεννησία, *ageneratio*): 성자를 영원히 출생시킴, 곧 낳으심(*generatio activa in aeterna*) 그리고 성령을

발출시킴, 곧 내어 쉼(*spiratio activa*).

성부의 비공유적 속성: 비출생성 혹은 신성의 원천성

2) 성자는 성부로부터 영원히 출생하신 분이다.

성자 됨(*filiatio*)-출생성(*generatio*): 영원한 출생, 곧 나심(*generatio passiva in aeterna*).

성자의 비공유적 속성: 출생성

3) 성령은 성부로부터 영원히 발출하신 분이다.

성령 됨(*spiratio*)-발출성(*spiratio sive processio*): 영원한 발출 곧 나오심(*spiratio sive processio passiva in aeterna*).

성령의 비공유적 속성: 발출성

그렇다면 이제부터 "삼위일체의 내재적 구성의 원리에 관한 교리"를 본격적으로 배워 보도록 하자!

성부, 영원한 신성의 원천이시며 삼위의 통일성의 원리

태초에 이 세상을 창조하신 제1위격의 하나님(*Deus*), 즉 창조주(*Creator*)는 성부(*Pater*)라고 불린다. 성부는 성자와 성령의 영원한 "신성의 원천"(πηγὴ θεότητος)으로서 이 세상이 창조되기 전 영원 속에서 성자를 영원히 낳으시고 성령을 영원히 나오게 하신 분이시다. 특별히 제1위격의 하나님을 성부 곧 아버지라고 부르는 것은 성자 곧 아들과의 관계 속에서 그렇게 명명된다. 그러므로 성부와 성자라는 호칭은 각각 서로가 서로를 전제한다고 할 수 있다.[1] 왜냐하면 아버지는 아들을 전제한 호칭이며 아들은 아버지를 전제한 호칭이기 때문이다. 성부는 그 누구로부터도 출생하거나 발출하신 분이 아니라 스스로 존재하시는 분이다.[2] 그러므로 성부는 누구로부터 출생하신 분이 아니기에 비출생성(ἀγεννησία)을 소유하시고,[3] 성자와 성령의 "기원 없는 기원"(ursprunglose Ursprung)이시며,[4] 영원한 "신성의 원천"(πηγὴ θεότητος, fons deitatis)이시다.[5] 영원한 신성의 원천이신 성부는 성자를 영원히 낳으시고(generatio activa in aeterna), 성령을 영원히 내어쉬신다(spiratio activa in aeterna).[6] 그러므로 성부의 위격은 성자와 성령이 지니신 신성의 원천이며 삼위일체의 일치성과 통일성의 원리다.[7]

성부와 성자와 성령이 하나의 "동일본질"(ὁμοούσιος)을 소유하는 까닭은 신성의 원천인 성부의 위격으로부터 성자는 출생의 방식으로, 그리고 성령은 발출의 방식으로 성부의 신성을 소유하여

---

1   게르할더스 보스, 『개혁교의학』, 제1권, 130.
2   Gregorius Theologus, *Oratio*, 30, 2.
3   Basilius Magnus, *Epistola*, 236, 6; Gregorius Theologus, *Oratio*, 29, 3. 4.
4   Basilius Magnus, *Epistola*, 38, 4; Gregorius Theologus, *Oratio*, 30, 2.
5   Basilius Magnus, *Epistola*, 8, 3; 52, 2; Gregorius Theologus, *Oratio*, 31, 10.
6   Gregorius Theologus, *Oratio*, 29, 3; 31, 8; Gregorius Nassenus, *Contra Enomium*, I, 22.
7   Basilius Magnus, *Epistola*, 8, 3; Gregorius Theologus, *Oratio*, 31, 10. 14. 15. 20. 21. 28.

공유하기 때문이다. 그러므로 우리가 세 위격들 상호 간의 관계, 즉 성부와 성자와 성령 사이의 관계를 파악함에 있어서 그 세 위격들의 상호 "일치성"(Einigkeit)과 "통일성"(Einheit)의 원리는 "성부의 위격"이라는 사실을 잊어서는 안 된다. 그래서 교부 알렉산드리아의 디오니시오스와 아타나시오스는 신성의 유일한 원천이자 삼위의 일치성과 통일성의 원리를 성부라고 가르쳤다. 성부는 출생하지도 발출하지도 않으셨으며 성자와 성령의 기원 없는 기원이시며 성자와 성령의 유일한 신성의 원천이다. 성자는 성부로부터 출생되셔서 성자이시며, 성령은 성부로부터 발출되셔서 성령이시다. 만약 우리가 성자의 출생과 성령의 발출을 이 두 위격들의 단 하나의 기원이신 성부에게 돌리지 않는다면, 우리는 성부와 성자와 성령 사이의 상호 관계성의 원리를 세 위격들 밖에 존재하는 한 분 하나님의 본질이라는 매우 철학적이고 추상적인 개념에 정초시키는 오류를 범하게 된다. 이렇게 되면 세 위격들의 관계성에 대한 논의는 엄밀한 의미에서 세 위격들 상호 간의 "관계"(relatio)와 "사귐"(communio), 그리고 그것들을 구성하는 삼위일체의 신적 삶의 참여에 대한 구체적인 논의가 아니라, 중세 후기의 신비주의자 마이스터 에크하르트(Meister Eckhart)에게서 관찰되는 것처럼 한 분 하나님의 본질(substantia)과 그 신성(deitas)에 대한 깊은 심연의 신비와 그 본질의 현시(드러남)의 다양성에 대한 비성경적인 "본질철학"(Substanzphilosophie)의 무의미한 관조와 사변의 늪으로 빠져드는 위험을 피할 수 없게 된다.[8] 그래서 헤르만 바빙크와 게르할더스 보스는 하나님의 본질을 삼위 밖에, 삼위 위에, 그리

송영의 삼위일체론

고 삼위 배후에 존재하는 독립된 하나의 "실체"(*substantia*)로 이해해서는 안 된다고 우리에게 주의를 주었다.[9] 바빙크는 신적인 본질은 삼위 안에 존재하는 것으로서 세 위격들이 소유하고 있는 공동의 본질, 즉 신성의 원천이신 성부로부터 성자와 성령에게 주어진 단 하나의 동일한 신성으로 이해해야만 한다고 힘주어 강조했다.[10] 삼위의 관계 및 사귐 그리고 통일성(단일성)의 원리를 성부의 위격으로 보지 않고 한 분 하나님의 본질로 설정하여 삼위에 대하여 한 분 하나님의 본질을 삼위의 통일성의 원리로 앞세우게 된다면, 삼위의 상호 간의 관계와 사귐에 대한 신학적 사유는 한 분 하나님의 본질(*una substantia*)의 다양한 "나타남의 방식"(Erscheinungsweise)에 대한 신플라톤주의적인 사색으로 기울어지게 된다.[11] 그리고 그것의 최악의 결과는 다름 아닌 사벨리우스주의, 곧 양태론이다. 그래서 니케아 공의회(325)와 콘스탄티노플 공의회(381)의 정통 삼위일체론을 정초했던 아타나시오스와 카파도키아의 세 교부들, 곧 카이사레아의 바실리오스, 니사의 그레고리오스, 그리고 나지안조스의 그레고리오스는 성부의 위격이야말로 세 위격들의 일치성과 통일성을 위한 유일무이한 원리이며 세 위격들의 상호 관계와 사귐의 영원한 원천이자 토대라고 가르쳤다.

---

8   블라디미르 로스키, 『동방교회의 신비신학에 대하여』, 86.

9   헤르만 바빙크, 『개혁교의학』, 제2권, 375; 게르할더스 보스, 『개혁교의학』, 제1권, 124.

10 헤르만 바빙크, 『개혁교의학』, 제2권, 375.

11 참조. 블라디미르 로스키, 『동방교회의 신비신학에 대하여』, 87.

성부로부터 성자의 영원한 출생

성자는 스스로 존재하시며 신성의 원천이신 성부로부터 영원히 출생하신 분이다. 제2위격의 하나님(*Deus*)이 성자(*Filius*), 즉 아들로 불리는 까닭은 그가 이 세상이 창조되기 전 영원 속에서 성부로부터 영원히 출생(*generatio*)하신 분이기 때문이다. 그러므로 성자, 즉 아들 호칭은 성부와의 관계 속에서 명명된 것이다. 제2위격의 하나님은 성부로부터 "영원한 출생"(*generatio in aeterna*)의 방식(*generatio passiva*)으로 성부가 소유하신 신성의 본질을 성부와 공유함으로서 성자는 성부와 "동일한 본질"(ὁμοούσιος)을 소유한 성자 하나님(*Deus Filius*)으로 존재한다.[12] 그러므로 성자는 성부와의 관계 속에서 독생자(μονογένης) 즉 유일하신 아들(Eingeborne Sohn, Eingeboren Zoon)이시며, 피조물들과의 관계 속에서는 "모든 창조물보다 먼저 나신 자"(Erstgeborene aller Kreaturen)이시며(골 1:15), 구원의 역사 속에서 죽은 자들과의 관계 속에서는 "죽은 자들 가운데서 먼저 나신 자"(Erstgeborene der Toten)이시다(골 1:18).[13]

여기서 성자가 영원 속에서(*in aeterna*) 영원히 성부로부터 출생하신 분이라는 것은 성자가 어떤 특정한 시점에 성부에 의해서 창조(피조)된 분이 아니라는 뜻이다.[14] 만약 성부가 시간과 세대

---

12 Gregorius Theologus, *Oratio.*, 29, 16.
13 게르할더스 보스, 『개혁교의학』, 제1권, 133.
14 참조. Gregorius Theologus, *Oratio.*, 26, 3; 45, 15.

전에 성자를 창조하셨다면 성자는 성부의 "첫 번째 피조물"(Erste Kreatur)이며 "완전한 피조물"(κτίσμα τέλειον)일 수는 있어도, 그래서 단지 이름으로는 아들이라 불릴지언정 실제로 참된 아들일 수는 없다. 그리고 아들이 피조되었다면, 피조되기 전에는 존재하지 않은 것이 되어버린다.

그렇다면 성부로부터 성자의 출생이 영원 전에 이루어진 사건이라는 것은 무슨 뜻일까? 성부가 성자를 영원히 낳으셨다는 것은 성부는 성부가 아닌 적이 없었고, 성자 또한 성자가 아닌 적이 없었다는 뜻이다. 그것이 성부로부터 성자의 영원한 출생이라는 사상이 우리에게 전달하고자 하는 내용이다. 성부가 한 특정 시점에서 아버지가 되신 것이 아니라 시작도 기원도 없이 처음부터 영원한 아버지인 까닭은 아들, 즉 성자를 영원히 낳으셨기 때문이다. 그러므로 성자는 성부로부터 영원히 출생하신 분이지, 무로부터 창조된 분이 아니다. 성부는 성자를 영원히 낳으셨기 때문에, 성부는 영원한 아버지이시고, 성부로부터 영원히 출생한 성자 역시 영원한 아들이시다.

성부는 성자처럼 출생한 분도 성령처럼 발출한 분도 아니시며 성자와 성령의 "기원 없는 기원"(ursprunglose Ursprung)이시며 신성의 원천(fons deitatis)이시다. 이렇게 성부가 어떤 특정한 시간상의 시점에서 존재하신 분이 아니라 시작도 끝도 없는 분이신 것처럼, 성자의 출생 또한 영원한 출생이므로 어떤 한 특정한 시점에서 출생하신 것이 아니다. 즉 성자는 성부로부터 영원히 출생하신 분이시기에, 존재에 있어 성자 역시 성부처럼 시작과 끝을 가진 피조물이 아니다. 성부는 성자를 영원히 낳으시며(*generatio activa in aeterna*), 그러기에 성자는 성부로부터 영원히 나신다(*generatio passiva in aeterna*).[15] 그러므로 성자는 성부와 동일한 하나님이신 것이다. 성자 하나님!

만약 성부가 한 특정한 시점에 무로부터 로고스(λóγoς) 곧 성자를 창조하셨다면 성자는 피조물(Kreatur)이 되는 것이며, 창조주 하나님께 돌려진 성부 호칭은 한 특정한 시점에 성자를 피조하고 난 후에 붙여진 호칭이 될 것이다. 그렇게 되면 아버지는 영원한 아버지일 수 없고, 아들 또한 영원한 아들일 수 없게 되고 만다. 이러한 견해는 325년 니케아 공의회를 전후해 나타난, 성자는 모든 피조물 가운데 첫 번째로 창조된 완전한 피조물이며, 단지 완전한 피조물이라는 의미에서만 아들이라 불린다고 주장한 아리우스와 그의 추종자들의 주장이다. 만약 이러한 주장이 용인될 경우 성자는 성부와 동일한 본질을 가진 하나님일 수 없게 되며 성자는 피조물로 전락하게 되고 말 것이다.[16] 그렇게 되면 성자께서 십자가에서 이루신 "대속"(*satisfactio*)의 사건이 우리와 온 세상을 위한 구속의 사건이 아니라, 한 의로운 예언자의 죽음으로 전락하게 되고, 그렇게 되면 십자가 사건이 더 이상 우리를 위한 구원의 사건이 될 수 없다. 그래서 성자는 태어나지 않은 적이 있었으며 그러한 이유로 성부,

---

15 참조. Gregorius Theologus, *Oratio.*, 42, 17; 29, 3; 45, 5.
16 G. C. Berkouwer, *The Person of Christ*, Studies in Dogmatics (Grand Rapids: Eerdmans, 1954), 45.

송영의 삼위일체론

즉 아버지 또한 아버지가 아닌 적이 있었다는 아리우스의 견해를 아타나시오스는 구원론적인 이유로 인하여 결코 용납할 수 없었다.

성부로부터의 성령의 영원한 발출

거듭 언급하거니와 성부는 기원 없이 스스로 존재하시는 분이며 성자와 성령의 "신성의 원천"이시다. 그리고 성자가 신성의 원천이신 성부로부터 영원히 출생하신(*generatio passiva*) 분이시라면, 제3위격의 하나님이신 성령은 신성의 원천이신 성부로부터 영원히 "발출"(*processio passiva*)하신 분이시다. 창세 전 영원 속에서 제3위격의 하나님은 성부로부터 영원히 발출하신 분, 즉 성부로부터 나오시는 성부의 영원한 숨결, 곧 성부로부터 영원히 내쉬어진(*spiratio passiva*) 분이시기에 성부와의 관계 속에서 성령이라고 불리는 것이다. 성령을 의미하는 라틴어 "스피리투스"(*Spiritus*), 그리스어 "프뉴마"(πνεῦμα), 그리고 히브리어 "루아흐"(רוח)는 모두 "호흡", "입김", "숨결" 또는 "바람"이라는 뜻이다. 성부는 성령을 영원히 내쉬신다. 제3위격의 하나님은 발출(내쉬어짐)의 방식으로 성부가 소유하신 신성의 본질을 성부와 함께 공유하므로, 성령은 성부와 "동일한 본질"(ὁμοούσιος)을 가진 성령 하나님(*Deus Spiritus Sanctus*)으로 존재하신다. 성부와 성자가 동일한 본질이고 성부와 성령이 동일한 본질이므로, 성자와 성령 또한 동일한 본질이다.

여기서 성령이 성부로부터 영원히 발출했다고 하는 것은 성령이 어떤 한 특정한 시점에 성부로부터 발출한 것이 아니라, 영원 전에 성부로부터 발출했다는 것이다. 그러므로 성부는 성령을 발출하지 않으신 적이 없었다는 것이며, 성령 또한 성부로부터 발출되지 않으신 적이 없었다는 것이다. 성부는 영원히 성령을 내쉬는(발출하는) 분이시며(*processio activa in aeterna*), 성령 또한 영원히 성부로부터 발출되는(나오시는) 분이시다(*processio passiva in aeterna*). 그러므로 성령은 어떤 특정한 한 시점에 성부가 성령을 발출함으로써 성령이 되신 분이 아니다. 성부가 어떤 특정한 시점에 존재하신 것이 아닌 것처럼, 성령의 발출 또한 영원한 발출이므로, 어떤 한 특정한 시간상에서의 발출의 기원을 가지지 않는다. 즉 성령은 성부로부터 영원히 발출하시는 분이시기에, 존재에 있어 어떤 특정한 시작(시점)을 가지는 피조물이 아니다. 그러므로 성령은 성부와 성자와 동일한 신성을 소유한 동일한 하나님이신 것이다. 성령 하나님!

각각의 비공유적 속성으로 "삼위"(τρεὶς ὑποσάτσεις, *tres personae*)는 구분되며, 삼위가 가진 동일한 본질로 인하여 삼위는 "하나"(ἕν, *unum*)다.

그렇다면 지금까지 논의한 내용을 정리해 보도록 하자.

송영의 삼위일체론

1) 성부의 존재 방식: "성부 됨"-"비출생성" 및 "신성의 원천성"

삼위 중에 성부만이 가지는 "존재 방식"(τρόπος ὑπάρξεως, modus entitativus) 즉 "비공유적 속성"(attributum incommunicabile), 곧 "성부 됨"(πατρότης, paternitas)의 속성은 무엇인가? 그것은 "비출생성"(ἀγεννησιά, ageneratio) 및 "신성의 원천성"(fons deitatis)이다. 오직 성부만이 신성의 원천이 되신다. 이 신성의 원천성은 삼위 중 성부만이 가지고 있는 성부만의 속성, 즉 성부의 비공유적 속성이다. 만약 성부께서 성자나 성령과 신성의 원천을 공유한다면 성자와 성령 또한 제2의 성부라고 불릴 것이다. 그렇게 되면 성부와 성자와 성령 간의 위격의 구분이 무너지게 된다. 그러므로 신성의 원천은 성부가 성자나 성령과 함께 공유하는 속성일 수 없는 것이다. 신성의 원천이신 성부로부터 성자는 영원한 출생(generatio in aeterna)의 방식으로 성부와 신성을 공유하시며, 성령은 영원한 발출(processio in aeterna)의 방식으로 성부와 신성을 공유하신다. 그러므로 성부는 삼위의 통일성(일치성)의 원리이며 기반이시다. 성자가 성부로부터 영원히 출생하셔서 성부와 신성을 공유하시고, 성령이 성부로부터 영원히 발출하셔서 성부와 신성을 공유하시므로, 성부와 성자와 성령은 동일한 본질(ὁμοούσιος)을 가진 동일한 하나님(Selber Gott)이시다.

2) 성자의 존재 방식: "성자 됨"-"출생성"

오직 성자만이 출생하신다. 이 "성자 됨"(υἱότης, *filiatio*)의 속성, 즉 "출생성"(*generatio*)은 삼위 중에 오직 성자만의 "존재 방식" 곧 성자의 "비공유적 속성"이다. 성자는 성부로부터 영원히 출생하신 분이시기에 성자(아들)이시다. 그러나 성자는 이러한 출생의 속성을 성령과 함께 공유하지 않는다. 만약 성자가 성령과 함께 출생의 속성을 공유한다면 성령도 제2의 아들이라고 불리게 될 것이다. 이렇게 되면 성자와 성령 간의 위격의 구분이 무너지게 된다. 그러므로 성자는 성령과 함께 출생의 속성을 결코 공유할 수 없다. 이렇게 출생의 방식으로 성자는 성부와 신성을 공유하신다. 그래서 성자는 성부와 동일한 신성, 즉 동일한 본질(ὁμοούσιος)을 가진 동일한 하나님(Selber Gott)이시다.

3) 성령의 존재 방식: "성령 됨"-"발출성"

오직 성령만이 "발출"(*processio*)하신다. 이 "성령 됨"(*spiratio*)의 속성, 즉 "발출성"(*processio*)은 삼위 중에 오직 성령만의 "존재 방식" 곧 성령만이 소유하는 "비공유적 속성"이다. 성령은 성부로부터 영원히 발출하는 분이시기에 성령(내쉬어진 분)이시다. 그러나 성령은 이러한 발출의 속성을 성자와 함께 공유하지 않는다. 만약 성령이 성자와 함께 발출의 속성을 공유한다면 성자도 제2의 성령이라

송영의 삼위일체론

고 불리게 될 것이다. 이렇게 되면 성령과 성자 간의 위격의 구분이 무너지게 된다. 그러므로 성령은 성자와 더불어 결코 발출의 속성을 공유할 수 없다. 이렇게 발출의 방식으로 성령은 성부와 신성을 공유하신다. 그래서 성령은 성부와 성자와 동일한 신성, 즉 동일한 본질(ὁμοούσιος)을 가진 동일한 하나님(Selber Gott)이시다.

지금까지 기술한 것을 요약하면, 성부, 성자, 성령은 비공유적 속성으로 구분되며, 동시에 동일한 신성을 공유함으로써 동일한 본질을 가지신 (같은) 한 하나님이다.

우리는 성부의 "비출생성" 내지는 "신성의 원천성", 성자의 "출생성", 성령의 "발출성"을 삼위의 각 위격이 가진 존재 방식 또는 비공유적 속성이라고 부른다. 이러한 비공유적 속성 외의 다른 모든 속성들은 성부와 성자와 성령이 모두 공유한다. 다시 말하자면, 성부와 성자와 성령은 영광, 거룩함, 전능함, 전지함, 편재 등의 속성을 공유하신다.

비공유적 속성으로 인하여 성부, 성자, 성령의 각 위격은 명백하게 구분되지만, 성자와 성령은 각각 출생의 방식과 발출의 방식으로 성부와 신성을 공유하기에 삼위는 "동일한 본질"(ὁμοούσιος, consubstantia)을 소유하신 하나님, 곧 한 하나님(unus Deus, einer Gott), 즉 같은(동일한) 하나님(der selbe [gleiche] Gott)이신 것이다. 그러므로 성부와 성자와 성령이 "하나"(unum, ἕν, eins)라는 표현은 세 위격이 밀가루가 반죽되어 하나를 이루는 것과 같은 숫자적인

"단일성"(Einzahl)으로 이해되어서는 안 되고, "신성의 동일성" 즉 "본질의 동일성"(ὁμοούσιος)으로 이해되어야만 할 것이다. 그래서 바빙크는 신성의 "본질"(οὐσία, essentia)을 세 위격들 밖에 존재하는 추상적 보편 개념으로서의 "하나의 실체"(una substantia)라고 생각해서는 안 된다는 사실을 주의 깊게 강조했다. 바빙크는 카이사레아의 바실리오스를 따라 삼위가 소유하고 있는 신성의 본질(공동본질)은 세 위격(개별실체)들 바깥에 또 하나의 독립적 실체로 존재하는 것이 아니라 세 위격들 안에 존재한다고 지적한다. "세 위격(개별실체)들 안에 있는 하나의 본질(공동본질)!"(μία οὐσία ἐν τρισὶν ὑποστάσεσιν). 실로 예리하고 정확한 지적이 아닐 수 없다.[17] 바빙크

---

17 위격으로 번역되는 "휘포스타시스"(ὑποστασις)와 본질로 번역되는 "우시아"(οὐσια)는 교부 아타나시오스 시대까지만 하더라도 두 단어 모두 "본질"이라는 뜻으로 사용되는 동의어였다. 그러나 카파도키아 교부들 가운데 한 명인 카이사레아의 바실리오스는 아리스토텔레스의 『범주론』(Catégories)의 개념을 차용 재해석하여 "휘포스타시스"를 개별실체로, 그리고 "우시아"를 개별실체들이 공유하는 공동본질의 의미로 사용하여 세 위격들과 한 본질을 구분함으로써 하나님의 "삼위성"과 "통일성"(일치성)을 동시에 표현할 수 있는 길을 제시하였다. 그리고 그렇게 함으로써 종속론과 양태론 이단에 대항하여 정통 삼위일체 교리를 정립하는데 결정적으로 공헌하였다. 여기서 "위격"으로 번역되는 "휘포스타시스"는 직역하면 "개별 실체"라는 뜻이고, "본질"로 번역되는 "우시아"는 "공동본질"이라는 뜻이다. 이를 바실리오스는 베드로와 야고보와 요한의 비유를 통해 설명하였다. 여기서 베드로와 야고보와 요한은 개별자로서 개별실체라고 말할 수 있다. 그러나 이 세 개별자(개별실체)가 공유하는 우시아, 즉 공동본질은 "사람"인 것이다. 이러한 구분을 삼위일체에 적용하면 성부와 성자와 성령은 세 위격들, 즉 세 개별자(개별실체)들이며 이 세 개별자가 공유하는 공동의 본질은 하나님인 것이다(Basil, Epistulae, 214, 4/38, 5, NPNF 2nd Series, vol. III). 그렇게 함으로써 바실리오스는 "세 개별실체들(위격들) 안에 있는 한 공동본질(본질)"(μια οὐσια ἐν τρισιν ὑποστασεσιν)이라는 정통 삼위일체론의 표준 공식을 정립하여 니케아-콘스탄티노플 신경(Nicaea-Constantinopolitanum)을 통해 공교회에 전수하여 신학의 역사에 불멸의 공헌을 남겼다.

송영의 삼위일체론

의 말을 직접 들어보자!

신적 본질은 추상적 보편 개념으로 생각될 수 없으며, 마찬가지로 위격들 밖에, 위에 그리고 배후에 있는 하나의 실체(*substantia*)라고 생각될 수도 없다. 신적 본질은 위격들 안에 있으며, 각 위격 안에서 전체적으로 그리고 (수적으로가 아니라) 양적으로 동일하다.···위격들은 본질(*ousia*)에 있어 동일하며(*homoousioi*), 본질에 있어 단일하며(*monoousioi*), 동일한 존재(*tautoousioi*)이다.···단 하나의 동일한 신성이 삼위 모두 안에 존재하고 특별히 각 위격에 존재한다.[18]

바빙크가 강조하여 설명한 것처럼, 하나님은 "위격"(ὑπόστασις)에 있어 "세 분"(τριάς)이지만, "본질"(οὐσία, *essentia*)에 있어서는 "하나"(ἕν, unum, eins, oneness)이며 "동일한 것"(Gleich, sameness)이다.[19] 그러므로 성부와 성자와 성령은 한 분(*Unus*, Einer, One)이 아니라 "하나"(*unum*, eins, oneness)인 것이다. 바빙크는 세 위격들의 하나 됨을 다음과 같이 예리하게 갈파한다.

성부, 성자, 성령은 하나이며, 동일한 신적 본질 안에서 구별된 주체들

---

18 헤르만 바빙크, 『개혁교의학』, 제2권, 375. 게르할더스 보스도 바빙크와 동일한 입장을 견지한다. 그의 말을 직접 들어보자. "신적 본질은 세 위격에 배분되어, 그들 각각이 1/3을 소유하는 것이 아니다. 또한 세 위격들 옆에 또 하나의 새로운 독립적인 존재가 있는 것도 아니다"(게르할더스 보스, 『개혁교의학』, 제1권, 111).
19 헤르만 바빙크, 『개혁교의학』, 제2권, 380.

(성부, 성자, 성령)이다.[20]

게르할더스 보스도 한 하나님의 본질을 세 위격들의 바깥에 존재하는 독립적 존재로 파악해서는 안 된다는 사실을 강조한다.[21] 보스에 따르면, 본질을 삼위 밖에 독립적으로 존재하는 실체로 파악할 경우, 우리는 네 위격을 상정하는 오류를 범하게 된다는 것이다. 그래서 보스는 세 위격들 밖이 아니라 세 위격들 안에 본질이 존재한다고 말한다. 본질이 세 위격들 안에 존재하기에 본질의 성격을 위격과 전혀 무관한 것으로, 즉 비(非)위격적 내지는 비인격적인 것이라고는 말할 수 없다. 그러나 본질의 개념을 위격의 개념과 구별하여 추상적으로 표현해야 할 경우, 우리는 세 위격들 속에 있는 본질을 위격적인 것으로 이해해서는 안 된다.[22] 그러므로 성부와 성자와 성령은 "한 분 하나님"(Einer Gott)이 아니라 동일한 본질을 소유하신 "한 하나님"(einer Gott), 즉 "똑같은 하나님"(der gleiche Gott) 또는 "동일한 하나님"(Der selbe Gott)이라고 이해해야만 한다.

---

20 헤르만 바빙크, 『개혁교의학』, 제2권, 382.
21 게르할더스 보스, 『개혁교의학』, 제1권, 111.
22 게르할더스 보스, 『개혁교의학』, 제1권, 124.

제14장

성부, 성자, 성령은 누구신가?

교리 교육의 중요성

필자가 조직신학자로서 한국교회에 대해 가지는 염려는 한국교회에 교리 무용론이 팽배해 있지 않나 하는 것이다. 필자가 유럽에서 귀국한 이후 지금까지 줄곧 느끼는 것이지만 한국교회는 신자들에게 교리 교육을 너무나도 실행하지 않는 것 같다. 네덜란드 개혁교회만 하더라도 주일 낮 예배에서는 목사가 성경본문을 가지고 설교하지만, 오후 예배나 저녁 예배에서는 어김없이 「하이델베르크 교리문답」(Heidelberger Katechismus)을 가지고 교리 설교를 한다. 한국교회에는 교리 설교라는 말 자체가 생소하거니와 전반적으로 교리 교육이 부재한 현실이다.

오늘날 한국교회가 교회 밖의 사람들에게 신뢰를 잃게 된 이유를 분석해 보면 여러 가지 원인이 있을 수 있겠지만, 필자는 교리를 도외시하거나 무시하는 풍조도 단단히 한 몫을 했다고 생각한다.[1] C. S. 루이스가 칭송했던 영국의 위대한 문학가이며 뛰어난 그리스도교 변증가였던 도로시 세이어즈(Dorothy L. Sayers)는 자신의 당대의 성공회에 대하여 염려하면서, 자신이 속한 영국 성공회를 가톨릭교회와 비교하여 다음과 같은 사안을 지적한 적이 있다. 즉 가톨릭교회가 교리적이고 신학적인 공동체인 반면에, 자신이 속한 성공회는 교리적이고 신학적인 공동체가 아니라는 것이다.[2] 그런

---

1   참조. 도로시 세이어즈, 『기독교 교리를 다시 생각한다』 (서울: IVP, 2009), 62.
2   세이어즈, 『기독교 교리를 다시 생각한다』, 62

의미에서 가톨릭교회는 기강이 있고 그 교리의 진리와 진실 앞에서 결의에 찬 헌신이 있다. 그래서 성공회와 성공회 교역자들은 무시를 받는 반면에 가톨릭교회와 가톨릭의 성직자들은 존경을 받는다는 것이다. 그녀의 말을 직접 들어 보도록 하자!

> 교회가 신뢰를 잃은 이유는 신학을 너무 고집해서가 아니라 신학으로부터 도망쳤기 때문이라고 단언하고 단언하는 바다.[3]

세이어즈가 자신이 속한 영국 성공회에 대해 안타까움을 토로한 사안들이 오늘날 한국에서도 재현되고 있는 것 같아 일선에서 조직신학을 가르치고 있는 필자 또한 참으로 안타깝고 씁쓸하기 그지없다.

교리가 함의하고 있는 사상들은 절대로 구태의연한 내용들이 아니다. 삼위일체 교리도 찬찬히 들여다보면 대단히 혁신적이고 변혁적인 내용으로 가득 차 있다. 삼위일체론은 하나님의 존재를 하늘 보좌에 좌정해 있는 고독하고 독존적인 "(유)일신"(一神)의 존재로 규정하지 않고, 세 분의 행위주체들(drei Handlungssubjekte), 즉 삼위(τρεῖς ὑποστάσεις)로 존재하심을 가르친다. 그리고 세 위격들이 상호 간의 사랑과 교제와 사귐 가운데서 "본질"(essentia)에 있어, "의지"(voluntas)에 있어, 그리고 "사역"(opus)에 있어 온전히 "하나 됨"을 이루고 있음을 천명한다. 삼위일체 교리는 성부이신

---

3   세이어즈, 『기독교 교리를 다시 생각한다』, 62.

송영의 삼위일체론

하나님이 우리와 온 세상을 사랑하시어 당신의 외아들을 성령의 능력 안에서 이 세상에 보내주셨음을 가르친다. 하나님의 외아들이 이 세상에 사람으로 오셔서 우리와 온 세상의 고난에 참여하시고, 우리와 온 세상의 죄를 속량하고자 십자가에서 처절한 고난을 당하시어 자신의 목숨을 바치셨으며, 우리와 온 세상의 "구원"을 위하여 성령의 능력 안에서 "부활"하셨음을 가르친다. 이에 더하여 교리는 성령께서 말씀과 더불어 역사하셔서 우리에게 말씀을 깨닫게 하시고, 말씀과 더불어 역사하셔서 성만찬을 나누어 먹고 마시는 공동체 속에 우리 주 예수 그리스도를 "현존"케 하시는 분이시라는 사실을 가르친다. 이러한 것들은 결코 구태의연한 내용들이 아니다. 그리고 이러한 교리에 대한 헌신과 실천은 우리와 이 세상에 놀라운 혁신과 변혁을 가져오게 할 수 있다. 교회가 교리를 회복하고 교리에 대한 헌신을 회복할 때 교회는 신학적으로 참다운 공동체의 모습을 회복할 수 있을 것이며, 성령의 능력 안에서 성부의 독생자인 예수 그리스도를 따르는 공동체가 되어 세상으로부터의 존경과 신뢰를 다시 회복할 수 있게 될 것이다.

앞 장에서 우리는 성부가 성자와 성령의 "기원 없는 기원"으로서 "신성의 원천"이시며, 성자와 성령은 각기 "출생의 방식"과 "발출의 방식"으로 성부와 신성을 공유하시고 향유하심으로 "동일한 본질"(ὁμοούσιος)을 가진 "동일한 하나님"(der gleiche selbe Gott)이시라는 사실을 살펴보았다. 그렇다면 본 장에서는 성부와 성자와 성령이 누구신지를 좀 더 구체적으로 살펴보도록 하자!

성부는 누구신가?

태초에 이 세상을 창조하신 제1위격의 하나님이신 "창조주 하나님"이 "성부"(Pater)이신 까닭은 창조주가 이 세상을 창조하시기 이전에 영원 속에서 성자, 곧 아들을 영원히 낳으신 분이시기 때문이다. 그래서 창조주 하나님이 아들, 곧 성자의 아버지이시므로 아들과의 관계 속에서 성부라고 불리는 것이다. 게르할더스 보스가 지적한 것처럼, 성부와 성자라는 호칭은 각각 서로를 전제하고 있는 호칭이다.[4] 이렇게 성부와 성자의 호칭이 양자 상호 간의 관계 속에서 붙여졌다는 사실은 동방에서 세 명의 카파도키아의 교부들과 고백자 막시무스(Maximus Confessor)와 다마스쿠스의 요한(Johannes Damascenus)에 의해서, 그리고 서방에서 아우구스티누스에 의해서 일관되게 견지된 사상이다. 성부와 성자가 서로 다른 본질이며 그러기에 성자는 성부의 피조물이라는 과격한 아리우스주의자였던 유노미우스(Eunomius)의 주장에 대항하여, 카파도키아의 교부 중 맏형격인 카이사레아의 바실리오스는 성부와 성자는 동일한 본질이며 성부와 성자의 호칭은 관계적 호칭이지, 양자가 서로 다른 본질이기에 붙여진 호칭이 아니라고 명백하게 가르쳤다.[5] 니사의 그레고리오스와 나지안조스의 그레고리오스 또한 바실리오스와 같은 맥락에서 성부와 성자는 관계적 호칭이라는 가르

---

4   게르할더스 보스, 『개혁교의학』 제1권, 130.
5   Basil, *On the Holy Spirit*, NPNF, vol. 8, 588A-589C.

침을 명백하게 견지했다.[6] 동방의 교부인 고백자 막시무스도 성부라는 호칭은 "본질"($o\dot{v}\sigma\dot{\iota}\alpha$) 또는 "사역"($\dot{\varepsilon}v\varepsilon\rho\gamma\varepsilon\dot{\iota}\alpha$)의 이름이 아니라 성자, 곧 아들과의 관계 속에서 명명된 이름이라고 가르쳤다.[7] 그래서 다마스쿠스의 요한은 출생할 수 없음, 아들 됨, 발출이라는 속성을 제외하고 성부와 성자와 성령을 모든 것에 있어서 하나라고 가르칠 수 있었다.[8] 아우구스티누스는 성부 곧 아버지는 자기 자신이 아니라 아들을 가리킨다는 점에서 아버지이며, 성자 곧 아들 또한 아버지를 가리킨다는 점에서 아들이라는 사실을 명백히 가르쳤다.[9] 그러므로 창조주 하나님은 창세 전부터 자신 곁에 아들을 두고 계셨기 때문에 또한 성부라고 불린다. 그래서 창조주 하나님의 성부 호칭은 일차적으로 성자와의 관계 속에서 붙여진 관계적 호칭인 것이다.

성부는 창세 전에 영원히 아들을 낳으신 분이시다. 여기서 성부가 아들을 낳으시는 분이시기에, 성부는 일방적으로 남성적 표상으로 이해되어서는 안 된다. 즉 하나님은 "여신"(女神, goddess)도 아니지만, 그렇다고 해서 "남신"(god)도 아니다. 하나님을 특정한 성(性)에 고착시켜 이해하는 것은 그리스 신화적인 사고를 하나님

---

6 Gregory of Nyssa, *On Not Three Gods*, NPNF, vol. 5, 331-336; Gregory of Nazianzus, *Theological Orations in Select Orations in A Select Library of the Christian Church*, NPNF, 29, 31.

7 Yves J. Congar, *I believe in the Holy Spirit*, vol. 3 (London: Geoffrey Chapman), 82.

8 Johannes Damascenus, *De fide orthodoxa*, I, 828D.

9 Augustinus, *De Trinitate*, 5, 8.

이해에 "투영"(projectio)하는 오류를 범하는 것이다. 그렇다면 하나님은 아버지로서 아들을 낳으시는 분이시기에 자웅동체(雌雄同體)인가? 절대로 그렇게 사유해서도 안 된다. 이러한 생물학적인 논리에 근거한 발생론적 사고를 신론에 투영하는 것은 이교적인 것이며 대단히 위험천만한 짓이 아닐 수 없다. 이것은 제2차 세계대전 당시 아리안족의 피(혈통)와 땅을 숭배했던 히틀러와 나치들, 그리고 그들에게 부역했던 자유주의 신학자들이 저지른 무서운 신학적 오류인 것이다. 성부는 아버지로서 아들을 낳으시는 분이시기에 하나님을 남성적으로도 여성적으로도 이해해서는 안 된다. 남자는 자녀를 낳을 수 없다는 의미에서 하나님은 남성적으로 이해되어서는 안 되며, 아버지로서 아들을 낳으시기에 하나님은 여성적으로 이해되어서도 안 되는 것이다. 381년 "니케아-콘스탄티노플 신경"이 고백하고 있는 아버지로부터 아들의 영원한 출생은 아들의 출생을 "생물학적 관점"에서 이해해서는 안 된다는 사실을 명백하게 못 박아 명시하고 있는 셈이다. 니케아-콘스탄티노플 신경이 아버지로부터의 아들의 출생을 말할 수 있었던 것은 생물학적인 관점에서 사유하지 않고 성경 계시에 의존해서 사유했기에 가능했다. 복음서에서 예수께서는 아람어로 당시 어린아이들이 자신의 아버지를 애칭으로 부르던 "아빠"(אבא, ABBA) 호칭과 함께 하나님을 자신의 "아빠"라고 부르심으로써 하나님이 예수의 자비로운 아빠이시며, 그렇게 함으로써 이 호칭과 함께 하나님과 자신 사이의 "전대미문의 친밀성"을 드러냄과 아울러 예수 자신이 하나님의 사랑스러운 아기(아들)이심을 우리에게 계시하셨다. 그러므로 창조주 하나님을 아버지라고 명명하는 신경은 예수의 가르침에 기반을 두고 있는 것으로서, 그리스 신화에서 제1신인 제우스(Zeus)가 남신(男神, god)인 것처럼 하나님이 성적으로 남자라는 뜻이 아니라, 하나님은 예수와의 관계 속에서 한없이 자비롭고 자애로우신 아빠 이시며, 또한 예수 그리스도를 믿음으로 말미암아 하나님의 자녀 가 된 우리에게도 한없이 자비롭고 자애로우신 아빠가 되신다는 사실을 가르친다. "니케아-콘스탄티노플 신경"과 "사도신경"에서 첫 번째 위격의 하나님이신 창조주(Creator)를 성부(*Pater*)로, 그리고 두 번째 위격의 하나님이신 구속주(Redemptor)를 성자(*Filius*)로 명명한 것은 두 위격들의 상호 관계 속에서 명명된 호칭이며, 이러한 호칭은 복음서에서의 예수의 하나님을 향한 호칭인 "아빠" 호칭에 기반을 두고 있다(막 14:36; 마 6:9[병행. 눅 11:2]; 마 11:25 이하[병행. 눅 10:21]; 눅 23:34, 46; 마 25:42; 요 11:41; 12:27 이하; 17:1, 5, 11, 21, 24 이하).[10]

---

10 J. Jeremias, *Neutestamentliche Theologie*, S. 68. 지난 세기 영국 맨체스터 대학교의 신학신 교수였던 맨슨(T. W. Manson)은 예수가 하나님을 부를 때 사용했던 "아빠" 호칭을 예수의 독특한 어법으로 간주했다. 그리고 맨슨의 통찰을 이어받아 이것을 대단히 치밀한 문헌학적 연구를 통해서 논증한 인물이 바로 독일 괴팅겐 대학교의 신약학 교수였던 요아힘 예레미아스(Joachim Jeremias)였다. 예레미아스는 그의 기념비적인 저서 『아빠』(*ABBA*, Göttingen: Vandenhoek & Ruprecht. 1966)에서 사복음서 및 광범위한 유대 문헌의 연구를 통해서 아람어 "아빠"는 예수 이전과 예수 당시에 어린 아이들이 자신의 아버지를 부르던 애칭, 즉 "어린아이 말"(Kindersprache)이었으며, 이 어린아이 말인 아람어 "아빠"는 하나님을 부르는 호칭으로서 결코 사용된 적이 없었으며, 오직 예수만이 "아빠" 호칭을 "하나님을 부르는 호칭"(Gottesanrede)으로 사용했다는 것이다(J. Jeremias, *Abba*, 59, 62 이하; 동일저자, *Neutestamentliche Theologie*, 72; 참조. Gerhard K. Kittel, art.,

성경 계시를 통해서 우리에게 당신 자신을 계시하신 하나님은 아들의 아버지 즉 성부 하나님이시고, 그러기에 아들 또한 성부 하나님의 아들 즉 성자 하나님이시다. 여기서 우리는 하나님을 성적인 도식으로 이해해서 하나님 아버지의 개념을 하늘에 있는 대부(代父)의 이미지로 몰고 가서도 안 된다. 그렇다고 해서 급진적인 여성신학자들이 말하는 것처럼 하나님을 여성으로 몰고 가서도 안 된다. 아버지가 아들을 낳으셨다는 것 자체가 하나님이 남성성과 여성성을 초월하는 초월성적인 존재이며, 그러기에 우리는 하나님을 남성 또는 여성 같은 "성적인 범주"(sexual category) 안에서 이해해서는 안 된다는 것을 의미한다. 하나님이 성(性, Sexualität)을 초월하시는 존재이기 때문에 하나님을 피조물인 인간의 성, 즉 남성과 여성의 도식 속에서 이해하려는 모든 시도는 그리스 신화적이든 로마 신화적이든 게르만 신화적이든 어떤 유형이라고 할지라도 반성경적이고 반그리스도교적인 이교적 시도이며, 그러기에 우리는 그러한 시도가 심대한 오류를 함의하고 있다는 사실을 명

"αββα", in: G. Kittel, Hrsg., TWNT, Bd. 1, 5; 또한 참조. James H. O. Kombo, *The Doctrine of God in African Christian Thought, The Holy Trinity, Theological Hermeneutics and the African Intellectual Culture*, [Leiden: E. J. Brill 2007], 41이하-42)

이러한 예레미아스의 주장은 제임스 바(James Barr)와 게자 페르메스(Geza Vermes)같은 학자들에 의해서 비판되었다. 제임스 바는 자신의 야심찬 논문 「아빠는 대디가 아니다」(Abba isn't Daddy)에서 예레미아스의 이론을 논박했으며, 게자 페르메스는 자신의 저서 『유대인 예수』(*Jesus der Jude, Ein Historiker liest die Evangelien* [Neukirchen-Vluyn, 1993])에서 예수 이전에도 하나님을 아빠라고 부른 예가 있다는 것을 지적하면서, 예레미아스의 가설은 오류라고 주장했다.

송영의 삼위일체론

심해야 할 것이다. 이러한 사실을 명백하게 주지시키고자 한 것이 "아들은 아버지의 모태(자궁)로부터(*de utero patris*) 영원히 나셨다"라는 "제12차 톨레도 공의회"(XII. Konzil von Toledo, 681)의 고백이다. "아버지의 모태로부터" 아들이 영원히 태어나셨다는 제12차 톨레도 공의회의 진술은 성부를 남성적으로도, 여성적으로도 이해해서는 안 된다는 사실을 우리에게 명백하게 주지시키고 있다.

엘케 탱게스(Elke Tönges)는 "아빠" 연구로 유럽 대륙에서 명성을 얻은 독일의 신약학자다. 2003년 독일 보쿰 대학교에 제출한 그녀의 박사 학위 논문 『하늘에 계신 우리 아버지』(*Unser Vater im Himmel*)는 아마도 아빠 연구와 관련한 최근 10여 년 동안의 유럽 대륙에서 쓰인 논문들 중에 가장 빼어난 작품 중에 하나가 아닌가 한다. 이 논문은 그 학문적 가치를 인정받아 독일의 저명한 출판사 "콜함머"(Kohlhammer)에서 단행본으로 출판되었다(E. Tönges, Unser *Vater im Himmel, Die Bezeichnung Gottes als Vater in der tannatischen Literatur* [Verlag Kohlhammer, 2003]). 이 논문에서 탱게스는 "아빠"에 관한 기원후 10-220년의 유대-팔레스타인의 문헌들, 즉 미쉬나(Mishnah), 바라이타(Baraita), 토세프타(Tosefta), 미드라쉬(Midrash) 등을 엄밀하게 관찰하고 분석한 후, 그러한 치열한 문헌학적 토대 위에서 요아킴 예레미아스, 게르하르트 키텔, 제임스 바, 게자 페르메스, 게오르게스 쉘베르트(Georges Schelbert), 울리히 루츠(Ulrich Lutz) 등의 견해를 철저히 검증하였다. 이로 인하여 제임스 바의 견해는 격파되었으며, 예레미아스의 견해는 약간의 수정을 요하기는 하지만 여전히 강력하고 유효하다는 사실을 명백히 논증하였다.

탱게스의 결론은 예수 이전에도 하나님의 호칭으로 "아빠"를 사용한 예가 있기는 하지만 그 용례들은 모두 예외 없이 아빠를 3인칭 서술어로 사용하고 있다는 것이다. 그래서 예수처럼 아빠 호칭을 2인칭 호격으로 사용한 것은 오직 예수에게서만 발견되는, 유일하고 독특하며 특별한 용례다. 그러므로 예수가 하나님을 부른 "아빠"라는 호칭 속에는 하나님과 예수 사이의 "전대미문의 친밀감"(unerhörte Intimität)과 하나님의 사랑스러운 "아기"로서의 "예수의 자기 이해"(Selbstverständnis Jesu)가 함축되어 있다고 말하는 예레미아스의 견해는 여전히 유효하고 강력하다(Tönges, Unser Vater im Himmel, 19).

성자는 누구신가?

"성자"(*Filius*)는 성부로부터 영원히(*in aeterna*) "출생"(*generatio*) 하신 분이시다. 제2위격의 하나님이 성자 곧 아들이신 까닭은 그가 성부로부터 영원히 출생한 분, 즉 나신 분이시기 때문이다. 이 성자 호칭은 성부 곧 아버지와의 관계 속에서 불리는 관계적 호칭이다.[11] 그래서 성자는 아버지의 유일하고 영원한 아들 곧 독생자이시다. 성부, 즉 아버지가 영원한 아버지라면 아들도 영원한 아들이다. 아들은 "무로부터 창조"(*creatio ex nihilo*)된 분이 아니라 아버지로부터 영원히 "출생"하신 분이시다. 아들은 출생의 방식으로 아버지의 영원한 신성을 아버지와 함께 소유하시고 향유하신다. 그러기에 제2위격의 하나님은 아들, 즉 성자이신 것이다. 아들은 자신의 신성과 존재를 아버지로부터 받는다. 그러나 그는 "신성의 원천"을 아버지로부터 받지는 않는다. 왜냐하면 "신성의 원천"은 성부에게만 귀속되는 속성, 즉 성부만이 소유하시며 성자와 성령과는 함께 공유하지 않으시는 성부만의 비공유적 속성이기 때문이다. 만약 아들이 아버지로부터 신성의 원천을 받으셔서 아들도 신성의 원천이 되신다는 식으로 사유하게 되면, 삼위일체 안에 두 개의 신성의 원천을 설정하는 오류를 범하게 된다. 바로 이것이 동방 교회가 서방 교회에 대항하여 성령의 발출 문제를 놓고 한 사코 서방의 "필리오케"(*Filioque*, "또한 아들로부터도") 주장을 반대

---

11 게르할더스 보스, 『개혁교의학』 제1권, 130.

했던 이유다. "니케아 공의회"와 "콘스탄티노플 공의회"의 가르침에 따르면 삼위 중 신성의 유일한 원천은 성부이시다. 오직 성부만이 신성의 원천이시기 때문에, 신성의 원천이신 성부로부터 성자는 영원히 "출생"하셔서 출생의 방식으로 존재하시며, 출생의 방식 안에서 성부와 신성을 공유하시고, 성령은 영원히 "발출"하셔서 발출의 방식으로 존재하시며, 발출의 방식 안에서 성부와 신성을 공유하신다. 그래서 성부와 성자와 성령은 "동일본질"(ὁμοούσιος, consubstantia)를 소유하고 계심으로 "한 하나님"(unus Deus, einer Gott), 즉 "동일하신 하나님"(der selbe Gott)이신 것이다. 그러나 성령이 성부로부터 "발출"하실 뿐만 아니라 "성자로부터도"(a patre filioque) "발출"하신다면 삼위일체 내부에 암암리에 두 개의 신성의 원천을 설정하는 오류를 범하게 된다는 것이 서방 교회의 "필리오케"(filioque) 주장에 대항한 동방 교회의 비판이다. 성령의 발출 문제, 즉 필리오케를 둘러싼 동방과 서방의 논쟁이 어떻게 전개되었으며, 이 논쟁의 배후에 도사리고 있는 신학적 쟁점이 무엇이었는지에 대해서는 지면의 제약이 있어 여기서 다루기가 힘들다. 다만 서방 교회가 니케아-콘스탄티노플 신경의 원문에 "필리오케" 즉 "아들로부터도"라는 문구를 훗날 첨가(삽입)하게 된 것은 동방 교회가 오해하듯 삼위 내부에 두 개의 신성의 원천을 설정하기 위함이 아니었으며, 서방 교부들 중 그 누구도 필리오케와 더불어 삼위 내부에 두 개의 신성의 원천을 설정하려고 하지 않았다는 사실만큼은 분명하게 지적해 두고자 한다.

성령은 누구신가?

제3위격의 하나님이 성령이라고 불리어지는 이유는 그가 영원 속에서 성부로부터 영원히 발출하셨기 때문이다. 성령을 표현하는 라틴어 "스피리투스"(*Spiritus*)나 그리스어 "프뉴마"(*Pneuma*) 혹은 히브리어 "루아흐"(*Ruach*)라는 말 자체가 "호흡", "숨결", "입김", "바람"이라는 뜻이다. 제3위격의 하나님께 이런 호칭이 붙은 까닭은 그가 성부로부터 내쉬어진 분, 곧 성부로부터 나오신 분 내지는 발출하신 분이기 때문이다. 성령이 신적인 "능력"(ἐνεργεία)일 뿐만 아니라 인격적 "실체"(ὑπόστασις)라는 것은 동방과 서방의 공동 고백이다. 성경은 명백히 성령님이 인격적인 하나님이라는 사실을 가르치고 있다. 예수께서 보혜사 성령에 대하여 친히 제자들에게 말씀하시는 장면이 요한복음 16:7-13에 등장한다. 이 본문에 따르면 예수께서 제자들을 떠나서 성부께로 돌아가는 것이 유익한 까닭은 아들이신 그가 아버지께로 가시면 아버지로부터 보혜사이신 성령을 보내주실 수 있기 때문이다.

> …내가 떠나가는 것이 너희에게 유익이라. 내가 떠나가지 아니하면 보혜사가 너희에게로 오시지 아니할 것이요, 가면 내가 그를 너희에게로 보내리니, 그가 와서 죄에 대하여, 의에 대하여, 심판에 대하여 세상을 책망하시리라.…진리의 성령이 오시면 그가 너희를 모든 진리 가운데로 인도하시리니…(요 16:7-13).

송영의 삼위일체론

상기의 본문에서 예수는 자신이 성부께로 가서 보혜사이신 성령을 보내겠다고 약속하신다. 그 성령이 오시면 죄에 대하여, 의에 대하여, 심판에 대해여 세상을 책망하실 것이며, 제자들을 진리 가운데로 인도하실 것이라고 한다. 여기서 성령은 명백히 인격적 존재로 묘사된다. 죄에 대하여, 의에 대하여, 심판에 대하여 책망하시며, 제자들을 진리 가운데로 인도하시는 분은 인격적인 존재임에 틀림없다. 그러므로 성령의 인격성에 대하여 의심하는 것은 불가능하며 비성경적인 것이다.

그럼에도 불구하고 이 성령의 "인격적 정체성"이 무엇인지, 즉 성령의 인격적 정체성을 어떤 구체적인 인격적 호칭으로 명명할 수 있는지는 성경에서 도출해 내기가 쉽지 않다. 그 이유는 성령님의 겸손하신 성품 때문이다. 성령님은 너무나 겸손하셔서 "구원의 역사" 속에서 언제나 자신의 권능을 통해 오직 성부와 성자만을 드러내시고, 정작 당신 자신의 인격적 정체성은 단 한 번도 명시적으로 드러내지 않으셨다. 성부께서 창조의 사역을 행하실 때 성령은 "창조의 능력"으로 성부와 함께 역사하신 분이시다. 성령께서는 성부의 창조 사역에서 창조의 영이셨지만, 창조주이신 성부를 돋보이게 하시고 자신의 인격적 정체성을 숨기신 분이시다. 성자께서 이 세상에 강생하실 때 성령께서는 당신의 능력으로 성자를 사람이 되게 하신 분이시며, 성육신하신 성자의 시험과 사역과 고난과 죽음과 부활 가운데서 당신의 능력으로 함께 역사하신 분이시며, 우리로 하여금 그리스도를 주님이라 시인케 하시어 우리를 거듭나게 하사 하나님의 자녀가 되게 하시는 분이시다. 성령께서는 그리스도의 구원의 사역에서 "구원의 능력"으로 역사하신 구원의 영이셨지만, 구원의 역사 속에서 구세주이신 아들을 돋보이게 하시고 정작 자신의 인격적 정체성은 숨기신 분이시다. 이렇게 성경 계시를 따라 구원의 역사 속에서 성령님의 성품을 고찰할 때, 우리는 성령님이 지극히 겸손한 성품을 가지신 분이라는 사실을 깨닫게 된다. 게다가 첫 번째 위격의 하나님과 두 번째 위격의 하나님은 각각 인격적 호칭인 "성부"(Pater)와 "성자"(Filius)로 명명되지만, 세 번째 위격의 하나님은 단순히 "성령"(Spiritus Sanctus) 즉 "거룩한 숨결"이라고만 명명되신다. 그런 점에서 바빙크가 통찰한 것처럼 성령이라는 호칭은 성부와 성자의 이름이 보여주는 그러한 인격성을 명시적으로 표현해주지 못한다. 게다가 구원사 속에서의 성령의 경륜, 즉 성화의 사역은 성부의 창조 사역이나 성자의 성육신과 속죄 사역처럼 그렇게 명확하게 현시되지 않는다.[12] 게르할더스 보스도 이점에 대하여 바빙크와 일치된 견해를 피력한다. 보스는 성령이 인격적인 하나님이시며 신자들 안에 내주하시고 신자들을 위해서 기도하시며 자신을 신자들과 동일시하심에도 불구하고, 자신의 경륜 사역을 구원의 역사 속에서 가시적인 형태로 드러내시는 경우가 매우 드물다고 지적한다.[13] 그러다 보니 성령은 성자와 비교해볼 때 보다 신자들에 대하여 약한 인격적 관계에 있다는 것이다.[14] 성령은 인격적 하나님으로서 성부와 성자와 마찬가지

---

12 헤르만 바빙크, 『개혁교의학』, 제2권, 391.
13 게르할더스 보스, 『개혁교의학』, 제1권, 150.

송영의 삼위일체론

로 우리의 기도의 대상이시지만, 우리가 기도할 수 없을 정도로 낙심하는 때에 우리 속에서 우리를 위하여 간구하시는 기도의 주체가 되시기도 하는데 그것이야말로 성령의 독특성이다.[15] 성령의 이러한 독특성 때문에 신자들의 신앙생활에서 기도와 관련하여 이 기도가 신자 자신의 기도인지 성령의 대도(代禱)인지를 구분하기 어려울 때가 있는 것이다. 이러한 성령님의 독특한 성격으로 인하여 고대의 양태론자인 사벨리우스(Sabellius)와 그의 추종자들은 성령의 인격성을 거부하고 성령을 단지 하나님의 능력(*energia*)의 가시적 표출일 뿐이라고 간주했으며, 19세기의 신학자 슐라이어마허 역시 성령에 대하여 사벨리우스와 유사하게 사유하여 성령을 단지 교회 공동체의 집단적인 자의식으로서 교회의 영일 뿐이라고 정의하고, 교회가 형성되었을 때 비로소 성령이 존재하기 시작했다고 주장했다.[16] 그러나 교회가 자신의 삶을 깊이 숙고하여 구원의 객관적 원리뿐만 아니라 주관적 원리에도 깊은 관심을 기울이게 되자마자, 교회는 성경의 가르침을 따라 기쁜 마음으로 성령이 인격적 하나님이라는 사실을 고백했다. 왜냐하면 아무도 성령으로 하지 아니하면 그리스도를 주라 시인할 수 없을 뿐만 아니라(고전 12:3), 신자가 성부와 성자와 교제함으로써 그들에게 참여하는 것

---

14 게르할더스 보스, 『개혁교의학』, 제1권, 150이하-151.
15 헤르만 바빙크, 『개혁교의학』, 제2권, 391; 게르할더스 보스, 『개혁교의학』, 제1권, 151.
16 F. D. E. Schleiermacher, *Der christliche Glaube* (Berlin: De Gruyter, 1960), ∫ 122-125.

은 불가능하기 때문이다.[17] 성자께서는 성령을 통해 교회를 거룩하게 하시며 성령 안에서 자신의 모든 구원의 은총들, 즉 그리스도의 신적 본성, 우리의 양자 됨, 하나님과의 신비로운 연합을 교회에 허락하신다.[18] 그러므로 하나님 자신을 우리에게 주시는 성령은 인격적이고 참된 하나님이심에 틀림이 없다.[19]

20세기에 성령론에 관한 매우 중요한 책을 저술했던 프랑스의 신학자 이브 콩가르(Yves J. Congar)는 성령님의 인격적 정체성이 구원의 역사 가운데서 은폐되었다는 사실로 인하여 성령님을 "수줍어하시는 하나님"이라고 묘사하면서 "삼위 안에 있는 미지의 인격"이라고 불렀다.[20] 그리스도교 미술사에서 삼위일체를 그린 성화들을 살펴보면 성부와 성자는 인격적인 존재로 묘사된 반면, 성령님이 인격적 존재로 묘사되지 않고, 동물의 형상, 즉 비둘기의 형상으로 묘사되는 것을 종종 발견하게 된다. 서방의 위대한 교부 아우구스티누스는 자신의 저서 『삼위일체론』(De Trinitate)에서 성령을 성부와 성자를 하나로 묶는 "사랑"(amor) 내지는 "사랑의 띠"(vinculum amoris)라고 불렀다. 성부로부터 나오셔서(발출하셔서) 성자 위에 머무르는 "비둘기"의 이미지나 "사랑의 띠"로서의 성령에 대한 묘사는 우리가 성경을 통해서 성령의 인격적 정체성을 구체적으로 규정하여 명명하는 것이 얼마나 어려운 일인가를 반증

---

17 헤르만 바빙크, 『개혁교의학』, 제2권, 392.
18 헤르만 바빙크, 『개혁교의학』, 제2권, 392.
19 헤르만 바빙크, 『개혁교의학』, 제2권, 392.
20 Yves J. Congar, *Der Heilige Geist* (Freiburg. Basel. Wien: Herder, 1982).

하고 있는 셈이다. 성령의 인격적 정체성을 구체적으로 규정해보고자 하는 신학자들의 연구와 노력은 오늘날에도 계속되고 있지만 쉽사리 그 돌파구가 찾아지지 않는 것이 현실이다.

신성의 원천이신 아버지 하나님은 아들의 출생과는 다른 방식, 즉 발출의 방식으로 성령을 영원히 내쉬신다. 성령은 아버지로부터 내쉬어진 분 즉 발출하신 분이지, 성자처럼 아버지로부터 출생한 분이 결코 아니다. 그러기에 성령은 아버지의 두 번째 아들이 아니다. 세 번째 위격의 하나님이 아버지로부터 내쉬어진 분 즉 발출하시는 분이시기에, 그는 아버지의 거룩한 숨결 즉 성령이라고 명명된다. 아버지는 삼위일체에 있어 신성의 유일한 원천이기에 성령은 아버지로부터 영원히 발출하신다. 그러나 아들로부터 발출하지는 않는다. 만약 성령이 아들로부터도 발출한다면, 아들은 제2의 아버지로 오해될 수 있는 것이다. 그러므로 성령은 오직 아버지로부터만 발출하시지, 아들로부터도 발출할 수는 없다는 것이 동방 교회의 주장이다. 성령의 기원, 소위 "필리오케 논쟁"(Filioque-Streit)으로 점화된 성령의 발출에 관한 동·서방 교회의 이해 방식의 차이는 양 교회를 비극적 분열(1054)로 몰고 갔다. 그리고 아직까지 양 교회 간에 대화의 장애를 불러일으키고 있다.

우리는 성령의 발출(나오심)과 관련하여 다음과 같이 요약할 수 있다.

1) 성령은 아버지와 같이 신성의 원천이 아니다.
2) 성령은 아들과 같이 출생하지 않았다.

3) 성령은 아버지로부터 발출한다(나오신다).

4) 아버지로부터의 성령의 발출(나오심)은 아버지와 성령 사이의 독특한 관계로서, 성령을 규정하는 속성이다.

바빙크와 몰트만이 이미 지적했던 것처럼, 아들을 "말씀" 즉 "로고스"(logos)로 규정할 때 성령이 가진 아버지와 아들 사이의 독특한 내적 관계가 잘 규정될 수 있다. 아버지는 그의 영원한 말씀을 그의 성령을 영원히 내쉬는 가운데 말씀하신다. 말씀을 말하는 것과 성령이 발출하는 것은 나뉠 수 없고 하나로 결합되어 있다고 보아야만 할 것이다. "말씀"과 "성령"은 함께 그리고 동시에 아버지로부터 나오시기 때문에, 말씀과 성령은 "동등"하시고 양자 간에 "서열"을 정할 수가 없다. 왜냐하면 말씀(말)과 성령(호흡)은 상호 간에 서로를 제한하고, 서로에게 의존하기 때문이다. 아버지로부터 말씀(아들)은 성령과 더불어 말씀되고, 성령은 말씀과 더불어 내쉬어지신다. 그러기에 성령 또한 아들처럼 "신성"과 "본질"을 아버지로부터 받으신다. 그러므로 성령은 피조물이 아니라, 아버지와 아들과 더불어 동일한 본질을 소유하시는 한 하나님(unus Deus, one God), 즉 동일하신 하나님(der selbe Gott)이다.

그러기에 성부와 성자와 성령 곧 삼위는 단일한 의지와 사역과 능력을 공유하시며 늘 함께 역사하시는 동일한 본질을 소유하신 한 하나님이시다.[21] 그래서 초기 교부인 리옹의 이레나이우스는 성자와 성령을 성부 하나님의 "두 손"이라고 불렀다.[22] 성부께서는 창조의 사역과 구원의 사역을 수행하실 때에 당신의 두 손을 동시에

송영의 삼위일체론

사용하신다. 만물은 성부로부터 나와서 성자에 의해 그 존재를 부여받으며, 성령 안에서 생명을 호흡한다.[23] 그래서 시편의 시인은 다음과 같이 노래했다. "주(여호와)의 말씀으로 하늘이 지음이 되었으며, 그 만상이 그 입 기운으로 이루었도다"(시 33:6). 아멘!

---

21 이러한 사상은 콘스탄티노플 공의회에서 공교회의 정통 삼위일체론을 정립하는데 결정적인 공헌을 한 카파도키아의 세 명의 교부들의 일관된 사상이다. 카파도키아의 교부 중 한 명인 카이사레아의 바실리오스는 성부와 성자와 성령이 한 하나님이신 것은 신성의 원천인 성부로부터 성자는 출생의 방식으로 그리고 성령은 발출의 방식으로 성부의 신성(본질)을 공유하여, 세분이 동일한 본질을 소유하고 계시기 때문이라고 한다. 바실리오스의 이러한 사상은 나지안조스의 그레고리오스와 니사의 그레고리오스에게도 발견된다(Gregorius Theologus, *Oratio*., 31, 10; Gregorius Nyssenus, *Contra Eunomium*, II, 2; III, 4). 세 위격이 동일한 본성을 가지고 있음으로 세 분은 하나, 곧 한 하나님이시라는 것은 카파도키아의 세 교부들의 삼위일체론의 근간을 이루는 기본 사상이다(Basilius Magnus, *Epistola*, 8, 3; 189, 4; Gregorius Theologus, Oratio., 41, 8; 31, 14; Gregorius Nyssenus, *Contra Eunomium*, II, 2). 그러므로 그들에 따르면 하나님이 하나인 것은 숫자에 있어서 하나가 아니라 본질에 있어 동일본질, 곧 하나라는 것이다(Basilius Magnus, *Epistola*, 8, 2; Gregorius Theologus, Oratio., 41, 8)). 또한 바실리오스는 성부와 성자와 성령의 공동 사역은 세 위격의 동일본질의 불변성을 증명해준다고 한다(Basilius Magnus, *Epistola*, 186, 6, 8).
22 Irenaeus, *Adversus Haereses*, IV, 10. 1
23 헤르만 바빙크, 『개혁교의학』, 제2권, 420.

나는 사변하느니
차라리 경배하리라!

삼위일체 교리는 신학적 사변으로부터가 아니라
예배(송영)로부터 형성된 것이다

앞에서도 언급했지만 삼위일체 교리는 책상에서 신학자들이 형이상학적이고 관념적으로 사색하여 고안해낸 탁상공론의 교리가 아니다. 이 교리의 배후에는 초기 교회 공동체의 "구원의 경험"이 엄존하고 있다. 초기 교회의 그리스도인들은 예수 그리스도와의 만남을 통해서 하나님께서 베풀어 주시는 구원을 경험했다. 그리고 성령의 "현존 체험"과 더불어 예수께서 베풀어주신 "구원 사건"이 공동체 속에 새롭게 반복적으로 발생하는 것을 경험했을 뿐만 아니라, 지상에서 사역하시고 고난당하셨으며 십자가에서 죽고 부활하셨으며 승천하신 그 예수가 너무나 생생하고 선명하게 공동체 속에 현존하고 계시다는 것을 경험했다. 이러한 초기 교회 성도들의 구원의 경험이 그들로 하여금 하나님을 "삼위"로 고백하게 했으며, 그들 공동체의 예배 속에서 성부와 성자와 성령이 경배(예배)되고 묵상되고 찬양(송영)되었다. 이러한 초기 교회의 구원의 경험을 신학적 논리를 따라 정리하고 해석을 가한 것이 삼위일체 교리다.

필자가 늘 강조하는 것이지만, 삼위일체 교리뿐만 아니라 모든 교리는 교회 공동체로부터, 좀 더 구체적으로 말하면, 교회 공동체의 예배로부터 형성된 것이다. 그런 의미에서 교회 공동체의 예배야말로 삼위일체 교리를 포함한 모든 교리의 "근원"이요 "모태"라고 할 수 있다. 그래서 필자는 예배야말로 모든 교리들의 삶의 자리(Sitz im Leben), 즉 탄생의 자리였다는 사실을 거듭 강조하고자 한다. 예배 속에서 경배되고 찬양되던 성 삼위 하나님에 대한 초기 교회 성도들의 신앙을 신학적 논리를 따라 정리하고 해석을 가한 것이 삼위일체 교리였다. 단순하게 예배 속에서 기도와 묵상과 찬양으로 경배되던 삼위일체에 대한 고백이 교부들에 의해서 삼위일체론이라는 정교한 교리로 형성·발전되게 된 이유는 교회 내부에 등장했던 삼위일체에 대한 잘못된 이해 방식에 대항하여 삼위일체에 대한 바른 이해를 개진할 절박한 필요성이 있었기 때문이다.

사변하기 이전에 경배를!

거듭 강조하거니와, 우리는 삼위일체 교리뿐만 아니라 모든 교리가 예배로부터 형성되었다는 사실을 잊어서는 안 될 것이다. 가령 "칼케돈 공의회"의 그리스도론으로 잘 알려져 있는 "두 본성 교리"(Zwei-Naturen-Lehre)라는 것이 있다. 이 교리는 "신성"과 "인성"이 예수 그리스도의 "하나의 인격"(μία ὑπόστασις) 속에 "혼합 없이"(α-συγχύτως), "변화 없이"(α-τρέπτως), "분리 없이"(α-διαιρέτως), "분열 없이"(α-χωρίστως) 있다는 사실을 고백한다. "혼합 없이"와 "변화 없이"는 예수 그리스도의 인성이 신성 속에 흡수되어 녹아 버렸으므로 예수 그리스도는 오직 "하나의 본성"(단성)인 신성만을 가지고 있다고 주장한 알렉산드리아(Alexandria)의 단성론(單性論, Monphysitismus)—유티케스(Eutyches)와 아폴리나리우스(Apollinarius)가 바로 이러한 주장을 했던 단성론자들이다—에 대항한 공식이었다면, "분열 없이"와 "분리 없이"는 예수의 신성과 인성의 극단적 분리를 주장했던 안디옥(Antiochia)의 네스토리우스(Nestorius)에 대항한 공식이었다. 그러나 이 교리가 이러한 이단들과의 논쟁으로 인하여 체계적으로 형성되기 이전부터, 이미 초기 교회의 공동체 예배 속에서 예수 그리스도의 신성과 인성의 혼합 없음과 변화 없음, 그리고 분열 없음과 분리 없음이 깊은 묵상과 성찰 가운데서 경배되고 찬양되었다는 사실을 잊어서는 안 된다. 삼위일체 교리와 마찬가지로 그리스도에 대한 두 본성 교리 역시 이 교리가 먼저 형성된 이후에 예수 그리스도의 신성과 인성에 대한 경배와 찬양이 있었던 것이 아니라, 예배 속에서 실천되던 예수 그리스도의 신성과 인성에 대한 경배와 찬양을 모으고 정리하여 신학적 해설과 해석을 부쳐 놓은 것이 "칼케돈 공의회"의 두 본성 교리였던 것이다. 물론 초기 교회에서 이러한 신학적 작업을 촉발시켰던 것은 "단성론"(Monophysitismus)과 "네스토리우스주의"(Nestorianismus)라는 이단의 등장이 그 원인이었다.

그래서 교부 프로스페르 아퀴타누스는 "예배의 법(예전)이 신앙의 법(신학)을 앞선다"라는 유명한 말과 함께 예배가 신학 내지는 교리의 "원천"이며 "모태"임을 천명했다. 우리는 이제부터 삼위일체 교리의 항목들 중에 "삼위일체 교리의 내재적 구성의 원리에 관한 교리"와 더불어 가장 난해한 교리에 속하는 "경륜적 삼위일체와 내재적 삼위일체의 관계에 관한 교리"에 관하여 살펴보려고 한다. 이 어려운 교리를 살펴보기 이전에 삼위일체 교리를 사변하는 것보다는 삼위일체 하나님을 경배하는 것이 더 낫다는 이 단순한 사

제15장 나는 사변하느니 차라리 경배하리라!

실을 거듭 강조하는 바이다.

거듭 강조하거니와…

한국교회 안에서 삼위일체론과 관련된 심각한 문제 가운데 하나는 삼위일체 교리를 신학적으로 바르게 이해하려는 노력은 나름대로 시도되고 있으나, 이 교리가 교회의 예배(예전) 속에서 실천되지 않는다는 데 있다. 하지만 삼위일체 교리가 우리의 예배의 대상인 하나님에 관한 교리라면 이것을 단지 교리 지식으로만 가르쳐서는 안 되고 우리 예배의 중심에 위치시켜야 한다.

거듭 강조하거니와 우리 구원의 하나님이신 성부와 성자와 성령께 경배와 찬양을 돌리는 이들에게는 삼위일체에 대한 이론적 탐구는 유익하다. 그러나 삼위일체 교리를 단지 신학적 사변과 탐구의 대상으로 삼는 이들에게 이 교리에 대한 사변과 탐구는 단지 교리 지식을 넓히는 것 이상의 의미가 없다. 그렇게 될 경우 이 교리의 배후에 도도히 흐르고 있는 경배와 찬양(송영)의 정신을 망각하게 된다.

이러한 사실을 분명히 하면서 이제부터 "구원의 삼위일체"이며 그러기에 하나님의 "구원의 신비"(mysterium salutis) 그 자체인 "경륜적 삼위일체"와, 하나님의 "본질의 삼위일체"이며 그러기에 하나님의 "존재의 신비"(mysterium entis) 그 자체인 "내재적 삼위일체"에 대한 개념과 이 양자 사이의 상호 관계에 대해서 살펴보도록 하자.

송영의 삼위일체론

경륜적 삼위일체와
내재적 삼위일체 개념과
그 신학사적 배경

경륜적 삼위일체와 내재적 삼위일체에 대하여

이제부터 삼위일체론에서 삼위일체의 내적 구성의 원리에 관한 교리와 더불어 가장 까다로운 교리라고 할 수 있는 "내재적 삼위일체"(immanente Trinität)와 "경륜적 삼위일체"(ökonomische Trinität)에 대하여 살펴보도록 하자. 그리스도교 신학은 전통적으로 삼위일체를 "내재적 삼위일체"와 "경륜적 삼위일체"로 구분해 왔다.

내재적 삼위일체에 관하여

내재적 삼위일체의 정의

여기서 내재적 삼위일체란 하나님의 내적인 "본질(존재)의 신비"(Wesensgeheimnis)를 묘사하는 삼위일체를 의미한다. 즉 "내재적 삼위일체"는 영원 전부터 홀로 자존하시는 하나님의 내적 신비를 규정하는 교리다. 아우구스티누스의 표현을 빌리자면, 내재적 삼위일체는 "안을 향한 삼위일체의 사역"(oprea trinitatis ad intra)을 의미한다.[1] 우리는 내재적 삼위일체 교리와 더불어 "자기 자신 속에 계신 하나님"(Gott in[an] sich slebst), 즉 이 세상이 창조되기 이전, 곧 영원 전부터 하나님이 자기 자신 속에서 어떻게 존재하고 있었는가를 질문한다. 그러기에 신학자들은 내재적 삼위일체

---

[1]   Wolfgang Trillhaas, *Dogmatik*, 110

를 다른 말로 "본질의 삼위일체"(Wesenstrinität)라고도 명명했다.[2] 이러한 내재적 삼위일체는 창조, 타락, 구속의 구원 역사가 펼쳐지기 전까지는 우리에게 결코 인식될 수 없었던 "감추어진 삼위일체"(*Trinitas abscondita*)다.

내재적 삼위일체의 사역

고전적 삼위일체론에서 내재적 삼위일체는 두 가지 사역을 하는 것으로 이해한다. 첫 번째 사역은 성부로부터 성자의 "영원한 출생"(*generatio in aeterna*)이며, 두 번째 사역은 성부로부터 성령의 "영원한 내어쉼"(*spiratio in aeterna*) 또는 "영원한 발출"(*processio in aeterna*)이다.[3] 성자의 영원한 출생과 성령의 영원한 발출에 있어 성부는 신성의 "기원 없는 기원"(ursprunglose Ursprung)이시며, "원리 없는 원리"(*principium sine principio*)이시다. 성자는 성부로부터 영원히 "출생"했으며, 성령은 성부로부터 영원히 "발출"하신다. 성부는 그의 모든 능력을 성자에게 나누어주지만 신성의 원천이 될 수 있는 능력만은 성자에게 나누어주지 않으신다. 만약 성부가 신성의 원천의 능력을 성자에게 분여한다면 성자는 제2의 성부라고 불릴 것이며, 우리는 성령의 신성과 관련하여 두 가지 신성의 원천

---

2   W. Wilfred Joest, *Dogmatik*, I, 323.
3   W. Joest. *Dogmatik*, I, S. 324.

을 말해야만 하는 어려움을 겪게 될 것이다.[4] 성자는 성부로부터 출생하지만 발출하지 않으시며, 성령은 성부로부터 발출하지만 출생하지 않으신다. 성자와 성령은 출생과 발출 외의 모든 능력을 함께 공유한다. 만약 출생과 발출마저 성자와 성령이 함께 공유한다면 성자는 제2의 성령이라 불릴 것이며, 성령은 제2의 성자라고 불릴 것이다. 그러므로 삼위일체 내의 성부, 성자, 성령 각 위격의 고유의 사역—이러한 고유의 사역을 각 위격들에 귀속되는 "비공유적 속성"이라고 부르는 바—은 성부(비출생성), 성자(출생), 성령(발출)이다. 이러한 세 위격의 각각의 사역은 다른 위격에 귀속될 수 없다. 그러므로 아우구스티누스는 내재적 삼위일체의 사역을 다음과 같은 유명한 명제로 정의했다. "안을 향한 삼위일체의 사역들은 구분된다"(*oprea trinitatis ad intra sunt divisa*).[5]

---

4 성부만이 신성의 원천이라는 사상은 동·서방 삼위일체론에서 초지일관 주장되고 관철된 공교회의 교리였다. 그럼에도 불구하고 성령의 발출과 관련하여 서방의 필리오케(*filioque*) 주장은 신성의 유일한 원천으로서의 성부에 대한 양 교회의 공통의 입장에도 불구하고, 서방이 신성의 두 가지 근원을 주장하는 것으로 동방의 오해를 사게 되었다. 서방이 성령의 발출과 관련하여 필리오케를 주장하게 된 것은 삼위 내에 두 개의 신성의 원천을 설정하고자 하는 의도가 아니라, 6세기 서방 지역에서 다시 발흥하던 아리우스주의 이단에 대항하여 성자의 신성을 능동적으로 방어하기 위함이었다. 그러나 서방에 대한 동방의 오해로 인해 1054년 동방 교회와 서방 교회 사이의 불행한 교회 분열이 일어났다.

5 W. Joest, *Dogmatik*, I, 324; Trillhaas, *Dogmatik*, 110.

경륜적 삼위일체에 관하여

경륜적 삼위일체의 정의

경륜적 삼위일체란 "창조"와 "구원의 역사"(예수의 성육신 사건, 갈릴리에서의 하나님 나라 사역, 고난과 십자가에서의 죽음과 부활 및 승천, 그리고 성령 강림과 재림 사건) 속에서 드러난(계시된) 삼위일체를 의미한다. 아우구스티누스의 표현에 따르면, 경륜적 삼위일체는 내재적 삼위일체가 "밖을 향하여 행하신 삼위일체의 사역"(*oprea trinitatis ad extra*)을 의미한다. 경륜적 삼위일체는 이 세상의 구원과 관련하여 하나님이 어떻게 사역하시는가를 질문하며, 이러한 질문에 대하여 성부의 "창조"와 성자의 "구원" 및 성령의 "성화"를 말한다.[6] 내재적 삼위일체가 "자기 자신 안에 계시는 하나님"(Gott in [an] sich selbst)을 말한다면, 경륜적 삼위일체의 하나님은 "우리를 위한 하나님"(Gott für uns)을 말한다. 그래서 신학자들은 경륜적 삼위일체를 다른 말로 "계시의 삼위일체"(*Trinitas revelata*, Offenbarungstrinität) 내지는 "구원의 삼위일체"(*Trinitas salutis*, Heilstrinität)라고 불렀다.

경륜적 삼위일체의 사역

삼위일체 교리의 뿌리는 영원한 삼위일체, 곧 내재적 삼위일체가 아니라 하나님의 구원 행위와 그것에 관한 성경적 증언이 계시하는 경륜적 삼위일체에 놓여 있다.[7] 하나님은 자신의 구원 경

---

6   W. Joest, *Dogmatik*, I, S. 324.

송영의 삼위일체론

륜 안에서 자기 자신을 삼위로 계시하셨다. 경륜적 삼위일체의 사역은 성부의 "창조", 성자의 "구원" 또는 "화해", 성령의 "성화"로 구성된다.[8] 비록 창조의 사역이 성부에게만 "전유"(*appropriatio*)되고, 구원 내지는 화해의 사역이 성자에게만 전유되며, 성화의 사역이 오직 성령에게만 전유된다 할지라도(이를 전유 교리[*doctrina appropriatonis*]라고 부른다), 세 위격의 각각의 사역 속에는 매번 한 분의 인격이 활동하고 있는 것이 아니라 성부와 성자와 성령의 나누어지지 않는 협력 속에서 세 위격이 활동한다. 성부의 사역 속에 성자와 성령이, 성자의 사역 속에 성부와 성령이, 성령의 사역 속에 성부와 성자가 "상호 침투"(*circumincessio*)하고 "상호 내주"(*ciruminsessio*)한다. 하나님은 상호 침투(περιχώρησις, *circumincessio*)와 상호 내주(*ciruminsessio, inhabitatio*) 속에서 삼위일체의 하나님이시기 때문에, 각 위격의 어떤 행위도 고립적이지 않으며, 다른 위격들로부터 분리되어 있지 않다.

그러므로 아우구스티누스는 경륜적 삼위일체를 다음과 같은 유명한 명제로 정의했다. "삼위일체의 밖을 향한 사역들은 구분되지 않는다"(*Opera trinitatis ad extra sunt indivisa*). 이 명제는 서방의 삼위일체 신학에서 특별히 더 강조되었다. 창조 사역과 구원 사역에서 성부, 성자, 성령은 상호 내주 속에서 함께 일하셨으므로, 그들의 사역은 구분될 수 없다. 그러므로 창조 사역과 관련하여 고

---

7   W. Joest, *Dogmatik*, I, 323.
8   W. Joest, *Dogmatik*, I, 324; H. G. Pöhlmann, *Abriß der Dogmatik*, 120.

제16장 경륜적 삼위일체와 내재적 삼위일체 개념과 그 신학사적 배경

전적 교의는 성부를 "창조자"로, 성자를 "창조의 중보자"로, 성령을 "창조의 능력"으로 명명했다.

교리의 신학사적 배경

삼위일체를 내재적 삼위일체와 경륜적 삼위일체로 구분하는 것은 이미 초기 교회의 교부들에게서, 즉 안디옥의 이그나티우스(Ignatius von Antiochien), 리옹의 이레나이우스, 로마의 히폴리투스, 카르타고의 테르툴리아누스 등에게서 발견된다. 그리고 이들 뒤에 등장했던 카파도키아의 세 명의 교부들, 아우구스티누스와 토마스 아퀴나스, 이후 중세를 거쳐 등장한 종교개혁자들인 루터와 칼뱅의 사상 속에서도 발견된다. 여기에 더하여 개신교 정통주의 신학자들에 이르기까지 이 양자에 대한 구분은 일관되게 발견된다.

비록 교부들과 종교개혁자들 그리고 개신교 정통주의 신학자들에게서 이 양자의 개념, 즉 내재적 삼위일체와 경륜적 삼위일체라는 개념은 "소리를 따라서"(aquoad sonum) 명시적으로 존재한 것은 아니지만, "의미를 따라서"(aquoad sensum)는 분명히 그와 같은 사상이 존재했다.

리옹의 이레나이우스
2세기에 활동했던 반영지주의 교부 리옹의 이레나이우스는 구원

송영의 삼위일체론

사에 있어 경륜적 삼위일체론와 내재적 삼위일체를 구분한 최초의 신학자였다. 그는 삼위일체 하나님의 "경륜"(oikovoμία, *dispositio sive dispensatio*)⁹을 세상과 인간을 구원하시려는 삼위 하나님의 교육 과정으로 이해했고, 이러한 교육 과정을 구원의 과정으로 이해했다.¹⁰ 그래서 구원의 과정, 즉 교육 과정은 성부로부터 유래하고 성자로부터 실현되며 성령에 의해서 성취되는 것이기에, 그는 성자와 성령을 구원 경륜의 역사를 성취해 나가시는 성부 하나님의 "두 손"으로 묘사했다.¹¹ 이레나이우스에 따르면, 인간과 세계를 위한 삼위일체 하나님의 구원 경륜으로서의 교육 과정이야말로 다름 아닌 구원의 과정을 의미한다.

세 명의 카파도키아 교부들

세 명의 카파도키아의 교부들, 곧 카이사레아의 바실리오스, 나지안조스의 그레고리오스, 그리고 니사의 그레고리오스는 신학 전체

---

9   "디스포시티오"(*dispositio*)와 "디스펜사티오"(*dispensatio*)는 그리스어 "오이코노미아"(oikovoμία)의 라틴어 번역이다. "디스포시티오"와 "디스펜사티오"에 대한 교부들의 상세한 용례를 보려면, 백충현, 『내재적 삼위일체와 경륜적 삼위일체』, 78-94를 참조하라.

10   Irenaeus, *Adversus haereses*, IV, 15, 1; 20, 5. 삼위 하나님의 구원의 역사를 인류를 구원하시려는 하나님의 교육 과정으로 이해하는 이러한 사고는 종교개혁 시대에 체코의 종교개혁자 요한 아모스 코메니우스(Johann Amos Comenius)의 교육 사상에 심원한 영향을 끼쳤다. 코메니우스는 이레나이우스를 따라 "창조-타락-구속-완성"에 이르는 "구원 역사"에 관한 일련의 과정을 인류 및 세상 만물을 구원하시려는 하나님의 교육 과정으로 이해했다. 코메니우스에 따르면, 교육의 목적은 단지 인간에게 지식을 전달하는 데 있는 것이 아니라 인간과 세계를 구원하는 데 있다.

11   Irenaeus, *Adversus haereses*, IV, 10, 1.

제16장 경륜적 삼위일체와 내재적 삼위일체 개념과 그 신학사적 배경

를 하나님의 "삼위일체성"(Dreieinigkeit)에 대한 이론이라고 간주했으며 그것과 더불어 하나님의 삼위일체 안에 "내재"와 "경륜" 사이의 구분을 설정했다.[12] 세 명의 카파도키아 교부들은 사물들을 "이데아"(Idee)와 "현상"(Erscheinung)으로 나누는 플라톤적 이원론을 차용하여, 하나님의 내적 본질과 삼위가 주도하시는 구원의 역사를 구분했다.

아우구스티누스

아우구스티누스 또한 "안을 향한 삼위일체의 사역"(*opera trinitatis ad intra*) 즉 삼위일체 하나님의 내적 본질과, "밖을 향한 삼위일체의 사역"(*opera trinitatis ad extra*) 즉 삼위일체 하나님의 구원의 경륜을 구분하여 가르쳤다.

아우구스티누스에 따르면 "안을 향한 삼위일체의 사역"은 성부께서 성자를 "낳으시는 것"(*generatio activa*)과 성령을 "나오게 하심(내어쉬심)"(*processio activa*)이고, 성자의 성부로부터의 "나심(출생)"(*generatio passiva*)과 성령의 성부와 성자로부터의 "나오심(발출)"(*processio passiva*)의 사역을 의미한다. 성부는 어디로부터도 기원하지 않으셨고 성자를 영원히 낳으시며 성령을 영원히 내쉬기 때문에 성자와 성령의 "기원 없는 기원"이시고 "신성의 원천"이시다. 성자는 성부로부터 영원히 "출생"(*generatio*)하신 분, 즉 나신 분이 시기에 성자 곧 아들이다. 성령은 성부로부터 그리고 성자로

---

12 위르겐 몰트만, 『십자가에 달리신 하나님』, 252.

부터도(*Filioque*) 영원히 "발출"(*processio*)하신 분이므로 성령이시다.[13] 그러기에 안을 향한 삼위일체의 사역은 신성의 원천(성부), 출생(성자), 발출(성령)로 구분되는 것이다. 그래서 아우구스티누스는

---

13 아우구스티누스는 성령이 "성부로부터 그리고 또한 성자로부터도"(*a Patre filioque*) 발출하신다고 함으로써 성령의 발출과 관련하여 소위 "필리오케"(*Filioque*, 아들로부터도) 교리를 주장한다. 이 "필리오케"라는 문구는 원래 "니케아-콘스탄티노플 신경"(381)의 원문에는 존재하지 않았다. 아우구스티누스가 등장하기 이전의 성령 발출에 관한 동방과 서방의 공동의 견해는 "성령은 성부로부터 발출하신다"는 것이었다. "니케아 공의회"(325)와 "콘스탄티노플 공의회"(381)의 가르침에 따르면, 삼위 안에서 오직 성부만이 "신성의 원천"이시므로, 성령의 발출에 대하여 아우구스티누스처럼 "이중 발출"(*processio gemina*)의 입장, 즉 성령은 성부로부터 그리고 성자로부터도 발출하신다는 입장을 견지하게 되면 삼위 안에 두 가지 신성의 원천을 설정하는 꼴이 되기 때문에, 성령의 이중 발출에 대한 아우구스티누스의 교설을 동방에서는 결코 받아들일 수 없었다. 그럼에도 불구하고 아우구스티누스가 "필리오케", 즉 "아들로부터도"라는 문구를 신경의 원문에 첨가하여 가르치게 된 이유는, 그가 삼위 내부에 두 가지 신성의 원천을 설정하여 성령의 이중 발출을 주장하려는 의도 때문이 아니었다. 아우구스티누스가 필리오케 공식을 표명하게 된 것은 아우구스티누스 당대에 프랑스 지역에서 출몰했던 아리우스적인 경향을 가진 이단들 때문이었다. 아우구스티누스는 성자의 신성을 거부하고 성자를 단지 피조물로 폄하하는 아리우스적 경향을 가진 이단에 대항하여 필리오케의 공식과 더불어 성자가 성부와 "동일한 본질"을 가지신 하나님이라는 사실을 좀 더 명확하고 단호하게 표명하기를 원했다.

사실 공교회가 "니케아-콘스탄티노플 신경"을 반포한 이래로 필리오케의 문제가 대두되게 된 것은 신경 자체가 가지는 한계로부터 기인한 측면이 있다. 니케아와 콘스탄티노플의 교부들이 "니케아-콘스탄티노플 신경"을 통하여 성부와 성자의 관계(성자의 신성을 부인하고 성자가 단지 성부의 첫 번째 피조물이라고 주장하는 아리우스와 그의 추종자들에 대항하여) 및 성부와 성령의 관계(아리우스의 영향을 받았으며 성령의 인격성을 부정했던 콘스탄티노플의 대주교 마케도니오스(Makedonius)와 그의 추종자들—성령의 인격성을 부정했기에 "성령모독자들"이라고 불렸으며, 이들의 사상은 마케도니오스의 이름을 따라 마케도니오스주의(Makedonianismus)라고 부른다—에 대항하여 명확하게 규정하였으나, 성자와 성령의 관계에 대하여 구체적인 규정을 하지 않았다. 만약 "니케아-콘스탄티노플 신경"이 성부와 성자의 관계 및 성부와 성령의 관계를 명확하게 규정하고 있는 것과 마찬가지로 성자와 성령의 관계를 또한 명확하게 규정했더라면 1054년 동방 교회와 서방 교회를 비극적인 분열로 몰아넣었던 필리오케 논쟁은 애초에 발생하지 않을 수 있었을 것이다.

"안을 향한 삼위일체의 사역은 구분된다"(*opera trinitatis ad intra sunt divisa*)고 말했다.

아우구스티누스에 따르면 "밖을 향한 삼위일체의 사역"은 성부의 창조, 성자의 구속, 성령의 성화의 사역을 의미한다. 비록 창조 사역을 성부가 "전유"(*appropriatio*)하시고 구속 사역을 성자가 전유하시며 성화 사역을 성령이 전유하신다고 할지라도, 창조 사역은 성부가 홀로 수행하시는 사역이 아니고, 구속 사역도 성자가 홀로 수행하는 사역이 아니며, 성화 사역도 성령이 홀로 수행하시는 사역이 아니다. 창조와 구속과 성화의 모든 사역은 삼위 하나님께서 함께 행하시는 "공동 사역"(Synergie)인 것이다. 그러므로 아우구스티누스에 따르면, "밖을 향한 삼위일체의 사역은 구분되지 않는다"(*opera trinitatis ad extra sunt indivisa*).

종교개혁자들

아우구스티누스의 "삼위일체의 밖을 향한 사역"(경륜적 삼위일체)과 "삼위일체의 안을 향한 사역"(내재적 삼위일체)의 구분은 루터와 칼뱅으로 대변되는 개혁자들에 의해 수용되었다. 그러나 우리가 여기서 한 가지 주목해야만 하는 사실은 그들이 삼위일체의 안을 향한 사역보다 밖을 향한 사역에 더 관심을 집중했다는 점이다. 개혁자들은 단지 형이상학적인 전통에 대한 신뢰로부터가 아니라 삼위일체 하나님의 구원의 역사로부터 삼위일체론을 인정하고 수용했다.[14] 그들은 하나님의 구원의 역사로부터 삼위일체를 인식하기를 원했다. 비록 루터와 칼뱅이 내재적 삼위일체에 대해 이의를 제기하지 않았고 그것을 인정하고 수용했다고 할지라도, 그들은 삼위일체론과 더불어 하나님의 내적 존재의 신비에 대해서 상론하는 데 관심을 덜 가졌으며, 오히려 삼위일체론과 더불어 이 세상을 향하신 하나님의 구원 행위에 관심을 집중했다.[15] 왜냐하면 그리스도를 믿음으로 말미암아 인간에게 은총의 선물로 주어지는 구원에 대한 개혁자들의 가르침과 확신은 그리스도와 성령의 역사 속에서 하나님의 전적인 현존에 대한 신앙(믿음) 없이는 발상조차 될 수 없는 일이었기 때문이다.[16] 개혁자들에게 있어 삼위일체론이란 하나님 없는 자들에 대한 오직 은총(sola gratia)으로 말미암은 구원(칭의, justificatio)을 신론으로 번역해 놓은 것이었다.[17] 또한 "개신교 정통주의 신학"(Protestantische Orthodoxe Theologie)도 내재적 삼위일체와 경륜적 삼위일체를 구분하는 입장을 수용하였다. 우리는 이에 대한 전형적인 예를 루터파 정통주의자 켐니츠(Chemniz)에게서 발견한다.[18]

요한 아우구스트 우를슈페르거

삼위일체의 "본질"의 국면과 "계시"의 국면을 "내재적 삼위일체"와 "경륜적 삼위일체"라는 명시적인 용어로 구분한 이는 18세

---

14 W. Joest, *Dogmatik*, I, 328.
15 W. Joest, *Dogmatik*, I, 328.
16 W. Joest, *Dogmatik*, I, 328.
17 W. Joest, *Dogmatik*, I, 335.
18 참조. H. G. Pöhlmann, *Abirß der Dogmatik*, S. 120

기의 신학자였던 요한 아우구스트 우를슈페르거(Johann August Urlsperger)였다.[19] 물론 우리는 우를슈페르거가 내재적 삼위일체와 경륜적 삼위일체의 개념을 명시적인 학술 용어를 사용하여 구분하기 훨씬 이전부터 이 양자에 해당되는 개념과 사상들이 존재하고 있었다는 사실을 결코 잊어서는 안 될 것이다. 경륜적 삼위일체와 내재적 삼위일체를 구분하는 사유는 비록 "소리를 따라서"(aquoad sonum)는 존재하지 않았다고 할지라도 "의미를 따라서"(aquoad sensum)는 이미 초기 교회의 교부들에게서 발견된다. 원래 경륜적 삼위일체와 내재적 삼위일체는 양태론에 대항한 초기 교회의 투쟁 속에서 특별히 테르툴리아누스에 의해 구분되었다.[20] 그 이후 이 사상은 이레나이우스, 카파도키아의 세 명의 교부들, 아우구스티누스에게서도 발견된다.

그러므로 내재적 삼위일체와 경륜적 삼위일체라는 명시적인 용어가 교부들의 문헌에서 발견되지 않는다고 해서 교부들에게 이 양자를 구분 짓는 사유가 애초에 존재하지 않았다는 식의 주장은 교부들의 사상을 심히 오독하는 것이다.

---

19 Michael Murmann-Kahl, *Art., Trinität* II, in: HWP 10, 1507; Wolfhart Pannenberg, *Systematische Theologie*, Bd. I, S. 317.
20 Geritt C. Berkouwer, *A Half Century of Theology* (Grand Rapids: Edermans, 1977), 259.

송영의 삼위일체론

"자기 자신 속에 계시는 하나님"과 "우리를 위한 하나님"

고전적 신학은 내재적 삼위일체 속에서 "자기 자신 속에 계신 하나님"(Gott in sich selbst) 즉 하나님의 내적 신비를 취급하였고, 경륜적 삼위일체 속에서 "우리를 위한 하나님"(Gott für uns) 즉 구원 역사 속에서의 하나님의 사역을 취급했다. 고대의 동방 교부들은 하나님의 내적 신비 즉 자기 자신 속에 계시는 하나님을 취급하는 것을 "신학"(*theologia*)이라고 불렀고, 우리를 위한 하나님 즉 구원 역사 속에서의 하나님의 사역을 취급하는 것을 "경륜"(*oikonomia*)이라고 불렀다.

　내재적 삼위일체와 경륜적 삼위일체 사이의 고전적 구분은 하나님의 구원의 역사에 대하여 하나님의 본질의 우위성을 강조했고, 그것과 더불어 이 세상에 대한 하나님의 "초월성"과 "자유" 그리고 그분의 "통치"(지배)를 강조한 측면이 있다. 그러다보니 내재적 삼위일체의 관념성과 추상성이 경륜적 삼위일체 이해에 짙은 암영을 드리우게 되었고, 그 결과 삼위일체 교리는 초기 교회의 구원의 경험이라는 교리 형성의 원래의 "삶의 자리"(Sitz im Leben)로부터 이탈하여 삼위 하나님의 내적 존재의 신비를 추상적으로 논구하는 난해한 사변으로 전락하게 된 측면이 있다.

제17장

경륜적 삼위일체와
내재적 삼위일체의 관계

내재적 삼위일체와 경륜적 삼위일체 간 분리의 문제점

"내재적 삼위일체"(immanente Trinität)와 "경륜적 삼위일체"(ökonomische Trinität)의 관계에 대한 고전적인 견해는 양자를 구분해야 하지만 분리하지는 말아야 한다는 것이었다. 양자 사이의 관계에 대한 이러한 이해는 타당하지만, 향후 양자의 구분을 지나치게 강조하는 경향으로 인하여 양자 사이의 관계가 분리되는 결과를 초래하게 되었다. 양자에 대한 이러한 분리는 이 세상 속에서 전개되는 하나님의 구원 계시와 구원의 역사보다 이 세상을 초월해 있는 하나님의 존재의 우위성을 강조하는 길로 나아가게 되었다. 그러다 보니 신론에 관한 논의는 자연스럽게 이 세상에 대한 하나님의 초월성과 그분의 통치를 강조하는 방향으로 진행된 측면이 있다. 이 세상에 대한 하나님의 초월성을 강조하는 신론에 있어 고전적 견해는 그것의 의도와 관계없이 하나의 결함을 노출시키게 되었던 바, 세상에 대한 하나님의 관계성과 구원 역사의 중요성을 약화시키는 결과를 초래시켰다. 그러다 보니 삼위일체론이 역사 속에서 하나님의 구체적인 구원행위 또는 구원사건에 대한 서사 속에서 취급되지 못하고, 하나님의 내적 존재의 신비를 해명하는 고도의 관념적 사변으로 기울어지게 된 측면이 있다.

삼위일체에 대한 칼 라너의 명제

로마 가톨릭 예수회 소속의 신학자 칼 라너는 경륜적 삼위일체와 내재적 삼위일체 사이의 관계를 소위 라너의 법칙(Rahner's Rule)이라고 알려져 있는 다음과 같은 자신의 유명한 명제로 요약하였다.

> 경륜적 삼위일체는 내재적 삼위일체이며, 내재적 삼위일체는 경륜적 삼위일체다(Die ökonomische Trinität ist die immanente Trinität und umgekehrt).[1]

라너가 "경륜적 삼위일체"와 "내재적 삼위일체" 사이의 관계를 상기의 명제로 정의한 이래로, 오늘날 삼위일체 신학에 대한 논쟁의 한가운데서 삼위일체의 경륜과 내재의 관계에 대한 질문이 언제나 중요한 논제로 토론되었다.

오늘날의 많은 신학자들, 예를 들면 몰트만, 판넨베르크, 라쿠나, 보프 등은 상기에서 언급한 라너의 명제를 수용하여, 내재적 삼위일체와 경륜적 삼위일체 사이를 분리하는 고전적 견해를 비판한다. 그들은 삼위일체론을 "구원의 역사"(*historia salutis*) 속에서 구체적으로 파악해야만 한다는 사실을 강조하고 이러한 관점에서 내재적 삼위일체와 경륜적 삼위일체의 관계에 대한 고전적인 입장을

---

1   Karl Rahner, "Der dreifaltige Gott als transzendenter Urgrund der Heils-geschichte", 328.

송영의 삼위일체론

수정하려고 시도했다.

내재적 삼위일체와 경륜적 삼위일체 사이의 분리에 대한
현대 신학자들의 비판과 그 문제점

위르겐 몰트만, 볼프하르트 판넨베르크, 테드 피터스(Ted Peters) 같은 이들은 "내재적 삼위일체"와 "경륜적 삼위일체"의 "분리" 주장의 배후에는 "사물" 또는 "사건"을 "이데아"와 "현상"으로 이분하는 플라톤주의적인 이원론의 도식이 도사리고 있다고 비판한다. 이들은 내재적 삼위일체가 경륜적 삼위일체의 종말론적인 완성이라는 견해를 취한다.[2] 반면, 헨드리쿠스 베르크호프(Hendrikus Berkhof)와 에버하르트 윙엘과 캐서린 모리 라쿠나는 내재적 삼위일체가 따로 존재하는 것이 아니라고 주장한다. 내재적 삼위일체란 구원 역사 속에서 하나님과 인간 사이의 언약을 통해서 발생한 구원 사건의 구조에 대한 묘사(베르크호프)[3], 또는 구원 역사 속에서 경륜적 삼위일체의 개념화(윙엘),[4] 또는 구원 역사의 내적 구조에 대한 설명(라

---

2   참조. 박만, 『현대 삼위일체론 연구』 (서울: 대한기독교서회, 2003), 55-84; 또한 참조. 김영선, "레오나르도 보프의 삼위일체론". 『관계 속에 계시는 삼위일체 하나님』 (서울: 아바서원, 2015), 299.

3   Hendrikus Berkhof, *Christian Faith*, 336.

4   E. Jüngel, *God als the Mystery of the World* (Grand Rapids: Eerdmans, 1983), 346.

쿠나)[5]이라고 주장한다.

　그러나 우리는 내재적 삼위일체를 경륜적 삼위일체의 종말론적 완성으로 이해하는 몰트만, 판넨베르크, 피터스 등과 내재적 삼위일체를 하나님과 인간 사이에 언약을 통해 발생하는 구원 사건의 구조에 대한 묘사로 이해하는 베르크호프, 내재적 삼위일체를 경륜적 삼위일체의 개념화로 이해하는 윙엘, 그리고 내재적 삼위일체를 경륜적 삼위일체의 내적 구조로 파악하는 라쿠나 등의 입장을 무비판적으로 수용할 수는 없다. 왜냐하면 그렇게 될 경우 경륜적 삼위일체의 원천이자 존재의 기반인 내재적 삼위일체는 경륜적 삼위일체로 환원 또는 폐기되는 심각한 신학적 오류가 발생하기 때문이다. 이것은 비성경적인 신학적 사유다. 성경은 하나님의 구원 경륜의 역사가 창조와 함께 시작되기 전부터 아들과 성령의 존재를 말하고 있다. 아들은 이 세상이 창조되기 전부터 아버지 곁에 계셨으며(요 1:1이하; 골 1:15이하), 성령 또한 창조의 사역이 시작되기 이전부터 이미 수면에 운행하고 계셨다(창 1:1-2). 아들이 영원하신 아버지의 "말씀"(Wort)이고 성령이 영원하신 아버지의 "숨결"(Hauchen)이라면 아버지가 영원하신 것처럼 아들과 성령 또한 영원하신 것이다. 그러므로 우리는 경륜적 삼위일체의 존재론적 기반과 원천으로서의 내재적 삼위일체를 창세 전부터 존재했던 영원한 삼위일체 그 자체로 인정해야만 할 것이다. 그래서 20세기 서방에서 삼위일체 신학의 르네상스기의 도래에 심원한 영

5　캐서린 모리 라쿠나, 『우리를 위한 하나님』 (서울: 대한기독교서회, 2008), 330-331.

송영의 삼위일체론

향을 준 러시아 정교회의 신학자 블라디미르 로스키는 다음과 같이 말했다.

> 신적인 삼위, 곧 세 위격들의 영원한 발생은 세상의 창조 행위에 의해서 조금도 좌우되지 않는다. 피조물들이 존재하지 않았을 지라도 하나님은 여전히 성부와 성자와 성령, 즉 삼위일체 하나님이신 것이다.[6]

로스키는 상기의 진술에서 하나님의 내재적 삼위일체는 창조 사건과 관계없이 영원 전부터 존재한다는 사실을 명백히 하고 있다.

독일 루터파 신학자인 홀스트 게오르크 푈만(Holst Georg Pöhlmann)도 경륜적 삼위일체에 대한 내재적 삼위일체의 독자성이 확보되어야만 한다는 사실을 다음과 같이 강조한다.

> 예수 안에서 하나님은 인간이 되었으나, 여전히 하나님으로 존재한다. 하나님은 예수 안에서 자기 자신으로부터 소외되었으나, 그럼에도 불구하고 여전히 자기 자신이시며 하나님이시다. 하나님은 전적으로 우리의 하나님이나 여전히 전적으로 타자다. 하나님은 여전히 우리에 의해 파악될 수 있으나, 여전히 파악될 수 없는 분이시다.[7]

그래서 푈만은 경륜적 삼위일체가 내재적 삼위일체를 전제한

---

6 블라디미르 로스키, 『동방교회의 신비신학에 대하여』, 62-63.
7 H. G. Pöhlmann, *Abriß der Dogmatik*, 140.

다는 사실을 명백히 주장한다.[8] 비록 인식론적 관점에서 경륜적 삼위일체가 내재적 삼위일체를 앞선다 할지라도 내재적 삼위일체는 경륜적 삼위일체의 존재의 기반이며, 그러므로 내재적 삼위일체 없이는 경륜적 삼위일체가 불가능하다. 이러한 로스키와 묄만의 견해는 미국의 개혁신학자 존 프레임(John M. Frame)의 입장과도 상응한다.

> 존재론적 삼위일체(내재적 삼위일체)는 창조를 떠나서 존재하는, 즉 만약 삼위일체 하나님이 어떤 것도 창조하지 않으셨다고 할지라도 존재하셨을 삼위일체 그 자체이다.…그러나 경륜적 삼위일체는 창조세계와의 관계 안에 있는 삼위일체다.[9]

우리가 뒤에서도 살펴보겠지만, 인식론적인 관점에서는 경륜적 삼위일체에 의해 내재적 삼위일체가 인식된다고 할지라도 존재론적 관점에서는 내재적 삼위일체로부터 경륜적 삼위일체가 나왔다는 사실을 결코 잊어서는 안 된다. 그러므로 인식론적 관점에서는 경륜적 삼위일체가 내재적 삼위일체를 앞서지만, 존재론적 관점에서는 내재적 삼위일체가 경륜적 삼위일체를 앞선다고 할 수 있다. 우리가 경륜적 삼위일체의 존재의 원천으로서 내재적 삼위일체를 인정하지 않고 양자를 단순히 동일시하게 되면, 삼위일체 하나님

---

8   H. G. Pöhlmann, *Abriß der Dogmatik*, 141.
9   존 프레임, 『조직신학개론』 (서울: 개혁주의신학사, 2011), 67.

이 이 세상에 종속되고 환원되어 폐기되는 심각한 신학적 오류를 피할 수가 없게 된다. 그렇게 될 경우 이 세상에 대한 하나님의 자유 및 그가 주도하시는 세상과 인간 구원의 역사는 위태롭게 되고 말 것이다. 이 세상에 종속된 하나님이 어떻게 자유의 하나님일 수 있으며, 이 세상과 인간을 구원하시는 하나님일 수 있겠는가?

그럼에도 불구하고 삼위일체 교리는 형이상학적·관념적·추상적 사변이 아니라, 예수 그리스도의 성육신과 사역과 죽음과 부활과 승천, 즉 삼위 하나님의 구원 경륜 속에서 예수 그리스도께서 행하신 구원 사역을 통하여 구체적으로 추론되고 인식된 교리다. 우리는 이 사실을 결코 잊어서는 안 될 것이다. 그래서 삼위일체론은 철학적 사변을 따라 하나님의 내적인 존재의 신비에 대한 관념적·추상적 논의로서가 아니라, 성경을 따라 삼위 하나님의 구원 역사의 맥락 속에서 구체적으로 논의되어야 한다. 그러므로 우리는 "내재적 삼위일체"와 "경륜적 삼위일체"를 "구분"(discreti)해야 하겠지만, 그 양자를 "분리"(separati)하는 우를 범해서는 안 될 것이다.

경륜적 삼위일체와 내재적 삼위일체의 일치

"하나님의 계시"는 언제나 "하나님의 본질"에 "일치"한다. 만약 하나님의 본질이 자신의 드러내심, 즉 계시에 일치하지 않는다면 하나님은 더 이상 신실한 분이 아닐 것이다. 왜냐하면 하나님의 계시가 하나님의 본질과 일치하지 않는다면 하나님은 표리가 부동한 분이 될 것이기 때문이다. 그러므로 경륜적 삼위일체와 내재적 삼위일체를 결코 분리해서는 안 되며, 이 양자는 서로 일치한다고 보아야 한다. 하나님의 계시가 하나님의 본질에 일치한다는 것, 즉 계시와 본질 양자 사이의 "일치성의 원리"는 몰트만과 판넨베르크 같은 오늘날의 신학자들에 의해 주장되었지만, 이러한 주장은 그들의 독창적인 주장이 아니다. 오스트리아의 개혁신학자 에두아르트 뵐(Eduard Böhl)과 네덜란드의 개혁신학자 헤르만 바빙크, 그리고 독일의 개혁신학자 오토 베버(Otto Weber)에게서 이미 발견되는 사상이다. 뵐은 삼위일체의 인식과 관련하여, 우리가 하나님을 세상과 관계없이 단지 존재론적으로 파악하는 것은 불가능하다는 사실을 온당하게 지적했다.[10] 이러한 뵐의 사상은 바빙크에게서도 나타난다. 바빙크의 말을 직접 들어보도록 하자.

　…시간 가운데 (성자와 성령의) 보내심은 하나님의 존재 내의 삼위의 내재적 관계에 대한 반영이며, 출생과 내쉼에 그 근거를 갖는다.…그러므로 교부들은 시간 속에서 인간의 눈에 드러난 삼위들 간의 관계들로부터 그들의 영원한 내재적 관계들을 도출했다. 그리고 이것은 완전히

10　Eduard Böhl, *Dogmatik. Darstellung der Christlichen Glaubenslehre auf Reformiert-Kirchlicher Grundlage* (Amsterdam: Verlag von Scheefer & Co/ Leipzig: Rund Giegler/Basel: Felix Schneider, 1887), 82. 권호덕, "콜브르게 학파 에드워드 뵐의 삼위일체 이해", 『조직신학연구』, 제20호, 2014 봄. 여름호, 44를 따라 재인용.

정당한 것이다.[11]

여기서 바빙크는 경륜적 삼위일체가 내재적 삼위일체에 일치한다는 것과 함께 전자가 후자를 인식하는 원리임을 천명하고 있다. 오토 베버 역시 경륜적 삼위일체가 내재적 삼위일체에 일치한다는 사실을 다음과 같이 주장한다.

경륜적 삼위일체는 내재적 삼위일체에 일치한다. 왜냐하면 하나님의 구원의 역사는 하나님의 본질에 일치하기 때문이다.[12]

베버에 따르면, 하나님이 그의 구원의 역사 속에서 삼위일체이신 하나님으로 자신을 계시하셨다면, 하나님은 본질에 있어서도 삼위일체로 존재한다. 베버는 교부들이 계시(경륜)와 본질(내재)에 대한 이러한 이해와 더불어 경륜적 삼위일체로부터 내재적 삼위일체를 추론할 수 있었으며, 그것과 더불어 그리스도의 구원 사건은 한 예언자의 돌발적·우연적 사건이 아니라 하나님 자신의 내적인 존재와 관련된 사건, 즉 영원 전부터 삼위일체 하나님의 내적인 존재 속에서 결정된 영원히 효과적인 구원의 사건으로 이해될 수 있었다고 지적한다.[13]

---

11 헤르만 바빙크, 『개혁교의학』, 제2권, 403.
12 Otto Weber, *Grundlage der Dogmatik*, I (Neukirchen, 1977), 430.
13 Otto Weber, *Grundlage der Dogmatik*, I, 430.

그래서 뵐과 바빙크와 베버는 성경과 교부들의 가르침을 따라서 경륜적 삼위일체에 대한 인식으로부터 시작하여 귀납적으로 내재적 삼위일체를 파악해야 한다고 역설했다. 그런 의미에서 케빈 밴후저가 지적한 것처럼, 영원한 내재적 삼위일체의 신학적 형상화는 오로지 경륜적 삼위일체, 즉 구원의 역사 속에서 예수와 성령의 시간 내적인 사역들로부터 추론적으로 형성된 내러티브적 묘사다.[14]

"경륜적 삼위일체"와 "내재적 삼위일체"가 상호 간에 일치한다는 상기 개혁신학자들의 입장을 우리가 견지할 경우, 우리가 예수 그리스도의 성육신, 사역, 고난과 죽음과 부활을 파악함에 있어서도 이러한 일련의 사건들이 내재적 삼위일체와 무관하게 단지 경륜적 삼위일체의 영역 안에서만 발생한 사건으로 이해되어서는 안 된다. 여기서 우리는 경륜적 삼위일체와 내재적 삼위일체에 대한 라너의 명제, 즉 "경륜적 삼위일체는 내재적 삼위일체이며, 내재적 삼위일체는 경륜적 삼위일체다"를 다시 숙고할 필요가 있다. 라너의 이러한 명제에 의거했을 때 경륜적 삼위일체와 내재적 삼위일체는 "구분"할 수는 있어도 "분리"할 수 없다는 결론에 이르게 된다. 그러므로 라너는 자신의 명제를 통해서 삼위일체 하나님의 "본질"과 "계시" 사이의 "상호 작용" 또는 "상호 일치성"을 묘사하고 있는 것으로 보인다.

---

14 케빈 밴후저, 『제일신학』, 101.

경륜적 삼위일체와 내재적 삼위일체의 올바른 관계 설정:
칼 라너의 명제는 수정되어야만 한다!

칼 라너는 "경륜적 삼위일체"와 "내재적 삼위일체"의 상호관계에 대하여 앞서 이미 언급한 바대로 자신의 유명한 명제를 설파하였다.

> 경륜적 삼위일체는 내재적 삼위일체이고, 내재적 삼위일체는 경륜적 삼위일체다.[15]

라너는 로마 가톨릭 신(新)신학 운동의 기수이자 자신의 스승이었던 에리히 프르치바라(Erich Przywara)로부터 이 명제를 계승하였다. 프르치바라는 1952년 자신의 짧은 논문 「삼위일체: 대화」(Trinität. Gespräch)에서 경륜적 삼위일체를 "하나님의 자기전달"(Selbstmitteilung Gottes)로 규정하였다. 즉 경륜적 삼위일체는 하나님이 자기 자신을 전달하신 성육신 사건 안에서만 인식될 수 있는 사건이라는 것이다. 그리고 이러한 관점에서 프르치바라는 경륜적 삼위일체에 의거하여 내재적 삼위일체를 인식해야만 한다는 입장을 전개한다. 이러한 프르치바라의 견해는 삼위일체 교리의 이해에 있어 새로운 지평을 열어 놓았다. 19세기의 신학자 슈타우덴마이어(F. A. Staudenmaier)는 헤겔(F. W. Hegel)과의 논쟁 속에

---

15 Karl Rahner, "Der dreifaltige Gott als transzendenter Urgrund der Heils-geschichte", 328.

서 프르치바라의 견해를 약 한 세기 정도 앞서 선취하였다. 슈타우덴마이어는 "본질의 삼위일체성"(Dreieinigkeit des Wesens)과 "계시의 삼위일체성"(Dreieinigkeit der Offenbarung) 사이를 분리하는 것의 무의미함을 설파했다.[16] 어찌되었던 라너는 프르치바라의 사상을 계승함으로써 경륜적 삼위일체와 내재적 삼위일체의 관계에 대한 자신의 유명한 명제를 정립할 수 있었다. 라너는 자신의 명제를 통하여 삼위일체론에 대한 논의에서 자연철학이나 형이상학적 추론에 의존해서는 안 되며, 오직 삼위 하나님이 주도하시는 "구원 역사"의 맥락 속에서만 삼위일체를 파악해야 한다고 의도했다. 왜냐하면 삼위일체의 인식의 근거는 오직 삼위 하나님이 주도하시는 구원 역사 자체 안에만 놓여있기 때문이다. 예수 그리스도의 성육신과 그의 사역과 고난과 죽음과 부활이 없었더라면, 애당초 우리는 하나님이 태초부터 삼위로 존재하시는 분이시라는 사실을 인식할 수 없었을 것이다. 원래 삼위일체론은 초기 그리스도교 공동체의 구원 경험으로부터 형성된 것이다. 그리스도의 사건이 구원 사건이 되기 위해서는 그것은 삼위일체적으로 이해되어야 했으며, 그렇지 않으면 그리스도의 사건은 한 예언자의 사건으로 전락하게 되고 이 세상을 위한 구원의 사건일 수 없게 된다. 그러므로 초기 교회는 그리스도의 사건을 성부와 성자와 성령의 "공동의 활동"(Synergie)으로 이해했으며, 세 인격의 공동의 활동으로 이루어진 그리스도의 구원 사건, 즉 "경륜적 삼위일체" 또는 "계시의 삼위

---

16 F. A. Staudenmaier, *Die christliche Dogmatik*, Bd.'2 (Freiburg, 1884), 475.

송영의 삼위일체론

일체"로부터 하나님 자신의 영원한 "내재적 삼위일체"를 추론하였
다.[17] 그러므로 라너는 단지 하나님의 내적인 존재의 신비에 대한
형이상학적 탐구에 의거해 삼위일체 교리를 이해할 경우 삼위일체
교리에 드리워질 수 있는 고질적인 관념적 사변의 그림자를 자신
의 명제, 즉 "경륜적 삼위일체는 내재적 삼위일체이며, 내재적 삼
위일체는 경륜적 삼위일체이다"와 더불어 삼위일체론으로부터 걷
어내고자 했다. 그래서 라너는 삼위일체 교리를 교회의 예전 및 신
자들의 삶과 관련한 구체적이고 실천적인 교리로 회복시키기를 원
했다.[18]

　라너의 명제 내지는 라너의 법칙에 대한 해석은 그의 사후 경
륜적 삼위일체와 내재적 삼위일체를 "동일한 것"으로 볼 것인
지 아니면 "일치하는 것"으로 볼 것인지의 문제를 놓고 숱한 논란
과 논쟁을 불러일으키게 되었다. 왜냐하면 이 양자가 동일한 것
인지, 일치하는 것인지에 대하여 라너 자신이 명백하게 단언적
으로 말하지 않았기 때문이다. 이 양자를 동일한 것으로 보면 라
너의 명제는 "동일성의 원리"(Identitätsprinzip)로 명명될 수 있겠
으나, 이 양자를 일치하는 것으로 보면 그의 명제는 "일치성의 원
리"(Entsprechungsprinzip)로 명명된다. 양자의 관계를 어떻게 볼 것
인가에 대해서는 신학자들마다 의견이 분분하다. 예를 들면 발터
카스퍼(Walter Kasper)와 이브 콩가르(Yves J. Congar)는 라너의 명

17　참조. 김균진, 『기독교조직신학』, 제1권, 246-247.
18　Dong-Young Lee, *Der dreieinige Gott und seine Gesellschaft*, 198.

제를 "동일성의 원리"로 이해하고, 라너가 경륜적 삼위일체와 내재적 삼위일체를 구분하지 않고 동일한 것으로 파악하고 있다고 비판하는 반면,[19] 미국의 가톨릭 여성 신학자 캐서린 모리 라쿠나는 라너의 명제를 "일치성의 원리"로 이해하면서 라너가 경륜적 삼위일체와 내재적 삼위일체를 동일한 것으로 보는 대신 구분하고 있다고 비판한다.[20]

그렇다면 라너는 자신의 명제를 따라 경륜적 삼위일체와 내재적 삼위일체 사이의 관계를 "일치하는 것"으로 보았을까, 아니면 "동일한 것"으로 보았을까? 라너의 명제를 일치성의 원리로 파악하는 카스퍼와 콩가르의 견해가 옳은 것일까, 아니면 동일성의 원리로 파악하는 라쿠나의 견해가 옳은 것일까? 필자의 생각으로는 자신의 명제를 통해서 삼위일체의 경륜과 내재의 일치성을 강조하고자 한 것이 라너의 원래 의도였을 가능성이 높다고 본다. 그 이유는 다음과 같다. 라너가 프르치바라로부터 경륜적 삼위일체에 의거하여 내재적 삼위일체를 파악해야 한다는 사실을 배웠다면 이 양자의 관계를 프르치바라가 이해한 것과 같은 방식으로 이해했을 공산이 크다고 본다. 게다가 라너는 몰트만이 『십자가에 달리신 하나님』(*Der gekreuzigte Gott*, 1972)에서 개진한 견해, 즉 "십자가 신학"(*theologia crucis*)과 더불어 그리스도의 "고난"과 "죽음"을 통하

---

19 Yves J. Congar, *Der Heilige Geist* (Freiburg. Wien. Basel: Herder, 1982), 337; J. Moltmann, *Der Geist des Lebens. Eine ganzheitliche Pneumatologie* (München: Chr. Kaiser, 1991), 305.

20 캐서린 모리 라쿠나, 『우리를 위한 하나님』, 328.

여 하나님을 과도하게 역사 속에 "내재"하는 분으로 강조하는 것에 대하여 다음과 같이 비판한 적이 있다.

> 내가 아무리 긍정적으로 말한다고 할지라도, 나의 오물과 진흙더미와 절망으로부터 내가 빠져나오기 위해서는 하나님이 단지 오물통(세상) 속에 처박혀 계시다는 것은 내게 어떤 도움도 되지 않는다.[21]

상기의 라너의 진술은 하나님의 구원 경륜에 대하여 지나치게 역사 내재주의의 입장을 취하는 초기 몰트만에 대한 실로 혹독한 비판이 아닐 수 없다. 이렇게 보았을 때 라너가 경륜적 삼위일체와 내재적 삼위일체 양자를 동일한 것이 아니라 일치하는 것으로 이해했을 가능성이 매우 높다고 보는 것이 자연스럽고 정당한 견해라고 판단된다.

에두아르트 빌, 헤르만 바빙크, 오토 베버, 이브 콩가르, 칼 라너, 발터 카스퍼, 그리고 존 프레임[22]이 강조했던 것처럼, 필자는 경륜적 삼위일체는 내재적 삼위일체에 일치한다는 견해를 지지한다. 그래서 경륜적 삼위일체가 내재적 삼위일체에 일치한다는 의미에서 "경륜적 삼위일체는 내재적 삼위일체다"라는 주장은 가능하다. 그러나 역으로 "내재적 삼위일체는 경륜적 삼위일체다"라는

---

21 Paul Imhoff und Hubert Biallowons, *Karl Rahner im Gespräch*, I: 1964-1977 (München: Kösel-Verlag, 1982), 245이하.

22 존 프레임, 『조직신학개론』, 67.

명제는 "내재적 삼위일체는 경륜적 삼위일체보다 더 크고, 더 깊고, 더 넓고, 더욱더 부요하다"로 수정되어야 할 것이다.[23] 왜냐하면 내재적 삼위일체는 경륜적 삼위일체의 기원이고 원천이며 내재적 삼위일체로부터 경륜적 삼위일체가 나오기 때문이다. 인식론적 관점에 의거했을 때 경륜적 삼위일체는 내재적 삼위일체를 앞선다. 그 이유는 내재적 삼위일체는 경륜적 삼위일체를 통해서만 인식되고 추론되기 때문이다. 그러나 존재론적 관점에서는 내재적 삼위일체가 경륜적 삼위일체를 앞선다. 왜냐하면 내재적 삼위일체로부터 경륜적 삼위일체가 나오기 때문이다. 그러므로 내재적 삼위일체가 경륜적 삼위일체의 기원이고 원천이기에 내재적 삼위일체는 경륜적 삼위일체보다 더 크고, 더 깊고, 더 넓고, 더욱더 부요하다고 보아야만 할 것이다. 그렇지 않고 단순히 내재적 삼위일체는 경륜적 삼위일체라고 주장하게 되면, 내재적 삼위일체는 경륜적 삼위일체로 환원, 축소, 폐기되는 결과를 초래하고 만다. 내재적 삼위일체 즉 존재의 삼위일체가 경륜적 삼위일체 즉 계시의 삼위일체로 축소되어버리면 삼위 하나님은 세상에 종속되어 세상의 일부가 되어버리는 신학적 오류가 발생하게 되고, 그 결과 이 세상에 대한 하나님의 자유와 주권은 훼손되어 이 세상과 우리의 구원은 위태로워진다. 왜냐하면 세상에 종속된 하나님, 그러기에 세상보

---

23 Yves J. Congar, *I believe in the Holy Spirit*, vol 3 (New York: Seabury, 1983), 15, 13-18; Walter Kasper, *The God of Jesus Christ* (New York: Crossroad, 1984), 276.

송영의 삼위일체론

다 작으며 세상의 일부분에 불과한 하나님은 우리 구원의 하나님일 수 없기 때문이다. 하나님이 세상보다 크셔야, 즉 세상을 "초월"하시면서 동시에 내주하셔야만, 그는 세상으로부터 자유하시는 하나님이심과 동시에 세상과 관련하여 이 세상 및 인간 구원의 하나님일 수 있다. 그러므로 라너의 명제는 다음과 같이 보충되고 수정되어야 마땅하다.

경륜적 삼위일체는 내재적 삼위일체다. 그러나 내재적 삼위일체는 경륜적 삼위일체보다 더 크고, 더 깊고, 더 넓으며, 더욱더 부요하다.

하나님의 삼위일체성은
우리의 참다운 사회적 프로그램인가?

이상적 사회의 모형으로서의 삼위일체

삼위일체의 신비는 위격의 "삼위성"이 본질의 "통일성"(하나 됨)을 훼손시키지 않으며, 동시에 본질의 "통일성"(하나 됨)이 위격의 "삼위성"을 훼손시키지 않고 함께 공존한다는 사실에 있다. 그래서 삼위일체론은 세 신적 위격들의 독자성과 동등성 및 세 위격들의 "페리코레시스적인 통일성"(perichoretische Einigkeit)을 동시에 강조한다. 오늘날의 신학자들, 특히 몰트만, 카스퍼, 보프, 오스타티오스, 라쿠나, 지지울라스 등은 삼위일체론에 대한 자신들의 이해와 더불어 삼위일체론은 단지 하나님의 내적인 삶에 관한 이야기가 아니라 우리가 지향해야만 하는 이상적인 삶과 사회의 모형이라고 주장한다. 그래서 이들은 삼위일체론 속에서 인간이 지향해야만 하는 이상적인 삶과 바람직한 사회의 "모상" 내지는 "모델"을 찾고자 한다. 그리고 이를 위하여 신적 세 위격의 동등성과 페리코레시스적인 사귐과 일치에 대한 강조와 더불어 삼위의 "공동체성" 내지는 "사회성"에 주목하는 소위 "사회적 삼위일체론"(soziale Trinitätslehre)을 전개했다. 그들은 삼위일체의 신비인 "다양성"(Vielfältigkeit)과 "일치성"(Einigkeit)의 "묘합"(Harmonie), 즉 "다양성 속에서의 일치성"(Einigkeit in Vielfältigkeit)과 "일치성 속에서의 다양성"(Vielfältigkeit in Einigkeit)을 인간의 삶과 공동체(사회)의 이상적인 모상 또는 모델로 간주한다. 왜냐하면 우리는 세 위격들의 페리코레시스적인 상호 사귐이 보여주는 다양성 속에서의 일치성과 일치성 속에서의 다양성을 통해서 자기 자신과는 다른 타자들에 대한 "존중", "수용", "환대", "사귐" 등을 배울 수 있기 때문이다. 그러므로 삼위일체론은 하나님의 구원 사역과 그의 본질을 설명할 뿐만 아니라 한 걸음 더 나아가서 "바람직한 인간상"의 확립과 "이상적 사회"의 건설을 위한 "기준"과 "원리"를 우리에게 제공해 준다고 한다.

삼위일체 하나님의 형상으로서의 인간과 이상 사회

우리가 인간이 "하나님의 형상"(imago Dei)으로 지음을 받았다는 구약성경 창세기의 가르침을 삼위일체론의 관점에 비추어 이해할 경우, 하나님의 형상은 "삼위일체 하나님의 형상"(imago trinitatis)을 의미한다. 그리고 인간이 삼위일체이신 하나님의 형상(trinitarische Gottesebenbild)으로 창조되었다는 것은 인간이라는 존재가 다른 존재들과의 "관계성" 내지는 "사회성"을 떠나서는 존재할 수 없다는 사실을 의미한다. 그러므로 인간이 소유한 "하나님의 형상성"을 삼위일체 하나님의 형상으로 이해할 경우, 인간의 공동체성 또는 사회성은 단지 인간의 성향이나 속성 가운데 하나가 아니라 인간성 그 자체라는 것을 깨닫게 된다. 우리가 구원의 역사 가운데서 거룩한 세 위격들의 하나 됨, 곧 일치성 또는 통일성을 세 위격의 페리코레시스적인 연합 속에서 인식할 경우, 인간 속에 있는 하나님의 형상은 단지 자기 자신과의 관계 속에 있는 "하나의 고독한 인간적인 주체"나 자신의 권력의지 속에 있는 "하나의 단

270
송영의 삼위일체론

일한 인간적인 주체"로 간주 될 수 없고, 하나님과 동료 인간과 자연 만물들에 대한 인간의 인격적 사귐으로 간주되어야만 한다.[1] 하나님의 형상의 삼위일체성은, 홀로 존재하는 인간은 없으며 모든 인간은 하나님과 다른 동료 인간들 그리고 우주 만물과의 관계 속에서만 자신의 존재됨을 유지할 수 있다는 사실을 보여준다. 이러한 사실이야말로 인간이 삼위일체 하나님의 관계적 형상을 소유하고 있다는 증거다. 그러므로 그리스도교적 신 형상 교리는 데카르트 이래로 근대를 지배했던 개인적이고 단자적인 인간의 주체성에 대한 강조라고 할 수 있는 주체철학(Subjektsphilosophie)의 관점에서가 아니라 하나님과 인간과 세상의 "관계성"에 대한 강조, 즉 삼위일체(Trinität)의 관점에서 파악되어야만 한다. 하나님을 "하늘에 계신 전제군주"로 이해하는 "전제군주적 일신론"은 인간의 자유에 대한 "담론"이 들어설 틈을 주지 않을 뿐더러, 지상에서 "폭군"이나 "독재자"의 절대 권력을 정당화시키는 이념으로 악용될 수 있다. 이것은 이미 18세기 말 프랑스혁명이 일어나기 직전까지의 프랑스의 왕들과 20세기 초 볼셰비키 혁명이 일어나기 직전까지의 제정 러시아 시대의 차르(Zar)들의 전제군주정(Monarchismus) 및 20세기 초 중엽의 히틀러의 국가사회주의(Nazionalsozialismus) 치하에서 증명되었다. 그들은 모두 천상에 있는 전제군주적인 유일신의 지상 대리자임을 자처했다. 반면에 세 위격들의 독자성과 동등성 그리고 페리코레시스적인 연합 안에서 파악되는 일치성은 전제

---

1   Jürgen Moltmann, *Trinität und Reich Gottes*, 174.

주의적인 독재를 배격할 뿐만 아니라, 개인의 차이와 가치를 존중하지 않는 "사회주의적 전체주의"와 개인의 가치와 실적만을 강조하고 공동체를 고려하지 않는 "자본주의적 개인주의"의 폐단을 넘어서서 삼위일체 하나님이 기뻐하시는 "이상적 사회"의 모델을 우리에게 제시해 줄 수 있다는 것이다.

삼위일체성은 이상적 사회를 위한 참다운 사회적 프로그램인가?

도스토예프스키(Fyodor M. Dostojewski)의 친구이며 러시아 정교회의 신학자였던 니콜라스 페도로프(Nicholas Fedorov, 1829 – 1903)는 이상적 사회의 모형을 하나님의 삼위일체성에서 찾았다. 그에 따르면 "하나님의 삼위일체성은 우리의 참다운 사회적 프로그램이다"(Die Dreieinigkeit [Gottes] ist unser wahres Sozialprogramm).[2] 이러한 페도로프의 명제는 현대 신학자들에게 깊은 영향을 주었다. 이는 특히 독일 개혁교회 소속의 신학자 위르겐 몰트만[3]에 의해 전적으로 수용되었으며, 가톨릭 프란체스코 수도회인 "예수의 작은 형제회" 소속의 브라질 신학자 레오나르도 보프[4]도 몰트만의 신학

---

2 J. Moltmann, *Erfahrungen theologischer Denkens*, 289; Moltmann, *In der Geschichte des dreieinigen Gottes*, 13; Miroslav Volf, "The Trinity is Our Social Program: the Doctrine of the Trinity and the Shape of Social Engagement", in: MT 14:3, July 1998, 403.

3 J. Moltmann, *In der Geschichte des dreieinigen Gottes*, 13.

4 Leonardo Boff, *Holy Trinity, Perfect Community* (Maryknoll: Orbis, 2000),

272
송영의 삼위일체론

적 감화 하에서 페도로프의 명제를 수용했다.

페도로프는 자신의 이 유명한 명제와 함께 하나님의 "삼위일체성"이야말로 "이상적 사회"를 위한 "참다운 사회적 프로그램"이 된다는 사실을 천명한다. 페도로프는 하나님의 거룩한 삼위일체성 속에서 "특권"과 "차별"이 없으며 또한 자유를 침해하지 않는 이상적 사회의 전형을 발견했다.[5] 그는 그렇게 함으로써 러시아의 차르(황제)들의 독재정치 및 지질학자이자 철학자이면서 무정부주의 운동가였던 크로포트킨(Pyotr Alekseyevich Kropotikin)의 무정부주의 사이에서 제3의 길을 모색했다. 페도로프에게 있어서 하나님 안에 있는 거룩한 삼위일체성과 정교회의 "친교"(Sobornost) 안에서 경험되는 그 삼위일체성에 대한 공명(Resonanz)은 자유와 평등 안에 있는 인간 공동체를 위한 "모범"(전형)으로 간주되었다. 그래서 그는 "하나님의 삼위일체성은 우리의 참다운 사회적 프로그램이다"라는 자신의 명제와 더불어 자신의 사회 이론을 전개했다. 그럼에도 불구하고 페도로프의 명제의 배후에는 우리가 간과해서는 안되는 신학적 문제가 도사리고 있다.

필자의 생각으로는, 페도로프의 오류는 영원한 내재적 삼위일체의 "일치성"을 인간 공동체(사회) 속으로 일방적으로 "투사"(Projektion)하여, 이 내재적 삼위일체의 거룩한 신적 세 위격들의

---

xiii-xvii; Ignacio Ellacuria and Jon Sobrino, ed., *Mysterium Liberationis* (Maryknoll: Orbis 1993), 392.

5   J. Moltmann, *Erfahrungen theologischer Denkens*, 289.

일치성과 우리의 사회적 일치성 사이에 엄존하는 경계선을 무시한다는 점에 있다.[6] 하나님은 창조주이시고 인간은 그분의 피조물이기 때문에 하나님과 피조물 사이에는 명백한 경계선이 그어져 있다. 인간 사회가 하나님의 내재적 삼위일체의 삶을 반영할 수 있다면, 당연히 그러한 사회는 이상적인 사회일 것이다. 그러나 인간 사회가 삼위일체 하나님의 삶을 반영해야만 한다는 주장은 일종의 "당위"(Sollen)에 해당한다. 왜냐하면 내재적인 삼위일체의 삶에 전적으로 일치하는 사회는 인간이 이루어가는 역사 속에서는 불가능하며, 그것은 종말에 가서야 하나님의 전적인 은총으로만 성취될 것이기 때문이다. 물론 거룩한 신적 삼위의 완전한 공동체성은 현존하는 인간 사회의 모순을 "개혁"하고 "쇄신"하는 비판이론(kritische Theorie)으로서의 역할을 수행할 수도 있다. 그러나 삼위일체 하나님의 공동체성과 인간의 공동체성은 결코 동일한 것이 아니라는 사실을 간과해서는 안 된다. 인간(피조물)과 하나님은 동일한 차원에서 아무런 경계 없이 비교될 수 있는 짝패가 아니다. 페도로프는 이러한 단순한 사실을 간과하고 있다. 이러한 이유로 인하여 하나님의 삼위일체성을 인간의 이상적 공동체 건설을 위한 사회적 프로그램으로 간주하는 페도로프의 제안은 오류를 피하지 못한다.[7]

하나님은 하나님이시고 인간은 인간이다. 하나님은 "창조주"이

---

6   Dong-Young Lee, *Der dreieinige Gott und seine Gesellschaft*, 452-453.
7   Ted Peters, *God as Trinity*, 186.

송영의 삼위일체론

시고 인간은 그의 "피조물"이다. 하나님은 영원하시고 완전하신 분이기에 하나의 신적 위격은 자신의 정체성의 손실 없이 자발적으로 다른 두 신적 위격들에게 자기 자신을 내어줄 수 있으며, 동시에 자기 자신 안으로 두 위격들을 받아들일 수 있다. 그러나 인간은 유한하고 불완전한 존재이기에 하나님처럼 절대적인 의미에서 다른 대상들에게 자기 자신을 내어줄 수 없으며 다른 대상들을 자기 자신 속으로 받아들일 수 없다. 카파도키아의 위대한 교부인 니사의 그레고리오스 또한 이러한 사실을 잘 알고 있었다. 그래서 그레고리오스는 거룩한 "삼위의 공동체"와 "인간 공동체" 사이의 관계를 긍정하면서도 동시에 이 양자 사이의 관계는 언제나 유비적이며 경우에 따라서는 이 "유비"(analogia)가 파괴될 수도 있다는 사실을 의식했다.[8]

페도로프의 "삼위일체적 사회이론"(trinitarische Gesellschaftslehre)의 문제점은 단지 "위로부터의 삼위일체"(Trinität von oben), 즉 내재적 삼위일체의 신적 위격들의 영원한 일치의 신비를 이상적 인간 사회의 모상으로 간주하여 인간의 공동체(사회)에 일방적으로 투사(Projektion)하려는 데 있다.[9] 바로 여기에 페도로프의 오류가 존재한다. 몰트만이나 보프의 오류 또한 그들이 참다운 사회적 프로그램으로서 하나님의 삼위일체성을 오직 내재적 삼위일체론에

---

8   Nonna Verna Harrison, "*Human Community as an Image of the Holy Trinity*", in: St. Vladimir's Theological Quarterly 46: 4, 2002, 353.

9   Miroslav Volf, "The Trinity is Our Program: the Doctrine of the Trinity and the Shape of Social Engagement", 405.

정초시켜 인간 사회에 투사하는 페도로프의 사유를 무비판적으로 수용하고 있다는 데 있다. 페드로프가 하나님의 영원한 신비에 속하는 본질의 삼위일체 곧 내재적 삼위일체 속에서 거룩한 신적 세 위격들의 일치성을 이상적 사회의 모형으로 간주하고 그러한 일치성을 인간 사회에 일방적으로 투사할 것이 아니라, 계시와 구원의 삼위일체 곧 성부와 성자와 성령께서 인간과 만물과 함께 이루어가는 경륜적 삼위일체의 구원 역사에 의거해서 이상적 사회의 모형을 유도해냈더라면, 그는 보다 성공적으로 자신의 입장을 개진할 수 있었을 것이다. 왜냐하면 거룩한 신적 세 위격은 구원 경륜의 역사 속에서 인간과 자연 만물을 삼위일체의 영원한 생명 속으로 통합시키기 때문이다. 구원의 역사 속에서 삼위일체 하나님은 단지 인간 개인만을 구원하시는 분이 아니다. 성부 하나님은 성령 하나님의 능력 안에서 성자 하나님을 통하여 인간과 사회와 만물을 자신의 영원한 생명 속으로 연합시켜 치유하시고 구원하신다. 이렇게 삼위가 주도해 가는 구원의 역사는 개인 구원으로만 축소될 수 없고 인간과 사회와 만물을 포괄하는 스케일을 가졌기에 구원의 경륜 속에서 하나님의 삼위일체성은 우리의 참다운 사회적 프로그램이 될 수 있다. 성부 하나님은 성자 하나님을 통하여 성령 하나님 안에서 우리의 삶에 참여하시고, 역으로 우리는 성령 하나님 안에서 성자 하나님을 통하여 성부 하나님의 삶에 참여한다. 인간의 참다운 공동체는 우리의 삶이 성령의 능력 안에서 성자를 통하여 성부와 연합할 때 가능하게 된다. 성령 안에서 성자를 통하여 성부에게 연합되는 우리의 삶의 범주는 단지 개인적인 차원으로만

송영의 삼위일체론

제한될 수 없다. 그러므로 구원 경륜 속에서 삼위와 우리 사이의 인격적인 사귐의 차원은 "창조의 영"이시고 "구원의 영"이시며 "생명의 영"이신 성령 하나님의 능력과 도우심을 통하여 인간 공동체(사회)와 자연 만물의 영역들로 확대되어야 한다.

우리는 우선적으로 삼위일체 교리가 우리와 세상을 위한 하나님의 구원의 역사로부터 계시된 교리라는 사실을 잊어서는 안 된다. 삼위일체 하나님은 우리와 세상의 구원을 위하여 일하시는 분이다. 삼위일체론은 우선적으로 우리의 "구원의 하나님"(Erlösungsgott)에 관한 교리다. 이 교리는 우선적으로 우리와 세상을 위한 하나님의 구원의 역사를 해명하는 교리이지, 이상적 사회를 위한 사회적 프로그램에 관한 교리가 아니다.[10] 경륜적 삼위일체를 구원의 역사와 관련하여 이해하고, 내재적 삼위일체 속에서 이상적 사회의 모델을 찾는 이러한 페도르프의 사유는 하나님의 "경륜"과 "내재"를 분리시키는 사태를 초래할 뿐만 아니라 암묵적으로 하나님의 삼위일체성을 단지 하나님의 구원 행동과는 아무런 관계가 없는 비인격적인 "공동체 시스템" 또는 "사회 시스템"으로 간주하는 신학적 오류를 조장할 수 있다.[11] 이렇게 될 경우 삼위일체론에 함의된 모든 신학적 개념들과 풍요로운 시문학적 메타포들은 의미를 상실하게 되고 말 것이다.

그러므로 "하나님의 삼위일체성은 우리의 참다운 사회적 프로

---

10 Dong-Young Lee, *Der dreieinige Gott und seine Gesellschaft*, 452.
11 Dong-Young Lee, *Der dreieinige Gott und seine Gesellschaft*, 452.

그램이다"라는 페도로프의 명제는 구원 경륜의 지평 위에서 새롭게 해석되어야만 한다. 구원 경륜의 역사 속에서 삼위 하나님과 우리 인간들 및 만물 사이의 "친교"(κοινωνία, communio)는 단지 개인 구원이라는 협애한 차원에서만 파악되어서는 안 되며, 사회와 역사와 자연 만물을 포괄하는 전 우주적 차원에서 파악되어야만 할 것이다. 그런 의미에서 삼위일체 하나님이 주도하시는 구원 역사의 거시적 지평 위에서 인간과 만물에 대한 거룩한 신적 삼위의 "사역"과 "일치"와 "친교"는 우리 인간이 지향해야 만하는 이상적 공동체(사회)를 위한 모델로 간주될 수 있다.

삼위일체 하나님과 인간 및 다른 피조물들 사이의 완벽한 사귐은 오직 종말에 이르러서야 성취될 것이다. 신정정치적 용어 (theokratische Terminologie)를 사용하자면, 우리는 이러한 종말을 "하나님 나라"로 명명할 수 있다. 그러므로 이상적 사회의 모델은 페도로프가 주장하는 것처럼 단지 내재적 삼위일체의 내적 사귐으로 추상화될 수 없다. 우리의 이상적 사회의 모델은 종말론적 미래에 성취될 삼위일체이신 하나님 나라 또는 그분의 통치인 것이다. 하나님 나라 또는 하나님의 통치는 구약성경과 신약성경의 "공동체적 정의"의 개념을 지탱하는 중요한 신정정치적인 개념이다. 그리고 구약과 신약을 서로 결합시키는 중요한 주제이기도 하다. 구약성경에서 하나님의 통치는 사회적(공동체적) 정의와 직접적으로 관계되어 있다. 하나님 나라는 사회정의를 배제하지 않는다. 구약과 신약이 증언하는 하나님의 통치는 종말론적인 "새 창조"(creatio nova)를 약속한다. 이에 반하여 삼위일체론은 그리스도의 성육신

송영의 삼위일체론

과 사역과 고난과 죽음과 부활과 성령의 오심에 의거하여 주도되는 하나님의 구원 사역과 구원의 역사를 해명하기 위하여 구상된 교리다. 그러므로 내재적 삼위일체가 아니라 구원 경륜의 관점에서 삼위일체 하나님 나라(통치)를 이상적 사회의 모델로 간주하는 것이 신학적으로 더 정당한 구상일 수 있다. 만약 우리가 관계론적인 언어로서 하나님의 종말론적인 통치(나라)를 표현한다면, 여기서 종말론적인 하나님의 통치란 삼위일체이신 하나님과 인간 및 만물의 온전한 사귐 외에 다른 것을 의미하는 것이 아니다.[12] 그러므로 구약이 증언하는 종말에 완성될 하나님 나라(통치)가 곧 삼위일체 하나님의 구원 역사의 완성 외에 다른 것이 아니라는 사실을 우리가 깨닫게 될 때, 신약과 구약을 대립시키는 유대교적 또는 마르키온적인 발상은 종언을 고하게 될 것이다. 하나님 나라로 인하여 신학은 "공공신학"(*theologia publica*)이 되며, 그리스도교적 실천은 "공적인 실천"(*practicum publicum*)이 된다.[13]

인간의 사귐과 인간의 공동체는 하나님의 삼위일체성을 제한적으로 반영할 수 있다. 그리고 이러한 반영은 항상 유비적이라는 사실을 잊어서는 안 된다. 우리가 이러한 사안을 충분히 고려한다면 하나님의 경륜적인 삼위일체성은 하나님 나라가 도래할 때까지 인간이 건설해야만 하는 이상적 사회를 위한 기준 내지는 비판 이론이 될 수 있다. 우리는 종말에 하나님 나라가 완성되는 그때까지,

---

12 Dong-Young Lee, *Der dreieinige Gott und seine Gesellschaft*, 454.
13 J. Moltmann, *Gott im Projekt der modernen Welt* (Gütersloh, 1979), 15.

제18장 하나님의 삼위일체성은 우리의 참다운 사회적 프로그램인가?

구원의 경륜 속에서 활동하시는 하나님의 삼위일체성에 비추어 현재의 우리의 삶과 사회의 현실을 비판적으로 숙고하면서 바람직한 공동체(사회)를 지속적으로 지향해야 할 것이다. 이러한 의미에서 인간 및 만물과 관계하시는 삼위일체 하나님의 삶은 우리의 사회적 비전이요 프로그램이다. 그러므로 이상적 사회의 모델을 하나님의 존재의 신비로서의 내재적 삼위일체로부터가 아니라 구원의 역사로서의 경륜적 삼위일체로부터 유도해낸다면, "하나님의 삼위일체성은 우리의 참다운 사회적 프로그램이다"라는 페도로프의 명제는 타당할 수 있다.

다양성, 일치성, 상호관계성, 사귐, 그리고 봉사

비록 내재적 삼위일체가 경륜적 삼위일체를 통해 "인식"(*cognitio*)된다고 할지라도 내재적 삼위일체는 경륜적 삼위일체보다 더 넓고 더 깊고 더욱더 풍성하고 광막하기에, 우리의 지성이 그것을 온전히 인식하기가 어렵다. 이러한 본질의 삼위일체(내재적 삼위일체)는 근원적으로는 우리의 지성과 오감이 다다를 수 없는 "원형의 신학"(*theologia archetypa*)의 영역, 즉 신비의 영역이다. 그러므로 영원하고 불가해한 신비에 휩싸여 있는 내재적 삼위일체로부터 사회 변혁의 원리를 추론할 것이 아니라, 구원의 삼위일체이자 계시의 삼위일체이며 내재적 삼위일체의 인식의 원리인 경륜적 삼위일체의 역사 속에서 신자와 만물을 자기 자신 속에 연합시키는 세 위격들의 구원의 역사로부터 사회 변혁의 원리를 추론해야만 할 것이다.

우리는 삼위 하나님이 주도하시는 구원 경륜의 역사 속에서 하나님의 삼위일체성을 숙고하면서 삼위일체성 속에 함축되어 있는 다음과 같은 원리들을 발견할 수 있다.

1) 삼위가 수반하는 "다양성"(Vielfältigkeit)
2) 삼위의 페리코레시스적인 "일치성"(Einigkeit)
3) 삼위 사이의 그리고 삼위와 인간과 만물 사이의 "상호관계성"(Wechselrelation)
4) 삼위와 인간과 만물들의 "사귐"(Gemeinschaft)
5) 인간과 만물들에 대한 삼위의 "봉사"(Dienst)

우리는 이러한 원리들을 기초로 하여 사회적 실천을 강조할 수 있다. 삼위일체론이 함축하고 있는 이러한 다섯 가지 원리에 비추어 보았을 때, 인간이 지향해야만 하는 이상적인 사회란 다양성이 존중되고, 다양성 안에서의 일치성이 추구되는 사회라고 할 수 있다. 그리고 다양성과 일치성으로부터 형성되는 관계성에 의거하여 우리 삶의 제 영역들 속에서 사귐과 봉사를 고양시키는 사회일 것이다. 삼위일체론의 관점에서 보았을 때 "다양성"은 "분열"이 아니고, "일치성"은 "획일성"이 아니다. 다양성이 획일성에 의하여 억압당하지 않고, 일치성이 분열에 의하여 훼손되지 않으며, 다양성과 일치성이 상호 간의 페리코레시스적인 관계를 통하여 역동적 균형과 조화를 유지하면서 그것으로부터 친교와 봉사를 증대시키는 사회와 인간의 삶이야말로 거룩한 삼위일체에 부합되는 바람직한 인간의 삶이며 우리가 지향해야만 하는 이상적인 공동체(사회)일 것이다.

이러한 삼위일체론적인 사회 이론의 관점에서 보았을 때 경제적 착취에 대항하는 경제 정의의 실천, 자연의 착취에 대항하는 생태 정의의 실천, 그리고 교회의 분열에 대항하는 일치를 위한 노력[14]

---

14 네덜란드의 개혁신학자 헤르만 바빙크는 분열된 교회의 일치에 대한 정당성과 당위성을 다음과 같이 묘사한다. "다양한 신앙적 차이(geloofsverdeeldheid)를 초월하는 보편적 그리스도교는 없으며, 오직 다양성 가운데 현존한다. 단 하나의 교회가 아무리 순수하다고 하더라도 보편교회와 동일하지 않은 것처럼, 단 하나의 신앙고백이 하나님의 말씀에 따라 순수하게 다듬어졌다고 할지라도 그 자체를 그리스도교의 진리와 동일시 할 수 없다. 자신의 무리만을 유일한 그리스도의 교회로 간주하며, 홀로 진리를 간직하고 있다고 생각하는 모든 교파는 나무에서 잘려진 가지처럼 말라 죽고 말 것이다"(H. Bavinck, *De Katholiciteit van Christendom en Kerk* [Kampen: Zalsman, 1888], 52). 바빙크는 레이든(Leiden)에서 공부를 마치고 자신의 교단인 분리파교회의 신학교에서 교수생활을 하면서 분리파의 편협한 분파주의의 위험성을 직시하였고, 이를 경계하여 비판했으며 교회의 보편성을 시종일관 강조하였다. 바빙크는 자신의 친구 크리스티안 수눅 후르흐론녀(Christiaan Snouck Hurgronje)에게 보낸 1888년 12월 22일자 편지에서 다음과 같이 쓰고 있다. "자네가 나의 특강을 잘 받아보았으리라 믿네. 이 특강은 때때로 우리 교회 내부에서 나타나는 분리주의적이고 분파주의적인 경향에 대항하여 하나의 유일한 처방책으로 의도된 것이라는 사실을 알아주게. 우리 가운데 편협하고 속 좁은 견해가 아주 많고 아주 심각한 사실은 이러한 견해가 경건함으로 여겨지고 있다는 것이네"(J. de Bruijn en G. Harinck, *Een Leidse vriendschap*, 81; 헤르만 바빙크, 『개혁교의학』, 제1권 [서울: 부흥과개혁사, 2011], 편역자 서문, 33을 따라 재인용). 바빙크는 교회의 분파주의와 세속화 사이에는 밀접한 관계가 있다고 보았다. 그래서 그는 교회의 보편성을 단지 교파간의 일치와 관계된 것이 아니라 세속화에 대항하는 공공신학과 관련하여 이해하였다. 그래서 바빙크는 교파 교회는 오직 그리스도교 신앙과 교회의 보편성을 보존하는 한에 있어서만 정당화될 수 있다고 하였다(H. Bavinck, *De Katholiciteit van Christendom en Kerk*, 52).

과 인종차별에 대항하는 화해를 위한 노력들은 삼위일체 하나님의 "구원의 역사"와 "구원의 사역", 즉 삼위일체 하나님의 통치와 그 통치를 인정하는 우리의 삶으로부터 결코 배제되지 않는다는 사실을 통찰할 수 있다. 만약 우리가 삼위일체 하나님을 우리의 신앙의 대상으로 믿고, 구원의 역사 속에서 거룩한 세 위격들의 페리코레시스적인 사귐을 인간의 이상적 공동체의 전형으로 간주한다면, 우리는 정치적 독재와 경제적 착취와 인종차별과 같은 억압적인 지배 체제에 대항하여 "사귐"과 "자유"와 "평등"과 "연대"와 "환대"를 지향하는 "사회 체제"를 세우기 위하여 노력해야 한다. 이러한 의미에서, "하나님의 삼위일체성은 우리의 참다운 사회적 프로그램"이라는 페도로프의 명제는 긍정될 수 있다.

에필로그

_삼위일체의 신비와 그 사랑의 실천에 관하여

마지막으로 삼위일체의 신비와 그 사랑의 실천에 관하여 잠시 생각해 봄으로써 삼위일체 교리의 이해를 위한 일련의 논의를 마무리 짓고자 한다.

삼위일체, 그 영원한 신비

수많은 그리스도인들이 삼위일체론이라는 말을 들으면, 천상에 계시는 하나님의 내적 존재의 신비를 논구하는 대단히 사변적이며 불가해한 교리라는 선입관을 가지고 있는 것 같다. 물론 삼위일체이신 하나님은 우리 인간이나 다른 피조물이 존재하는 것과 같은 방식으로 존재하시는 분이 아니시다. 삼위일체 하나님은 모든 피조물의 존재 위에 그 존재를 넘어서 계시는 분이시다. 그런 의미에서 영원한 삼위일체의 내적 신비, 즉 "내재적 삼위일체"는 궁극적으로 불가해한 신비로서 우리의 경배와 묵상과 찬양의 대상이지,

논의와 탐구와 논증의 대상이 아니라는 것은 자명한 사실이다. 그래서 바빙크는 삼위일체론을 인간의 이성으로 접근할 수 없는 신비 중의 신비라 갈파하였고,[1] 몰트만 또한 삼위일체의 신비에 관하여 더 많이 생각하면 생각할수록 우리가 삼위일체의 신비를 정확히 이해하기가 점점 더 어려워진다고 토로하였다.[2]

구원의 역사 속에서 계시된 삼위일체

그럼에도 불구하고 우리가 이성이 아니라 "특별계시"(revelatio specialis), 곧 하나님의 말씀인 성경을 따라 삼위일체를 사유할 때, 삼위일체를 완벽하게 파악할 수는 없으나 참되게 파악할 수 있으며, 삼위일체의 신비 속에 이 세상을 향하신 하나님의 지극한 사랑이 "함축"되어 있다는 사실을 깨닫게 된다. 원래 하나님의 영원한 내재적 삼위일체의 신비는 역사 속의 인간과 세계를 향한 하나님의 구원의 경륜과 구원의 행동 속에서 우리에게 "계시"된 것이다. 성부 하나님께서는 이 세상 "만물"을 "창조"하실 뿐만 아니라 그 만물들을 붙드시고 보살피시는 "섭리"의 사역 속에서 자신을 계시하셨다. 성자 하나님께서는 우리와 온 세상을 위하여 성육신하시어

---

1   헤르만 바빙크, 『개혁교의학』, 제2권, 414.
2   Jürgen Moltmann, *In der Geschichte des dreieinigen Gottes* (München: Chr. Kaiser Verlag, 1991), 117.

자신을 "희생제물"(Sühneopfer)로 봉헌하신 "구원 사역" 속에서 자신을 계시하셨다. 성령 하나님께서는 창조의 능력이시고 모든 지혜와 지식의 원천이시며 모든 만물에게 "생명"을 부여하실 뿐만 아니라 인간에게 예수 그리스도에 대한 믿음을 허락하시어 그리스도와 연합시키시고, 교회를 창조하시고 사랑하시며 교회 가운데 머무시고 당신의 자녀들을 진리 가운데로 인도하시는 "성화"의 사역 속에서 자신을 계시하셨다. 하나님은 구원의 역사 즉 "창조"와 "구원"과 "성화"의 역사 속에서 자신을 성부 하나님, 성자 하나님, 성령 하나님, 곧 삼위가 일체이신 하나님으로 계시하셨다. 우리는 이것을 "계시의 삼위일체" 또는 "경륜적 삼위일체"라고 부른다.

삼위일체 하나님의 구원의 역사는 사랑의 역사다

하나님은 자신의 구원의 역사 속에서 자신의 "내적인 존재의 신비"를 성부와 성자와 성령으로 계시하셨다. 계시를 의미하는 라틴어 "레벨라티오"(revelatio)나 그리스어 "아포칼립시스"(ἀποκάλυψσις), 그리고 독일어 "오펜바룽"(Offenbarung)이나 네덜란드어 "오펜바링"(openbaring)이라는 말 자체가 "덮개를 벗기다", "베일을 벗기다" 또는 "뚜껑을 열다"라는 뜻이다. 그러므로 계시란 하나님이 우리 인간들에게 당신 자신을 열어 보여주시는 사건을 의미한다. 서로 지극한 사귐과 소통 가운데서 완전한 사랑의 일치를 이루시는 하나님께서는 무엇이 부족하여 결핍을 채우고자 자신을 우리에게 개

방시키신 것이 아니다. 하나님이 당신 자신을 열어 우리에게 당신 자신의 존재의 지극한 신비를 보이신 이유는 우리 인간과 세상을 향한 지극한 사랑에서 연유한 그의 구원 의지 때문이다. 그래서 바빙크는 말한다. "삼위일체론에서 인류의 구원을 위한 하나님의 전체 계시의 심장이 박동한다."[3] 그러므로 삼위 하나님이 수행하시는 이 세상 속에서의 "구원의 역사"(historia salutis)는 우리와 이 세상을 향하신 삼위일체 하나님의 "사랑의 역사"(historia amoris)로 정의될 수 있다.[4]

오직 삼위일체 하나님만이 사랑의 하나님이시다!

하나님이 사랑이시라면(요일 4:8), 우리는 하나님 안에 자기 구분이 있음을 말해야만 한다. 하나님이 본질상 사랑이라면 외부와 관계하여 외부의 대상들과 사귈 수 있어야만 하며, 외부의 대상을 자기 안에 품으실 수 있어야만 한다. 하나님이 자기 자신으로부터 나오셔서 외부와 관계하시어 외부의 것들을 자신 안에 품기 위해서는 하나님 자신 안에 자기 구분이 있어야 한다. 하나님께서 자기 구분이 없는 하나의 고립된 "단자"(Monad)라면, 그런 고립된 단자로서의 하나님은 외부를 향하여(ad extra) 관계할 수 없고, 외부의 것들

---

3   헤르만 바빙크, 『개혁교의학』, 제2권, 420이하-421.
4   참조. 박준양, 『삼위일체론. 그 사랑의 신비에 관하여』, 68.

과 사귀며 그것들을 자기 자신 속으로(*ad intra*) 포용할 수 없는 폐쇄적인 존재일 수밖에 없다. 하나님이 외부와 관계를 맺을 수 없고 외부의 것들을 자기 자신 안에 포용할 수 없는 존재라면, 그는 더 이상 사랑의 하나님이라고 불릴 수 없을 것이다. 왜냐하면 관계할 수 없고 받아들일 수 없으며 교통할 수 없고 참여할 수 없으며 포용할 수 없는 존재는 사랑할 수 없는 존재이기 때문이다. 그러므로 하나님이 삼위라는 것은 "하나님이 사랑이시다"(요일 4:8)라는 성경 진술의 다른 표현인 것이다. 하나님은 그리스도를 통하여 성령 안에서 외부의 세계와 관계를 맺으시며, 성령 안에서 그리스도를 통하여 외부의 세계를 자신 안으로 "포용"하신다. 하나님은 성령에 의하여 그리스도 안에서 고통당하는 이 세계와 관계를 맺으시고 세상과 사귀시며 세상의 고난에 참여하시고 그 고난당하는 세상을 당신의 품에 안고 "치유"하시며 "구원"하신다. 바빙크의 말처럼 "그리스도 안에서 하나님 자신이 우리에게 다가오고, 성령 안에서 하나님은 자기 자신을 우리에게 전달한다."[5]

사랑의 친교가 있는 곳에 삼위일체가 계시도다!

우리 인간은 사회적 존재이기에 동료 인간들과 관계를 맺으며 살아가는 존재다. 그러므로 누군가에게 자신의 속마음을 털어 놓을

---

5   헤르만 바빙크, 『개혁교의학』, 제2권, 421.

에필로그 삼위일체의 신비와 그 사랑의 실천에 관하여

수 있는 친구가 한 사람이라도 있다면, 그 사람의 생애는 인간관계에 있어 결코 실패한 삶이 아닐 것이다. 하나님이 구원의 역사 속에서 당신 자신을 삼위로 드러내 보이신 까닭은 우리 인간들 및 이세상과 관계를 맺으시고 구원하시며 사귀시려는 그 분의 지극한 사랑의 결단 때문이다. 우리 인간들끼리도 서로 지극히 사랑하지 않는 이상 자신의 존재의 의미와 내면의 비밀을 상대방에게 드러내어 고백할 수 없는 노릇이다. 그리고 타인에게 자신을 완전히 열어 보인다는 것은 경우에 따라서 깊은 상처를 받을 수 있는 대단히 위험한 일이기도 하다. 오래 전에 보았던 「모래시계」라는 드라마가 있다.[6] 그 드라마에 보면 매우 정의롭고 양심적인 강우석(박상원 분)이라는 검사가 나온다. 그는 자신이 사법고시를 준비하던 당시 세 들어 살던 하숙집 딸과 결혼하게 되는데, 그녀의 이름은 정선영(조민수 분)이다. 검사 우석이 선영과 결혼한 직후 자신의 아내인 선영에게 다음과 같은 고백을 한다. 필자는 이 고백이야말로 사랑이 무엇인지를 보여주는 아름다운 고백이라고 생각한다. 필자는 당시 검사 우석의 대사가 하도 강렬하여 아직도 대충 그 내용을 기억하고 있는데 그 기억을 더듬어보면 다음과 같다.

나는 위험한 일을 하고 있지만 당신에게는 비밀이 없도록 하겠습니다. 나의 표정과 침묵 때문에 내 마음을 알 수 없어 힘들고 불안하지 않게

---

6 「모래시계」는 우리나라의 공중파 방송인 서울방송(SBS)에서 광복 50주년 특별기획으로 1995년 1월 9일부터 1995년 2월 16일까지 방영한 드라마다.

송영의 삼위일체론

하겠습니다. 당신에게 만은 나의 마음속의 비밀, 나의 기쁨과 아픔과 절망까지도 다 알려 드리겠습니다.

강우석의 이 말은 사랑이 어떤 것인지를 우리에게 잘 보여준다. 사랑하는 이는 자신을 열어보이는 것이 자신에게 아무리 아프고 힘들고 위험한 일이라 할지라도, 사랑의 대상에게는 그 자신을 열어보이는 법이다. 바로 이것이 사랑이다! 이렇게 보았을 때 하나님께서 인간에게 자신의 마음을 드러내 보이시는 행위, 즉 그분의 계시 행동은 인간을 향한 지극한 사랑 없이는 불가능한 일이다. 하나님이 인간에게 자신의 뜻을 드러내시는 계시 사건은 단지 인간에게 자신에 대한 "정보"를 "전달"하는 사건이 아니다.[7] 하나님의 "계시 사건"의 절정인 성자 하나님의 "성육신 사건"은 단지 하나님에 대한 "정보 전달"의 사건이 아니라 하나님이 당신 자신을 우리 인간에게 전달하신 사건이다. 그렇다! 성육신 사건은 바빙크가 아름답게 묘파한 것처럼 "하나님의 자기전달"(Selbstmitteilung Gottes)의 사건이다. 성육신은 삼위 하나님의 계시 사건이며, 삼위 하나님이 당신 자신을 우리에게 내어 주신 은총의 사건이다. 그래서 예수 그리스도와 관련하여 은총을 말할 때, 은총이란 하나님으로부터 나오는 그 어떤 "속성"이 아니라 하나님 자신이 우리에게 당신 자신을 주신 사건이다. 그러므로 하나님의 자기전달로서의 성자의 성육신 사건은 하나님의 계시 사건의 절정이며, 동시에 하나님이 당

---

7   케빈 밴후저, 『제일신학』, 140.

신 자신을 우리에게 내어주신 사건, 곧 은총의 사건이다. 이러한 하나님의 자기전달로서의 성육신 사건의 배후에는 인간을 향한 삼위 하나님의 형언할 수 없는 사랑이 약동하고 있다.

하나님은 구원의 역사 속에서 우리를 삼위로 만나시는 분이시다. 성부는 성자를 통하여 성령 안에서 우리에게 찾아오시고, 성령 안에서 성자를 통하여 우리의 삶을 당신의 삶 속으로 끌어들여 "연합"(*unio*)시키신다. 그러므로 삼위일체 하나님의 구원의 역사 자체는 우리를 당신의 생명에 "참여"(*participatio*)시키고 구원하시려는 삼위일체 하나님의 사랑의 역사다. 그래서 구원의 역사 속에서 우리가 만나고 경험하는 성부의 사랑, 성자의 은총, 성령의 친교(고후 13:13)는 우리를 위한 구원의 신비와 사랑의 신비의 일부분이 아니라 신비 그 자체다. 하나님의 구원 사역은 성부의 사랑과 성자의 은총과 성령의 친교 가운데서 우리에게 임한다.[8] 성부는 우리가 죄인 되었을 때 당신의 독생자를 우리를 위하여 내어주심으로써 우리에 대한 당신의 지극한 사랑을 나타내 보인 분이시다. 성자께서는 우리와 이 세상을 향하신 성부의 사랑에 "순종"하시어 성령의 능력에 의하여 동정녀 마리아에게서(*ex Maria virgine*) 혈과 육을 취하여 성육신하심으로 이 세상에 오시어 하나님 나라(*Regnum Dei*)를 선포하시고 성부의 뜻을 좇아 십자가에서 고난당하고 죽으심으로 우리에게 당신의 가없는 은총을 베풀어주신 분이시다. 우리는 성자에 의해 구속되고 성령에 의해서 삼위와 교제함으로써

---

8   헤르만 바빙크, 『개혁교의학』, 제2권, 421.

송영의 삼위일체론

하나님의 자녀임을 깨닫게 된다.[9] 그래서 우리는 우리를 위하여 고난 받으신 그리스도의 고난과 구원의 신비 속에서 우리를 위하시는 성부의 사랑과 성자의 은총과 성령의 교통의 그 눈부신 광휘를 발견하게 된다. 성령은 지금도 우리와 우리 교회 공동체 속에 머무시어 우리를 위하여 대도(代禱)하시고, 삼위와 우리 사이 그리고 우리 가운데 친교를 창조하시며, 우리와 당신의 교회를 진리 가운데로 인도하시는 분이시다. 그러므로 성부의 사랑과 성자의 은총과 성령의 사귐 안에서 삼위는 온전히 하나이시다. 성부의 사랑과 성자의 은총과 성령의 친교는 우리를 향하신 삼위일체 하나님의 지극한 사랑을 보여주는 사건이다. 그러므로 우리가 삼위로부터 우리에게 전해진 사랑과 은총과 친교를 우리의 삶을 통해서 살아내지 않는 한, 삼위일체에 대한 모든 가르침은 단지 교리적 사변에 불과하게 될 것이다.

초기 교회 공동체가 하나님을 삼위로 인식하고 예배할 수 있었던 것은 성부이신 하나님이 우리와 온 세상을 사랑하시어 성령의 능력 안에서 당신의 독생자를 이 세상에 보내주셨기 때문이다. 그러므로 사랑 안에 거하고 사랑을 실천하는 자만이 사랑이신 하나님을 진정으로 인식하고 깨달을 수 있다. 어느 시대 어느 누구도 하나님을 마주하여 본 자가 없지만, 우리가 서로 사랑하면 사랑이신 하나님을 우리 안에 모실 수 있다.

---

9   헤르만 바빙크, 『개혁교의학』, 제2권, 421.

어느 때나 하나님을 본 사람이 없으되, 만일 우리가 서로 사랑하면 하나
님이 우리 안에 거하시고 그의 사랑이 우리 안에 온전히 이루어지느니
라(요일 4:12).

하나님이 영원부터 영원까지 성부와 성자와 성령 간의 지극한
사랑 가운데 완전한 사랑의 일치를 이루고 계신 분이시기에, 사랑
이신 하나님을 진정으로 이해하며 우리가 그분 안에 온전히 거하
는 길은 우리가 서로 사랑하는 것이다. 이 길 외에 다른 길은 없다.

사랑 안에 거하는 자는 하나님 안에 거하고, 하나님도 그 안에 거하느니
라(요일 4:16).

거룩한 신적 삼위가 지극한 사랑 속에서 페리코레시스적 상호
내주 가운데 서로 완전한 일치를 이루고 있는 것처럼, 우리가 서로
사랑할 때에 우리도 삼위 하나님과의 관계 속에서 삼위 하나님의
페리코레시스적 내주 속으로 받아들여지게 된다.

삼위일체를 향한 우리의 지식은 종말에 비로소 완성될 것이다

삼위일체의 신비는 신학적·철학적 사변에 의해서가 아니라 성령
의 감동에 의해서 예수 그리스도를 믿음으로 통찰된 삼위 하나님
을 향한 지극한 사랑의 지식이다. 그러나 우리가 아무리 성삼위

를 믿고 사랑하며, 성부의 사랑과 성자의 은총과 성령의 친교를 우리의 공동체와 삶의 현장에서 실천한다고 할지라도 지상에서 삼위일체에 대한 완전한 지식을 소유하는 것은 불가능하다. 왜냐하면 지금 우리는 단지 부분적으로 알고 부분적으로 예언할 뿐, 온전한 것이 오면 부분적으로 아는 것은 폐하여질 것이기 때문이다(고전 13:12-13). 인간이 이성으로 파악하는 지식은 존재하는 "어떤 것" 또는 어떤 "사건"을 그 지식의 대상으로 삼는다. "존재"(Existenz)라는 "범주"(category)는 피조물의 "존립 방식"(Subsistenzweise)이다. 그러나 하나님은 존재하는 모든 것들 위에(oben, above), 그것들을 넘어서(über, over) 계시는 분이다. 그러므로 피조물의 존립 방식으로서 존재를 파악하고 인식하는 이성의 능력으로는 하나님에 대한 온전한 지식을 획득하는 것이 불가능하다. 우리의 인식 능력인 이성을 통해서 용이하게 지식을 획득할 수 있는 대상은 존재라는 존립 방식을 가진 피조물들이다. 그러나 하나님은 피조물의 존재 위에 그것을 넘어서 계시는 분이시기에, 하나님에 대한 우리의 인식은 무능력하기 짝이 없다는 사실을 고백하지 않을 수 없다. 그러므로 우리가 성경 계시를 쫓아 하나님을 삼위로 이해하고 그 삼위의 지극한 사랑을 본받아 "지금 여기서"(nunc et hinc) 사랑을 실천하므로 삼위에 대한 참된 지식을 깨닫는다고 할지라도 우리가 깨달은 바 삼위일체에 대한 지식은 지극히 부분적인 지식일 뿐이다. 그러기에 삼위일체에 대한 지식은 종말론적인 완성을 기다리며 그것을 희구하지 않을 수 없다.[10] 그러므로 지상에서 우리가 지향하는 삼위일체에 대한 지식은 순례자들이 본향을 사모하는 "그리움의 지식" 즉 "모방의 신학"(theologia ectypa)이지 본향 속에서 향유하는 "완성된 지식" 즉 "원형의 신학"(theologia archetypa)은 아니라는 점을 한시도 잊어서는 안 될 것이다.[11] 그래서 바울 사도께서는 다음과 같이 말씀하셨다.

> 우리가 지금은 거울로 보는 것 같이 희미하나 그때에는 얼굴과 얼굴을 대하여 볼 것이요, 지금은 내가 부분적으로 아나 그때에는 주께서 나를 아신 것 같이 내가 온전히 알리라(고전 13:12).

그러므로 온전한 것이 올 때까지 우리와 교회 공동체 속에서, 그리고 그것을 넘어서 이웃 공동체와 자연 만물을 향하여 사랑을 실천함으로, 영원 전부터 성부와 성자와 성령 간의 지극한 사귐(친

---

10 참조. 박준양, 『삼위일체론. 그 사랑의 신비에 관하여』, 72.
11 중세의 교부 둔스 스코투스(Duns Scotus)는 신학을 하나님의 "자기신학"(theologia in se)과 "우리의 신학"(theologia nostra)으로 구분하여 가르쳤다. 개혁파 정통주의 신학(Reformata Orthodoxa Theologia)은 스코투스의 이러한 구분을 "원형의 신학"과 "모방의 신학"이라는 개념으로 정교화시켰다. 개혁파 정통주의자들은 원형의 신학을 하나님이 자기 자신에 관하여 생각하는 지식으로, 그리고 모방의 신학을 피조물인 인간이 하나님을 사유하는 지식으로 구분하여 설명하였다. 네덜란드 레이든(Leiden)의 개혁파 정통주의 신학자 유니우스(F. Junius)에 따르면, 우리의 탐구의 대상은 성경에 의존하여 하나님에 대하여 사유하는 모방의 신학이며, 원형의 신학은 하나님 자신의 비창조적이고 절대적이고 무한하고 총체적인 지혜이기 때문에 우리 인간에게 속한 것이 아니며 전적으로 하나님에게 속한 것이기에 우리 인간의 탐구의 대상이 될 수 없다(Franciscus Junius, De vera theologia, iii-iv).

교) 속에서 온전한 사랑의 공동체를 이루고 계신 삼위일체의 신비를 우리의 삶을 통해서 살아내도록 하자. 사랑이신 하나님을 이해할 수 있는 길은 하나님이 우리를 사랑하신 것처럼 우리가 서로 사랑하는 것이다. 사랑의 나눔이 있는 곳에 삼위일체 하나님이 현존하신다.

삼위일체이신 하나님의 구원의 완성은 "종말"(eschaton)에 가서야 비로소 성취될 것이며, 그때에 그 지식의 비의(秘意) 또한 우리에게 밝고 맑게, 깊고 넓고 풍성히 드러나게 될 것이다. 그때에 하나님은 당신의 백성들의 눈에 흐르는 눈물을 닦아주실 것이고(계 21:4), "하나님은 모든 것 안에 모든 것"이 되실 것이다(고전 15:24, 28). 하나님의 사랑은 죽음에 대항하여 승리하게 될 것이다. 우리는 원수인 죽음을 향하여 사도께서 말씀하신 그 승리의 반문을 외치게 될 것이다. "사망아, 너의 승리가 어디 있느냐? 사망아, 네가 쏘는 것이 어디 있느냐?"(고전 15:55). 그러므로 우리는 삼위 하나님께 영원토록 감사와 찬송을 드릴 것이다.[12] 그때에 이 세상은 삼위일체이신 하나님의 영광에 휩싸여 삼위 하나님의 지극한 사랑 안에서 삶의 즐거움과 양심의 평화와 마음의 안식을 얻게 될 것이다.[13] 그때에 세상이 하나님 안에서, 그리고 하나님이 세상 안에서 영원히 살게 될 것이다. 새 예루살렘이 하늘로부터 지상으로 내려오는 것을 보게 될 것이다(계 21:2). 그리하여 이 세상은 삼위일체 하나

---

12 헤르만 바빙크, 『개혁교의학』, 제2권, 421.
13 참조. 헤르만 바빙크, 『개혁교의학』, 제2권, 421.

님의 영원한 본향이 될 것이다. 우리는 그때에 모든 만물들과 천군 천사들과 함께 삼위일체 하나님의 사랑과 구원의 은총을 영광 중에 바라보며 찬양하게 될 것이다. 우리는 그때까지 서로 사랑하며, 이웃과 자연 만물을 향하여 사랑을 실천함으로써 사랑이신 삼위일체 하나님의 존전에서 삼위일체의 사랑의 신비를 우리의 삶으로 살아내도록 하자!

알파이며 오메가로서의 송영

381년 "콘스탄티노플 공의회"가 열리기 직전 콘스탄티노플에서 행한 일련의 강론으로 인하여 "신학자"(*Theologus*)라는 명예로운 호칭을 얻었던 위대한 교부 나지안조스의 그레고리오스는 또한 "삼위일체의 시인"(*poeta trinitatis*)이라 칭송되었는데, 그는 자신의 생애의 마지막에 다음과 같은 기도를 드렸다.

> 저의 삼위일체께서 계시는 곳, 그분의 찬란함으로 응결된 빛, 그분의 광막한 그림자들까지도 저를 감동으로 가득 채우는 곳, 삼위일체께서 계시는 그곳에 저를 살게 하소서![14]

종말에 삼위일체의 구원의 신비(경륜적 삼위일체)와 본질의 신비

---

14 Gregorius Theologus, Περι τον εαυτου βιον, PG, 37, 1165-1166.

(내재적 삼위일체)는 하나가 될 것이다. 마침내 우리는 사랑의 신비 속에 현존하시는 거룩하고 아름다운 삼위일체를 지극한 복락 속에 마주 뵈옵고(visio beatifica), 삼위의 영광과 일치의 신비를 찬양하고 묵상하며, 삼위일체의 사랑과 은총과 친교(교통) 안에서 영원히 안식하게 될 것이다.

영광이 성부와 성자와 성령께 처음과 같이 이제와 항상 영원히 있나이다. 아멘.[15]

이것이 "태초"(A)의 송영이자 "마지막"(Ω) 송영이다.

---

15 이것은 2세기부터 초기 교회의 예배 속에서 찬양되던 성 삼위일체에 대한 영광송이다. 라틴어 원문은 다음과 같다. "*Gloria Patri, et Filio, et Spiritui Sancto; sicut erat in principio, et nunc, et semper, et in saecula saeculorum.*" 일명 "글로리아 파트리"(*Gloria Patri*, 영광이 성부께)라고 불리며, "소(작은) 영광송"이라고도 불리는 이 영광송은 "한국찬송가공회"가 발간하여 한국 개신교회가 현재 사용하고 있는 찬송가 3장에 다음과 같은 번역으로 실려 있다. "성부, 성자, 성령께 찬송과 영광 돌려 보내세. 태초로 지금까지 또 영원무궁토록 성삼위께 영광! 영광! 아멘." 이 "영광송"이야말로 우리가 종말에까지 노래할 궁극적 송영이 아닌가 한다.

에필로그 삼위일체의 신비와 그 사랑의 실천에 관하여

송영의 삼위일체론

경배와 찬미의 신학

Copyright ⓒ 이동영 2017

1쇄발행_ 2017년 9월 29일
2쇄발행_ 2017년 11월 29일

지은이_ 이동영
펴낸이_ 김요한
펴낸곳_ 새물결플러스
편   집_ 왕희광·정인철·최율리·박규준·노재현·한바울·신준호·정혜인·김태윤
디자인_ 김민영·이지훈·이재희·박슬기
마케팅_ 임성배·박성민
총   무_ 김명화·이성순
영   상_ 최정호·조용석·곽상원

아카데미_ 유영성·최경환·이윤범

홈페이지 www.holywaveplus.com
이메일 hwpbooks@hwpbooks.com
출판등록 2008년 8월 21일 제2008-24호
주소 (우) 07214 서울특별시 영등포구 양평로 11, 4층(당산동5가)
전화 02) 2652-3161
팩스 02) 2652-3191

ISBN 979-11-6129-037-9 03230

책값은 뒤표지에 있습니다.

이 도서의 국립중앙도서관 출판예정도서목록(CIP)은 서지정보유통지원시스
템 홈페이지(http://seoji.nl.go.kr)와 국가자료공동목록시스템(http://www.
nl.go.kr/kolisnet)에서 이용하실 수 있습니다(CIP제어번호: CIP2017023835).